| 碳中和论丛 |

主编：沈满洪

碳中和金融论

顾光同 吴燕华◎著

中国财经出版传媒集团
中国财政经济出版社
·北京·

图书在版编目（CIP）数据

碳中和金融论／顾光同，吴燕华著. -- 北京：中国财政经济出版社，2025. 7. --（碳中和论丛）.

ISBN 978－7－5223－3880－4

Ⅰ. F83

中国国家版本馆 CIP 数据核字第 202593H7J2 号

责任编辑：周桂元　　责任校对：胡永立

封面设计：陈宇琰　　责任印制：张　健

碳中和金融论

TANZHONGHE JINRONGLUN

中国财政经济出版社 出版

URL：http：//www. cfeph. cn

E－mail：cfeph@ cfeph. cn

社址：北京市海淀区阜成路甲 28 号　邮政编码：100142

营销中心电话：010－88191522

天猫网店：中国财政经济出版社旗舰店

网址：https：//zgczjjcbs. tmall. com

涿州汇美亿浓印刷有限公司印刷　各地新华书店经销

成品尺寸：185mm×260mm　16 开　15. 5 印张　302 000 字

2025 年 7 月第 1 版　2025 年 7 月河北第 1 次印刷

定价：70. 00 元

ISBN 978－7－5223－3880－4

（图书出现印装问题，本社负责调换，电话：010－88190548）

本社图书质量投诉电话：010－88190744

打击盗版举报热线：010－88191661　QQ：2242791300

《碳中和论丛》编委会

科学领军人才

王建明　浙江财经大学科研处处长、绿色管理研究院院长、教授、博士生导师

王懿祥　浙江农林大学环境与资源学院副院长、生态文明研究院碳中和研究所所长、教授、博士生导师

郅玉玲　浙江农林大学文法学院教授、硕士生导师

钱志权　浙江农林大学生态文明研究院副院长、碳中和研究院副院长、长三角绿色发展研究院执行院长、教授、博士生导师

姜双林　浙江农林大学文法学院教授、硕士生导师

陈真亮　浙江农林大学生态文明研究院生态治理研究所所长、文法学院学术副院长、教授、博士生导师

顾光同　浙江农林大学生态文明研究院生态经济研究所所长、教授、博士生导师

孟明浩　浙江农林大学风景园林与建筑学院副教授、硕士生导师

吴　旭　浙大城市学院城市发展与战略研究院、幸福城市研究院副研究员

为实现我国碳中和目标作出学者应有贡献

——《碳中和论丛》总序

一、《碳中和论丛》的撰写意义

自从1992年在巴西里约热内卢举行的联合国环境与发展大会通过《联合国气候变化框架公约》以来，国际社会为此作出了艰巨的努力，尤其是《京都议定书》和《巴黎协定》的达成，为应对气候变化奠定了认识论、方法论和实践论基础。我国政府宣布2030年前实现碳达峰、2060年前实现碳中和，这是一个大国的责任担当，也是对世界的重要贡献。但是，中西方国家应对气候变化存在显著差别。西方发达国家是先工业化后绿色化再低碳化，而且碳达峰是经济发展的自然过程。中国则是工业化进程中同时面临节能、减污、降碳、扩绿、增汇的要求。由此可见，我国的碳中和面临前所未有的挑战。迎接挑战的唯一出路就是理论创新、科技创新、制度创新和治理创新。通过创新变“不可能”为“可能”、变“理想”为“现实”、变“顾此失彼”为“统筹兼顾”。理论研究是实现碳中和的重要支撑。相对于碳中和工作的实际需求而言，碳中和研究仍显得相对不足。国内尚无系统阐述碳中和的丛书出版。面对严峻形势、艰巨任务与前所未有的挑战，浙江省生态文明智库联盟、浙江农林大学生态文明研究院、碳中和研究院自觉承担起《碳中和论丛》的编撰任务。该丛书的编撰出版，至少具有下列三大意义：

第一，有利于促进思想统一。人们对于碳达峰碳中和还存在不少错误的认识，例如“碳攀峰论”——利用碳排放递增的最后一个时期赶紧增排，“不惜代价论”——不惜一切代价实现碳达峰碳中和。按照中国式现代化的要求，我国既要推进现代化进程，又要实现碳达峰碳中和，两者兼顾才是正道。正因如此，党的二十大报告明确提出“积极稳妥推进碳达峰碳中和”。通过本论丛的研究和编纂、出版和发行，有利于全社会树立绿色低碳发展的理念，做到以正确的思想指导伟大的实践。

第二，有利于促进科学决策。统筹兼顾现代化进程和碳达峰碳中和的妙处就在于如何优化路径实现社会成本最低化。就统筹发展目标和碳减排目标而言，既要追求在“双碳”目标给定下的经济成本最小化，又要追求在发展目标给定情况下的碳排放最小化。就统筹碳达峰和碳中和而言，峰值定低了，近期发展压力加大，远期碳中和目标的实现就相对容易；峰值定高了，近期发展压力相对较小，远期碳中和的目标实现难度就加大了。因此，要处理好峰值高低与碳中和难易的关系。就统筹碳减排和增碳汇而言，碳减排边际成本低于增碳汇边际成本，就选择碳减排，反之则选择增碳汇。实现社会利益最大化的边际条件是二氧化碳边际减排成本与碳汇边际增汇成本相等。就统筹能源结构和能源效率而言，既要推进能源结构的优化，又要推进能源效率的提升，孰轻孰重就取决于成本等因素。可见，碳中和面临一系列的优化选择。本论丛有可能通过研究提供优化选择的科学依据。

第三，有利于促进学科发展。《碳中和论丛》的出版，有助于碳中和领域知识体系的系统集成，促进生态经济学、生态管理学、环境法学、环境社会学、生态文化学、生态学、环境科学等一系列碳中和相关学科的发展，通过学科的快速发展进一步支撑碳中和人才培养和科学研究，是落实教育部《加强碳达峰碳中和高等教育人才培养体系建设工作方案》（教高函〔2022〕3号）文件精神的具体举措。浙江农林大学生态文明研究院、碳中和研究院是浙江省新型重点专业智库、全国影响力智库建设单位，也是浙江省生态文明智库联盟的理事长单位，通过该论丛的编撰，有可能整合全省碳中和的研究力量并提升其竞争力。

二、《碳中和论丛》的逻辑结构

《碳中和论丛》综合运用经济学、管理学、法学、社会学、文化学、环境科学等多学科交叉方法研究中国碳中和的主要问题。该论丛包括十一部专著：《碳中和论》《碳减排论》《碳汇论》《碳中和消费论》《碳市场论》《碳中和科技论》《碳中和法治论》《碳中和金融论》《碳中和政策论》《碳中和文化论》《碳中和治理论》。《碳中和论丛》是知识创新、咨政建言和科学普及的有机结合。

《碳中和论》是丛书的总论，主要内容：研究碳中和背景与核心概念、碳中和目标愿景与策略选择、碳中和的路径选择与重点突破、碳中和科技创新与制度政策设计以及碳中和监测核查体系等。

《碳减排论》主要内容：阐释碳减排的历史进程及当前状况、碳减排对象、主体、重点领域和主要途径等基本理论，基于复合生态系统功能群视角建立碳减排理论框架和并进行实证分析，提出生产者、流通者、分解者、消费者功能群的碳减排路径和方法，介绍可持续发展的碳减排典型案例，讨论碳减排的相关政策和实践。

《碳汇论》主要内容：阐释碳汇的重要地位、碳汇的分类及其增汇渠道，探究森林、海洋、湿地、农地等生态碳汇增汇路径，CCUS 等工程技术碳汇增汇路径，碳汇纳入碳市场等。

《碳中和消费论》主要内容：针对绿色低碳产品市场供给不足、绿色低碳消费意识相对薄弱、绿色低碳消费成本较高等现实问题，探讨绿色低碳出行、绿色低碳建筑、绿色低碳引导；倡导节约环保生活方式，研究绿色低碳产品标准、绿色低碳认证、绿色低碳标识体系等，探讨消费侧减排的路径和方法。

《碳市场论》主要内容：阐释碳市场的历史演进过程、碳市场的运行机理、碳市场的需求与供给，研究碳市场的经济社会效应、碳市场的平台建设、碳市场的产品创新、碳市场的监管机制等。

《碳中和科技论》主要内容：梳理我国碳中和科技发展历程与现状、碳中和科技的类型体系、科学原理，研究电力、工业、建筑、交通和农业等不同领域应用场景下典型碳中和技术的减排潜力、碳中和科技的环境、经济和健康效应，提出碳中和科技的政策创新路径。

《碳中和法治论》主要内容：阐释实现碳中和目标的法理基础，研究如何实现碳中和科学立法、碳中和严格执法、碳中和公正司法、碳中和全民守法等问题，探讨碳中和国际法治与国内法治如何协同问题，探寻并提出碳中和法治的实现路径与制度保障。

《碳中和金融论》主要内容：从碳中和金融的产品体系、市场体系、标准体系、监管体系、政策体系以及国际合作等多个维度，深入探讨和剖析绿色金融的起源与碳中和金融发展、碳中和金融的创新与开发、碳中和金融市场体系与风险监管、碳中和金融标准体系与政策体系以及碳中和金融国际合作创新机制等。

《碳中和政策论》主要内容：阐释碳中和政策基本理论，深入分析研究碳中和政策系统、碳中和决策体制、碳中和政策的执行、碳中和政策评估，考察与借鉴域外碳中和法治实践，研究分析碳中和政策的调整、终结与创新等。

《碳中和文化论》主要内容：研究碳中和文化演替、碳中和文化结构、碳中和价值观、碳中和伦理观、碳中和舆论场、碳中和教育观等。

《碳中和治理论》主要内容：研究碳中和治理的对象、碳中和治理的主体、碳中和治理的机制、碳中和治理的方式、碳中和治理的国际合作等。

上述十一本书的逻辑结构如图 1 所示。

碳中和是人为碳源与人为碳汇相等时的状态。因此，安排《碳中和论》《碳减排论》《碳汇论》三部专著；碳中和是碳减排与增碳汇、生产者与消费者通过市场机制完成的，因此，安排《碳市场论》及《碳中和消费论》两部专著；碳中和是科技创新和

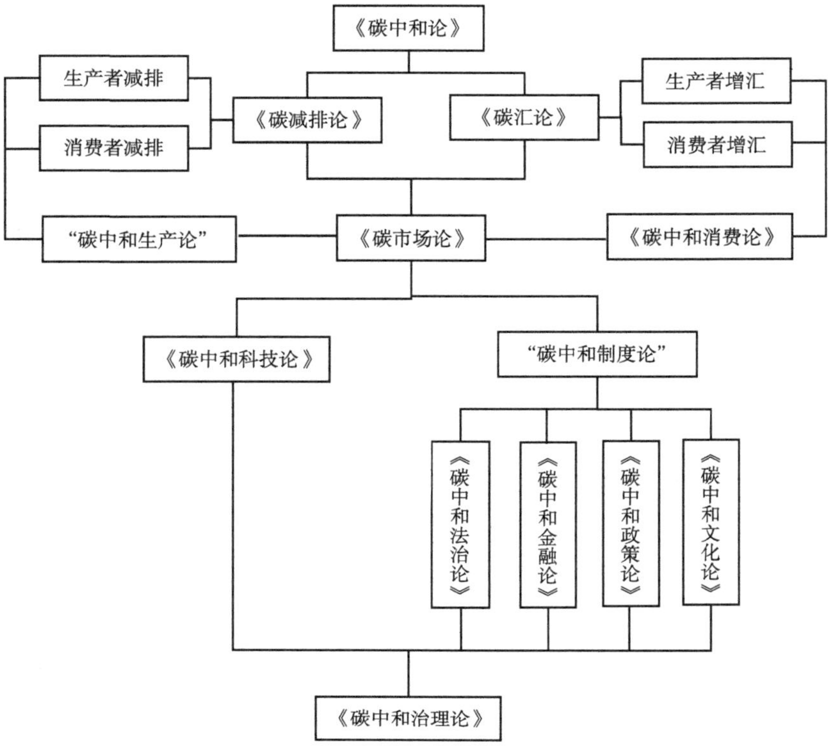

图1　《碳中和论丛》的逻辑结构

制度创新"双轮"驱动的结果，因此安排《碳中和科技论》一部专著以及由《碳中和法治论》《碳中和金融论》《碳中和政策论》《碳中和文化论》四部专著构成的"碳中和制度论"；无论是碳中和科技创新还是碳中和制度创新，都是不同经济主体相互制衡、相互协调的治理结果，因此，安排《碳中和治理论》一部专著。可见，这十一部著作构成的《碳中和论丛》具有内在的逻辑关联。

三、《碳中和论丛》的主要创新

本丛书各部著作均有一定的创新性，兹列举以下十点：

第一，碳中和是一项艰巨复杂的经济社会发展方式深刻变革的系统工程。就工业化、绿色化、低碳化而言，西方发达国家是"分步走"，中国则是"同步走"。我国碳中和难度更大，路径选择尤为重要。实现碳中和涉及碳减排与增碳汇两个方面，需要厘清我国碳减排与增碳汇的重点领域，并根据碳减排与增碳汇的边际成本变化作出策略选择与权衡。科技创新水平与驱动能力、政策优化与制度变革是影响碳减排和碳增汇的关键动力，需要构建面向碳中和的科技创新动力机制与政策制度体系。

第二，碳减排需要从生态系统内部功能的视角分析系统不同功能组分间碳减排的关系。生产、消费、分解和流通等不同功能群碳排放存在较大的时空分异特征，需要根据不同功能群的碳排放特点和减排需求制定差异化的碳减排举措。生产者功能群注重创新应用生产降碳技术和优化行业管理体系，消费者功能群注重应用消费降碳技术材料和推广碳普惠机制，分解者功能群注重减少废弃物产生、协同减污降碳和普及再生利用模式，流通者功能群注重完善空间布局、优化运输结构和技术装备以及升级运营体系。

第三，中国构建了全球最大的“自然－人工”双轨碳汇体系。以跨学科视角解构森林、草地、湿地、耕地、海洋五大自然碳汇的运行密码，剖析碳捕集利用与封存（CCUS）技术的突破性进展，揭示“自然修复＋工程干预”协同增效的碳中和路径。基于全球碳库评估与增汇潜力模拟，阐明碳汇在气候治理中的战略价值。通过分析增汇成本与对策措施，提出生态保护修复、跨部门协同及技术创新等增汇路径，为实现高效、可持续的碳汇管理提供理论与实践指导。

第四，碳中和消费是通过降碳增汇双重途径促进碳中和的消费模式。数智时代碳中和消费要实现从1.0到3.0的版本升级，碳中和消费3.0是数智时代“全方位数据交互和共享”下的“社会集约共享型”消费模式。推进碳中和消费需要基于数智时代背景，构建既积极鼓励消费转型“向善”“向绿”，又有效规避消费转型“向恶”“非绿”的政策体系架构。碳中和消费的政策体系由约束类政策、激励类政策和引导类政策构成，并且政策体系的构建应当匹配数智时代的新消费模式、新消费场景需求。

第五，碳市场是以尽可能低的成本实现碳中和目标的有效经济手段。碳市场是通过总量控制、配额分配、履约机制、价格形成和交易机制等基础性机制设计，让企业在碳减排、购碳汇、技术创新等多种方案中进行优化选择。市场机制完善的前提下，可以推进碳市场衍生产品的设计、加强碳市场国际合作与交易。碳市场的突出优势是通过价格发现机制，实现全社会经济效益、环境效益和社会效益等综合效益的最大化。

第六，碳中和科技是实现碳中和的重要支撑，是实现经济社会发展全面绿色转型的核心驱动力。在类型体系上，揭示了减碳、零碳和负碳等碳中和技术的前沿研究与实践进展；在应用场景上，探讨了电力、工业、建筑、交通和农业等领域的减排潜力、实施成本、适用范围和实施难度；在影响效应上，分析了碳中和科技可能产生的环境效应、经济效应和健康效应；在政策创新上，总结了碳中和科技政策的实践历程与创新路径。

第七，碳中和金融支持是实现碳中和的重要手段。碳中和金融不仅具有低碳导向，而且具有金融工具的放大效应。碳中和金融产品通过多样化创新满足多样化需求，碳中和金融市场通过强化市场监管和信息披露可以提高市场透明度。通过金融风险识别、计量体系建设、金融风险监管保障碳市场稳定运行。通过应用现代技术手段、推进碳中和金融标准统一、提升市场效率与国际竞争力推进碳中和金融国际合作。碳中和金融既要敢于创新、提高效率，又要加强监管、防范风险。

第八，法治运行理论为碳中和法治提供全方位的科学指引。应构建以环境正义等理论为基础，处理好与生态环境法典的关系，推进碳中和科学的专项立法；引入“元治理”理论，协同互补强制命令型监管与激励诱导型监管，强化严格执法；通过完善专门环境诉讼制度，灵活地解决立法滞后问题，消解碳中和案件的司法适配性问题，落实公正司法；碳中和守法体系应建立以社会优位为导向的整体主义法治实践模式，推动全民守法；从贸易法和海洋法视角，揭示碳中和法治所面临的诸多挑战，强调国内法与国际法的衔接协调，共同推进碳中和国内法治与国际法治的守正创新。

第九，碳中和政策体系是实现碳中和的重要调控机制。碳中和事关全局性，需要从“策言策语”转向“法言法语”，依法治理涉碳市场主体的“漂绿”行为，加强碳达峰碳中和工作的企业合规、行政合规、政策备案审查及决策合法化与程序正当。鼓励有条件的地方探索制定符合本地特色的“碳中和促进条例”，建立健全“共同但有区别”的央地碳中和政策评估指标与方法体系，通过政策或立法后评估及“立改废释纂”，构建绿色低碳发展的法治保障体系。

第十，碳中和文化是实现碳中和目标的“风向标”“润滑剂”和“加速器”。积极稳妥推进碳中和离不开碳中和文化的引领。碳中和伦理观、价值观是碳中和实现的思想指导与价值准则。通过加强党政学企联动、完善人才培养机制、构建教育评价体系等途径提升碳中和伦理观、价值观教育的实施效果。统筹好国际、国内两个舆论场，可以从创新话语体系、优化传播布局、增强叙事水平等方面做好碳中和舆论引导工作。

第十一，碳中和治理是国家治理体系和治理能力现代化的具体化，是治理绩效高效化和治理机制长效化的结合。在治理主体上，碳中和治理是党委领导下的政府主导、企业主体、公众参与的多主体平等协商、协同推进；在治理机制上，碳中和治理是政府机制、市场机制、社会机制的协同配合；在治理方式上，碳中和治理是法治、德治、自治、智治的有机结合，法治是根本，德治是基础，自治是辅助，智治是支撑。

四、《碳中和论丛》的各书作者

《碳中和论》：吴伟光、曹先磊、敖贵艳、刘强，等

《碳减排论》：吴旭、郭江江、胡晓娟

《碳汇论》：王懿祥、白尚斌、白雁、蔡延江、张成、李莹莹，等

《碳中和消费论》：王建明，等

《碳市场论》：钱志权、闫云凤、吴旭梅、何青华，等

《碳中和金融论》：顾光同、吴燕华

《碳中和科技论》：方恺、孟聪会、李程琳

《碳中和法治论》：姜双林、童航、林雅静，等

《碳中和文化论》：孟明浩、吴承强、顾晓艳、綦健，等

《碳中和政策论》：陈真亮、连燕华，等

《碳中和治理论》：郅玉玲、张依

显然，这套丛书的出版是众多作者和编者合作完成的。我本人没有作为作者执笔某部专著，但从丛书框架及各书书名的草拟到丛书提纲的确定，从各部专著初稿的审读及修改建议的撰写到鉴定会议的组织及修改方向的确定，从丛书书稿的终审到整套丛书的出版过程均付出了我的大量心血。不过，归根结底，丛书之所以能够顺利出版，首要的功劳还是具有创新精神、敬业精神和合作精神的各位作者！丛书的学术顾问和各位编委，给予丛书的出版以极大的鼓励和指导！在《碳中和论丛》评审会上，浙江省社科联原副主席邵清一级巡视员、浙江省委政研室原主任徐志宏、浙江大学公共管理学院石敏俊教授、浙江大学光华法学院钭晓东教授、浙江农林大学浙江省乡村振兴研究院首席专家张俊飚教授等均提出了极为宝贵的建议。浙江农林大学经济管理学院利用极为宝贵的学科建设经费资助《碳中和论丛》的出版。中国财政经济出版社的周桂元编审等为丛书的出版做了艰苦细致的工作，“编辑成就作者”名不虚传。由于碳中和任务十分紧迫，《碳中和论丛》采取边研究边申请项目的方式推进。在撰写达到一定进度后，经过申请“碳中和研究”于2023年被浙江省社科规划领导小组办公室立为浙江省社科规划重大项目（项目编号：24NDJC04ZD）。在此，对于所有为这套丛书的撰写和出版作出过贡献的同志和机构表示最衷心的感谢！

当然，该论丛必然存在或多或少的瑕疵，敬请读者批评指正！

（序言作者沈满洪系浙江农林大学生态文明研究院院长、碳中和研究院院长、浙江省生态文明智库联盟理事长、浙江省特级专家、国家哲学社会科学领军人才、环球中国环境专家协会理事会主席）

目　录

第一章　导　论

全球气候变化带来严峻挑战，各国积极应对，碳中和目标应运而生。在此背景下，传统金融体系面临冲击与机遇，碳中和金融的研究价值凸显。本章围绕碳中和金融展开，深入剖析其研究背景与意义。从推动绿色金融理论与实践发展、助力碳中和目标达成、完善市场建设、健全标准体系、加强风险监管、优化政策体系到促进国际合作等多维度阐述，具有重要意义和价值。研究特色鲜明，坚持问题、目标、改革、绩效导向，深入挖掘碳中和金融领域现实问题，论证金融对碳中和战略目标的支撑体系，探索创新路径和方法，关注各项措施和体系在实际运行中的效果。同时，明确碳中和、绿色金融、碳中和金融的内涵界定及相互关系。以特定思路研究碳中和金融多维度内容，构建研究框架，展现主要创新点与价值，为碳中和相关实践和发展提供指引。

第一节　研究背景与意义

一、研究背景

全球气候变化是人类社会面临的重大挑战之一。随着工业化进程的加速，温室气体排放不断增加，导致全球气温持续上升，极端气候事件频发，对自然生态系统和人类社会造成了严重影响。例如，极地冰川的融化导致海平面以每年约 3 毫米的速度上升，一些低海拔地区和岛屿国家面临着被淹没的威胁；暴雨、干旱、飓风等极端天气事件的频率和强度不断增加，给人类的生命财产带来了巨大的损失。这些现实情况使得世界各国深刻认识到应对气候变化的紧迫性和重要性。为应对这一挑战，各国纷纷提出减排目标，并致力于实现碳中和。

2015 年，《巴黎协定》的签订为全球应对气候变化行动制定了明确的目标和时间表，各国承诺将 21 世纪全球平均气温升幅控制在工业化前水平以上低于 2℃之内，并努力将气温升幅限制在工业化前水平以上 1.5℃之内。[①] 这一协定的签订，标志着全球各

① 何茜．绿色金融的起源、发展和全球实践［J］．西南大学学报（社会科学版），2021，47（01）：83－94.

国在应对气候变化问题上达成了广泛的共识，也为各国制定碳中和目标提供了国际法律依据。许多国家和地区相继提出了自己的碳中和目标。例如，欧盟提出到2050年实现碳中和；英国、日本、韩国等国家也提出了相应的碳中和时间表。中国作为世界上最大的发展中国家，也积极响应全球气候治理的号召。2020年9月，中国国家主席习近平在第七十五届联合国大会上郑重宣布："中国将提高国家自主贡献力度，采取更加有力的政策和措施，二氧化碳排放力争于2030年前达到峰值，努力争取2060年前实现碳中和。"这一目标的提出，不仅体现了中国对全球气候治理的积极贡献和大国责任与担当，也标志着中国将迎来一场广泛而深刻的经济社会系统性变革。

但是，在碳中和目标下，传统金融体系面临着诸多挑战。首先，传统金融机构的业务模式和投资决策主要基于经济效益，对环境和社会因素的考虑不足。这导致大量资金流向高碳行业，如煤炭、钢铁、化工等，加大了温室气体的排放。其次，传统金融机构缺乏对气候变化风险的评估和管理能力，无法准确识别和量化气候变化对金融资产的影响，从而增加了金融机构的风险。例如，极端气候事件可能导致企业的生产经营中断、资产损失等，进而影响金融机构的贷款质量和投资收益。最后，传统金融市场的产品和服务主要是为了满足传统经济模式的需求，无法适应碳中和目标下经济结构转型和绿色发展的要求。例如，传统的融资工具难以满足绿色项目的长期资金需求和防范风险特征，需要开发新的金融产品和服务。

同时，碳中和目标的提出也为金融体系带来了巨大的机遇。首先，碳中和领域蕴含着巨大的投资需求。据国际能源署（IEA）预测，为了实现全球碳中和目标，到2050年，全球需要在清洁能源、能源效率、碳捕获和封存等领域投资超过100万亿美元。①这为金融机构提供了广阔的市场空间，金融机构可以通过提供融资、投资等服务，参与碳中和项目的建设，分享绿色发展的红利。其次，碳中和目标的推进将促进经济结构的转型和升级，推动绿色产业的发展。例如，新能源、节能环保、电动汽车等绿色产业将迎来快速发展的机遇，这些产业的发展需要大量的资金支持，为金融机构提供了新的业务增长点。最后，碳中和目标的实现还将带动相关技术的创新和发展，如碳捕获和封存技术、可再生能源技术等，这些技术的创新和发展将为金融机构提供新的投资机会。

鉴于此，20世纪70年代，随着环境问题的日益突出，一些金融机构开始意识到环境因素对金融业务的影响，并尝试将环境风险纳入信贷决策。例如，当时的联邦德国成

---

① IEA. An Updated Roadmap to Net Zero Emissions by 2050 - World Energy Outlook 2022 - Analysis, IEA [EB/OL]. (2024-11-09). https: //www. iea. org/reports/world-energy-outlook-2022/an-updated-roadmap-to-net-zero-emissions-by-2050.

立了世界第一家政策性环保银行——“生态银行”，专门负责为一般银行不愿接受的环境项目提供优惠贷款。20 世纪 80 年代，随着可持续发展理念的逐渐深入人心，绿色金融的概念开始受到更多的关注。国际金融公司（IFC）等国际金融机构开始积极推动绿色金融的发展，制定了一系列的环境和社会标准，引导金融机构在投资决策中考虑环境因素。进入 21 世纪以来，各国政府对绿色金融的重视程度不断提高，纷纷出台了一系列的政策和法规，推动绿色金融的发展。例如，2007 年，欧洲投资银行发行了全球首只绿色债券，为绿色项目融资提供了新的渠道。G20 峰会等国际会议也将绿色金融作为重要议题，推动各国加强在绿色金融领域的合作。例如，G20 杭州峰会发布的《二十国集团领导人杭州峰会公报》，强调了绿色金融对于全球经济可持续发展的重要性，并提出了一系列推动绿色金融发展的倡议。

中国政府出台了一系列的政策支持碳中和金融的发展。2015 年 5 月，中共中央、国务院印发的《关于加快推进生态文明建设的意见》首次提出要推广绿色信贷，支持符合条件的项目通过资本市场融资；并提出探索排污权抵押等融资模式，深化环境污染责任保险试点，研究建立巨灾保险制度。2015 年 9 月，中共中央、国务院印发的《生态文明体制改革总体方案》明确提出从绿色信贷推广、加强资本市场相关制度建设、支持设立各类绿色发展基金、完善节能低碳、建立绿色评级体系以及公益性的环境成本核算和影响评估体系、国际合作等方面建立中国绿色金融体系。2016 年 3 月，《中华人民共和国国民经济和社会发展第十三个五年规划纲要》发布，在第四十八章发展绿色环保产业中写入了“建立绿色金融体系，发展绿色信贷、绿色债券，设立绿色发展基金”。根据毕马威 2023 年 11 月发布的《2023 年中国碳金融创新发展白皮书》，中国在立法保障、行业标准、参与主体多元性、交易机制创新、配额覆盖度和配额总量管理等方面均取得了积极进展，为碳中和金融的发展提供了坚实的基础。① 此外，2024 年 5 月，国务院发布的《2024—2025 年节能降碳行动方案》强调了资金支持、科技引领和市场化机制的重要性，为碳中和金融的发展提供了政策支持在宏观政策层面，将碳达峰、碳中和纳入国家经济社会发展的总体战略，提出了明确的时间表和路线图。② 总体而言，在金融政策层面，中国加强了对绿色金融的引导和支持，鼓励金融机构加大对绿色项目的信贷投放，支持绿色债券、绿色基金等绿色金融产品的发行。同时，政府还积极推动碳排放权交易市场的建设，为碳中和金融的发展提供了市场基础。从 2011 年中国试点碳市

① 毕马威 . 2023 年中国碳金融创新发展白皮书［EB/OL］.（2023－11－08）. http：//www. eco. gov. cn/news_info/67225. html.

② 中华人民共和国中央人民政府 . 国务院关于印发《2024—2025 年节能降碳行动方案》的通知（国发〔2024〕12 号）［EB/OL］.（2024－05－29）. https：//www. gov. cn/zhengce/zhengceku/202405/content_6954323. htm.

场的启动到2013年陆续正式运行，再到2021年7月，全国碳市场正式启动，这都是中国应对气候变化的重要举措，也是推动碳中和金融发展的重要平台。通过碳排放权交易市场，企业可以将减排的碳排放量转化为经济收益，从而提高企业参与碳中和行动的积极性。

因此，上述背景为碳中和金融论的研究提供了重要的现实背景和理论基础，本书将围绕绿色金融体系中的碳中和金融、碳中和金融产品体系、碳中和金融市场体系、碳中和金融标准体系、碳中和金融监管体系、碳中和金融政策体系以及碳中和金融国际合作等方面进行探讨。

二、研究意义

（一）推动绿色金融理论与实践的深化

本书的研究通过深入探讨碳中和金融在绿色金融体系中的核心地位与作用，不仅丰富了绿色金融的内涵，还拓展了其理论边界。碳中和金融作为绿色金融的新兴领域，与传统绿色项目融资相辅相成，共同构成了绿色金融的完整框架。本书的研究可为金融机构和企业提供实践指导，明确绿色金融的发展方向和模式选择，促进绿色金融业务的高效开展。同时，在碳中和目标的驱动下，有利于激发金融机构在产品、服务和市场等方面的创新活力，为绿色金融注入新的增长动力，推动绿色金融实践的深化与升级。

（二）助力碳中和目标实现与金融支持路径的明晰

本书的研究清晰界定了碳中和金融的内涵与角色，使政府、企业和金融机构等关键主体深刻认识到其在实现碳中和过程中的重要作用。通过详细阐述碳中和金融产品体系，包括碳现货、交易工具、融资工具和支持工具等，本书的研究可为不同主体提供多样化的金融工具选择，满足各方在碳中和项目中的金融需求。此外，本书的研究还引导金融资源向碳中和领域倾斜，有利于优化资源配置，提高资金、技术等资源的利用效率，从而加速碳中和项目的实施进度，从金融层面为碳中和目标的实现提供有力保障。

（三）完善碳中和金融市场体系与提升市场效能

本书的研究对碳中和金融市场结构体系和交易体系进行了深入剖析，使市场参与者对市场层级、功能和运行机制有了清晰的认识。这有助于提高市场的透明度和可操作性，促进市场的健康发展。同时，本书的研究通过探讨吸引更多投资者、企业和金融机构参与碳中和金融市场，有利于增强市场的竞争力和活力，推动市场规模的扩大和成熟。此外，本书的研究有利于促进碳中和金融一级、二级市场以及现货、衍生品市场之间的相互融合与协同，形成有机的市场整体，提高市场的稳定性和效率。

（四）建立健全碳中和金融标准体系与规范市场秩序

本书的研究对碳中和金融标准体系进行了全面阐述，试图统一国内金融行业对标准的认知，以减少因标准理解不一致导致的市场混乱。通过明确标准体系的架构、意义和作用，有利于为市场参与者提供行为准则参考，规范交易、融资等各类金融行为，保障市场的公平、公正和有序运行。此外，本书的研究还关注了国内标准与国际标准的衔接问题，可为国际合作和跨境业务开展奠定基础，以推动碳中和金融标准体系的国际化进程。

（五）加强碳中和金融风险监管与保障金融稳定

本书的研究全面分析了碳中和金融风险的来源、分类和特点，使监管机构和市场参与者能够准确识别潜在风险，并提前做好应对准备。通过提供风险识别和计量的方法，研究帮助金融机构更好地量化风险，进而制定科学合理的风险管理策略，有利于为保障金融机构的稳健经营和金融市场的稳定提供借鉴和参考。同时，研究还可为监管部门提供制定针对性监管政策和措施的依据，有助于构建完善的碳中和金融风险监管体系，实现对风险的有效监管和防控。这不仅有利于维护国内金融市场的稳定，也为全球金融稳定献计献策。

三、研究特色

（一）坚持问题导向，深入剖析碳中和金融领域的现实问题

1. 在碳中和金融市场体系中，分析交易主体面临的问题时，深入探讨了信息不对称这一根源问题

由于碳市场涉及众多复杂的交易主体，包括企业、金融机构、政府监管部门等，各方对碳资产价值、减排项目前景等信息的掌握程度不同，这严重影响了市场交易的公平性和效率。针对这一问题根源，进一步研究如何通过完善信息披露制度和市场监管来解决。在标准体系部分，对于国内外碳中和金融标准体系存在差异的问题，深入分析其背后的经济发展阶段、政策导向和行业发展水平等根源因素。国外标准体系可能因发达经济体的产业结构特点和较高的环保要求而有所侧重，而国内标准体系则需要兼顾经济发展和碳减排的平衡，这种根源性分析有助于理解和解决标准体系构建中的问题。在对碳

中和金融风险的研究中，细致梳理了其来源，涵盖了从碳市场价格波动、政策变化到项目实施过程中的不确定性等多方面因素。例如，碳配额分配政策的调整可能导致企业碳资产价值波动，这一风险来源的剖析体现了对复杂现实问题的深入挖掘。同时，将碳中和金融风险分类为市场风险、信用风险、操作风险等不同类型，明确了问题的具体表现形式，为后续分析奠定了基础。

2. 在金融政策体系方面，无论是保障体系、激励体系还是惩罚体系，都先对现状进行深入剖析

对于保障政策，指出在实际执行过程中存在的协调困难、资源分配不均等问题，如不同地区在落实碳减排资金保障时可能因经济发展水平差异而面临不同困境。激励政策存在激励力度不足、针对性不强的问题，如一些对新能源汽车补贴政策未能充分考虑到不同类型车辆的减排效果差异。惩罚政策则存在标准不统一、执行不到位的问题，导致部分企业违规排放成本过低。

3. 在碳中和金融风险的监管方面，针对识别出的各类风险，提出了具体的规避、转移和管理方法

例如，对于碳价格波动风险，可以通过开发碳中和金融衍生品（如碳期货、碳期权）来帮助企业和投资者进行风险对冲，实现风险转移。[①] 同时，提高对金融机构的风险管理要求，建立风险预警机制，有效管理风险，为应对风险问题提供切实可行的思路和手段。

（二）坚持目标导向，深入论证金融对碳中和战略目标的支撑体系

1. 明确碳中和战略目标与金融的关联

从绿色金融的起源与发展，到其内涵和模式以及体系建设趋势的介绍，逐步引出碳中和金融在其中的角色。通过阐述碳中和金融的界定与作用，清晰地展现了金融与碳中和战略目标之间的紧密联系，即金融为碳中和目标的实现提供资金支持、风险管理和资源配置等重要功能。并且无论是金融产品体系、市场体系还是政策体系的研究，都始终围绕如何通过金融手段助力碳中和战略目标的达成。例如，碳中和金融产品体系中的各种产品，如碳配额、碳信用、碳债券等，都是为了满足碳减排项目的融资需求和碳市场交易需求，直接服务于碳中和目标。

2. 构建多层次的金融支撑体系分析框架

在碳中和金融产品体系方面，详细介绍了碳现货交易产品、交易工具、融资工具和

---

① 朱兰．“双碳”目标下加快推进我国碳金融市场发展的路径探究［J］．农村金融研究，2021（10）：9－14.

支持工具等不同类型的金融产品和工具，形成了一个多层次的产品体系框架，为碳中和战略目标提供多样化的金融支持。碳现货交易产品中的碳配额和碳信用是碳市场交易的基础，为企业减排提供了经济激励。而各种交易工具（如碳远期、碳期货等）则为市场参与者提供了风险管理和价格发现机制，有助于稳定碳市场，促进碳减排项目的顺利实施。融资工具（如碳债券、碳资产抵质押融资等）为碳减排项目筹集资金，解决项目实施过程中的资金瓶颈问题。支持工具（如碳指数、碳保险、碳基金等）从不同角度为碳市场和减排项目提供保障和支持。在金融市场体系方面，从市场结构体系和交易体系两个维度进行分析。市场结构体系中的一级市场和二级市场、现货市场和衍生品市场相互配合，为碳中和金融资产的发行、交易和流通提供了平台，保障了碳中和金融市场的活力和效率。交易体系中对交易主体、标的、模式和制度的研究，进一步完善了金融市场的运行机制，使金融市场能够更好地服务于碳中和战略目标，促进碳减排资源的有效配置。

3. 从不同角度论证金融对碳中和目标的支撑作用

在标准体系方面，强调通过建立科学合理的碳中和金融标准体系来支撑碳中和战略目标。对国外和国内标准体系特点的分析为构建适合本国国情的标准体系提供了参考。标准体系的意义在于规范碳中和金融市场行为，保障市场公平竞争，促进碳中和金融产品和服务的质量提升，从而推动碳中和目标的实现。例如，统一的碳核算标准可以准确衡量碳减排效果，为碳交易和金融支持提供可靠依据。在监管体系和政策体系方面，深入论证了其对碳中和目标的保障作用。监管体系通过对碳中和金融风险的有效管理，确保金融市场稳定运行，防止因金融风险导致碳减排项目受阻。政策体系中的保障、激励和惩罚政策相互配合，为碳中和金融发展创造良好的政策环境。保障政策为碳减排项目提供稳定的资源支持，激励政策鼓励企业积极参与碳减排，惩罚政策约束企业的高碳行为，共同推动碳中和战略目标的实现。

（三）坚持改革导向，深入探索适应碳中和金融发展的创新路径和方法

1. 碳中和金融产品创新探索

在碳中和金融产品体系中，呈现了一系列创新的金融产品和交易工具。例如，碳期货、碳期权等碳中和金融衍生品的引入是对传统金融产品的重大创新。碳期货为市场参与者提供了一种在未来某个约定时间以约定价格买卖碳配额或碳信用的合约，使企业和投资者能够提前锁定碳价格，有效管理碳价格波动风险。碳期权则赋予持有者在未来特定时间内以特定价格购买或出售碳资产的权利，增加了市场的灵活性和风险管理手段。

2. 碳中和金融市场体系创新探索

在市场结构方面，明确了碳中和金融一级市场和二级市场的功能和特点。一级市场专注于碳中和金融产品的首次发行，如碳债券的发行、碳配额的初始分配等，为碳减排项目和碳市场提供了源头资金和资产。二级市场则为已发行的碳中和金融产品提供流通和交易平台，提高了碳资产的流动性，促进了市场价格的合理形成。

3. 碳中和金融标准、监管和政策创新探索

在标准体系方面，积极探索适应碳中和金融发展的创新标准。通过分析国外碳中和金融标准体系运行的先进经验和国内实际情况，提出了符合国情的标准体系架构。例如，在碳核算标准上，结合新兴技术和行业特点，创新核算方法，提高碳减排量计量的准确性和科学性。同时，在标准制定过程中，充分考虑市场主体的多样性和发展阶段的差异，制定具有灵活性和适应性的标准。在监管体系中，针对碳中和金融风险的新特点，创新监管方法。利用大数据、区块链等现代技术手段，加强对碳中和金融市场的实时监测和风险预警。例如，通过区块链技术实现碳资产交易的可追溯性和不可篡改，有效防范欺诈和操纵市场等违规行为。在政策体系方面，提出了创新的保障、激励和惩罚政策。保障政策上，探索建立多元化的资金保障机制，如引入社会资本参与碳减排项目。激励政策方面，创新激励方式，如设立碳减排绩效奖励基金，根据企业实际碳减排成果给予奖励。惩罚政策上，采用动态惩罚调整机制，根据企业违规次数和情节严重程度调整惩罚力度，提高政策的有效性。

（四）坚持绩效导向，深入关注各项措施和体系在实际运行中的效果

1. 碳中和金融产品体系绩效评估

在碳中和金融产品体系中，对各类产品的绩效评估贯穿始终。以碳债券为例，评估其在碳减排项目融资中的效果。一方面关注其融资金额是否满足项目需求，是否有效降低了项目的融资成本。例如，如果碳债券的发行利率低于传统债券，说明其在降低融资成本方面具有积极绩效。另一方面，考察碳债券所支持的碳减排项目的实际实施情况，包括项目是否按时完成、减排目标是否达成等。如果碳债券所募集资金投入的新能源项目顺利建成并实现了预期的碳减排量，那么该碳债券在促进碳减排方面就表现出良好的绩效。

2. 碳中和金融市场体系绩效分析

在碳中和金融市场体系中，从交易主体、标的、模式和制度等方面分析市场运行绩效。对于交易主体，评估不同类型主体（如企业、金融机构等）在市场中的参与度和

活跃度。如果越来越多的企业积极参与碳市场交易，金融机构不断创新碳中和金融产品和服务，说明市场对交易主体具有吸引力，市场运行绩效良好。从交易标的角度，分析碳配额、碳信用等资产的交易价格是否合理反映其价值，以及交易规模是否持续增长。合理的价格形成机制和不断扩大的交易规模意味着市场在资源配置方面的有效性。在交易模式和制度方面，评估电子交易平台等模式是否提高了交易效率，降低了交易成本。同时，考察交易制度（如信息披露制度、结算制度等）是否保障了市场的公平性和稳定性。如果交易模式的创新使得交易更加便捷、快速，交易制度的完善有效防止了市场操纵和违约风险，那么市场体系在整体上就表现出良好的绩效。

3. 碳中和金融标准、监管和政策体系绩效衡量

在标准体系方面，衡量其在规范市场行为、促进产品质量提升和保障公平竞争等方面的绩效。如果统一的碳中和金融标准使得碳中和金融产品和服务的质量更加稳定，市场参与者能够依据标准进行公平交易，减少了因标准不统一导致的纠纷和混乱，那么标准体系就发挥了积极的作用。同时，考察标准是否能够适应市场发展的动态变化，及时更新和完善以保持其有效性。在监管体系中，以是否有效降低碳中和金融风险为主要绩效衡量指标。通过监测金融机构的风险状况、碳市场的价格波动以及企业的碳减排合规情况等，评估监管措施的效果。如果监管能够及时发现和化解潜在风险，保障碳中和金融市场的稳定运行，如在市场出现异常波动时能够迅速采取措施恢复市场秩序，那么监管体系的绩效就是良好的。在政策体系方面，评估保障、激励和惩罚政策的实施效果。保障政策是否为碳减排项目提供了充足的资源支持，激励政策是否有效激发了企业的减排积极性，惩罚政策是否对违规排放行为起到了有效的威慑作用，这些都是衡量政策体系绩效的关键因素。

第二节 碳中和金融论的内涵界定

一、碳中和的内涵界定

碳中和是指国家、企业、产品、活动或个人在一定时间内直接或间接产生的二氧化碳（CO_2）或温室气体排放总量，通过植树造林、节能减排等形式，以抵消自身产生的二氧化碳或温室气体排放量，实现正负抵消，达到相对“零排放”。

碳中和中的“零排放”是一个相对概念。在实际操作中，很难做到绝对的零温室气体排放。因为在现代社会的很多生产生活环节，如交通运输、建筑施工等，还无法完

全摆脱碳排放。所以碳中和更强调的是碳排放和碳吸收之间的平衡，通过各种手段尽可能地减少碳排放，并利用自然或人工的碳汇来抵消剩余的排放。而且虽然名称是“碳中和”，但实际涵盖的气体不仅有二氧化碳，还有甲烷（CH_4）、氧化亚氮（N_2O）、氢氟碳化物（HFCs）、全氟化碳（PFCs）和六氟化硫（SF_6）等。这些气体在大气中的含量虽然比二氧化碳少，但它们的温室效应潜能很高。例如，甲烷的温室效应潜能是二氧化碳的28—36倍。这意味着相同质量的甲烷在大气中对温室效应的“贡献”比二氧化碳大得多。

一方面，碳中和目标必然促使能源结构加速转型，促使各国加快从传统化石能源（如煤炭、石油和天然气）向可再生能源（如太阳能、风能、水能、生物能等）转变。例如，欧洲许多国家大力投资建设海上风电场。这种转型将改变全球能源市场的格局，使可再生能源产业迎来巨大的发展机遇，相关产业链如太阳能电池板制造、风力发电机组生产等行业会得到扩张。另一方面，碳中和目标必然促使能源安全格局重塑，通过减少对进口化石燃料的依赖，增强能源供应的自主性和安全性。对于石油进口大国来说，降低石油消费可以减少因国际油价波动和地缘政治因素导致的能源供应风险。与此同时，传统高碳产业如钢铁、水泥和化工等面临巨大的减排压力。它们需要投入大量资金用于技术改造，如采用碳捕获、利用与封存（CCUS）技术。以钢铁行业为例，开发和应用氢气直接还原铁（DRI）技术，可以大幅减少炼铁过程中的碳排放。同时，这也促使这些产业向绿色低碳方向发展，催生新的商业模式，如生产高性能、长寿命的绿色建材，提高产品的附加值。为支持碳中和相关项目，绿色金融产品如绿色债券、绿色信贷和绿色基金等不断涌现。全球绿色债券市场规模从2012年的26亿美元增长到2023年的数千亿美元。① 这些金融工具为可再生能源项目、能源效率提升项目等提供了资金支持，促进了低碳经济的发展。

二、绿色金融的内涵界定

关于绿色金融的定义，国际上并没有一个被广泛采纳的标准定义。绿色金融、环境金融、可持续金融、气候金融、ESG等概念均包含有污染治理、环境保护、资源节约、应对气候变化等相关要素，故而经常被混用，不同术语基于不同的支持重点和发展阶段由不同机构提出（见表1-1）。

---

① 陈海强，胡晓雪，李东旭．金融考核“绿色化”与污染企业绿色并购——基于信号效应的视角［J］．金融研究，2024（02）：3-13.

表 1－1　　相关概念异同辨析

名称	概念	发展阶段及支持重点
可持续金融	金融体制机制随经济发展调整，从而合理有效动员和配置金融资源，提高金融效率，以实现经济金融长期有效运行和稳健发展	1992 年《银行业关于环境可持续发展的声明》发布后，可持续金融被广泛提及，重点支持可持续发展目标中与能源、生物多样性、环境相关的内容
生态金融	与金融生态的概念相区别。旨在支持生态文明建设的、理性的、可持续的金融活动	1974 年德国生态银行建立，生态金融得以发展。2005 年中国提出生态文明，重点是在生态产品价值实现、产业生态化、生态产业化、生态补偿等领域的金融支持
环境金融	属于环境经济的一部分，研究如何使用多样化的金融工具保护环境和生物多样性	1997 年前后提出，工业化进程造成发达国家严重的环境污染，发展环境金融以满足环保产业的资金需求和应对金融危机
气候金融	积极应对气候变化、推动低碳发展，为控制温室气体排放和提高适应气候变化能力提供支持的金融活动	1992 年《气候变化框架公约》签订后金融业更加强调气候问题。广义上支持减缓和适应气候变化的所有相关行动
碳金融	为减少温室气体排放或增加碳汇能力的商业行为服务的投融资活动	1997 年《京都议定书》中提出了降低碳排放的三种市场机制，相关的碳金融市场形成，主要支持与碳资产相关的金融活动
绿色金融	为环境改善、应对气候变化和资源节约高效利用等经济活动所提供的金融服务	1995 年学者提出概念构想，2015 年中国首次明确绿色金融发展总体战略，结合生态文明建设和绿色发展理念，支持环境改善、资源节约高效利用、应对气候变化等
能源金融	金融机构为支持节能及能源效率提高类项目提供的资金融通行为，以及相应的风险识别、管理措施等制度安排	1886 年威尔士成立能源交易所，能源和金融被结合考虑。能源金融一词到 21 世纪被广泛讨论，涉及环境方面的主要是用金融支持建设清洁能源体系、能源效率提升
绿色供应金融	金融机构支持上下游企业为达到核心企业的绿色要求进行的融资活动	1996 年密歇根州立大学提出供应链金融，全产业链的资金需求得到关注，“绿色”主要是注重供应链上绿色环节的金融需求
转型金融	金融机构为经济主体向可持续发展目标转型的进程提供的融资活动，是对绿色金融支持范围的补充	2019 年经合组织提出，金融助力高碳行业或企业过渡到绿色生产，重点是助力“棕色产业”和碳密集产业的低碳转型活动

注：来源于全国金融标准化技术委员会发布的《绿色金融术语》（试行），作者根据相关资料整理。

从全球范围来看，西方发达国家由于已跨过污染治理的发展阶段，其对于绿色金融的定义更注重生物多样性保护、应对气候变化、可持续发展等议题，而广大发展中国家绿色金融的定义范围则更多地包含了污染治理、环境保护、资源节约等议题。① 2016年，中国人民银行、财政部等七部委联合发布的《关于构建绿色金融体系的指导意见》明确给出了绿色金融的定义。

绿色金融是指为支持环境改善、应对气候变化和资源节约高效利用的经济活动，即对环保、节能、清洁能源、绿色交通、绿色建筑等领域的项目投融资、项目运营、风险管理等所提供的金融服务。它是金融行业践行可持续发展理念的具体体现，将环境、社会和公司治理（ESG）因素纳入金融决策过程。例如，银行在发放贷款时，会优先考虑那些对环境影响小、符合节能减排要求的企业，或者对致力于开发可再生能源项目的企业给予优惠的贷款利率。

从宏观层面看，绿色金融的目标是促进经济的可持续发展，实现经济增长与环境保护的协调共进。② 通过引导资金流向绿色产业和绿色项目，推动整个社会向低碳、环保的方向转型。例如，在实现碳中和目标的过程中，绿色金融发挥着关键作用，它为可再生能源的大规模应用、碳减排技术的研发等提供资金保障。③ 从微观层面看，绿色金融旨在帮助金融机构和企业实现自身的可持续发展。对于金融机构而言，开展绿色金融业务可以降低因环境风险带来的投资损失，同时提升自身的社会形象和品牌价值。④ 对于企业来说，获得绿色金融支持可以降低融资成本，加速绿色项目的推进，提高企业的环境绩效和市场竞争力。

绿色金融的原则主要有：（1）可持续性原则。绿色金融业务必须确保资金用于支持可持续的经济活动和项目。这意味着所支持的项目不仅要在短期内符合环保要求，而且在长期内也要能够持续产生环境效益。例如，对于可再生能源项目，要考虑其整个生命周期内的能源生产效率、对生态环境的影响等因素；（2）环境风险评估原则。金融机构需要对投资项目进行全面的环境风险评估。这包括评估项目可能面临的自然环境风险（如气候变化导致的洪水、干旱对项目的影响）和潜在的环境责任风险（如企业因污染环境而面临的法律诉讼风险）。根据评估结果，金融机构可以调整投资策略，如提高对高环境风险项目的贷款利率或要求增加抵押物；（3）信息披露原则。参与绿色金融业务的各方，包括金融机构、企业等，需要充分披露与环境相关的信息。金融机构要

---

① Labatt S, White R. Environmental Finance: A Guide to Environmental Risk Assessment and Financial Products [M]. Canada: John Wiley & Sons, 2002.

② Wara M. Is the Global Carbon Market Working? [J]. Nature, 2007, 445 (7128): 595 - 596.

③ Meo M S, Karim M. The Role of Green Finance in Reducing CO_2 Emissions: An Empirical Analysis [J]. Borsa Istanbul Review, 2021, 22 (01): 169 - 178.

④ Chami R, Cosimano T F, Fullenkamp C. Managing Ethical Risk: How Investing in Ethics Adds Value [J]. Journal of Banking and Finance, 2002, 26 (09): 1697 - 1718.

向投资者披露绿色金融产品的资金投向、环境效益等信息。企业则需要向金融机构和社会公众披露自身的环境绩效、碳排放情况等信息。这样可以增加透明度，便于投资者和监管机构进行监督。①

三、碳金融的内涵界定

碳金融是基于《京都议定书》发展起来的一种新型绿色投融资方式。根据中国证监会发布的《碳金融产品》行业标准（JR/T 0244—2022），从狭义上来讲，碳金融特指以碳排放权为标的物所开展的各类金融交易活动，这包括但不限于碳现货、碳期货以及碳期权等产品交易。这些金融活动的核心在于碳排放权的买卖，即企业之间或企业与政府之间关于碳排放配额的交易。

从广义上来讲，碳金融是指所有以减少温室气体排放为目标的金融制度安排和交易活动。这不仅包括碳交易，还将一切与碳排放权投融资相关的经济活动包括在内。广义碳金融的目标是支持环境改善、应对气候变化和资源节约高效利用的经济活动，包括对环保、节能、清洁能源、绿色交通、绿色建筑等领域的项目投融资、项目运营、风险管理等所提供的金融服务。根据国际能源署（IEA）的报告，为了实现《巴黎协定》的目标，到2030年全球每年需要在清洁能源领域投资约4万亿美元②，这凸显了广义碳金融在促进绿色低碳发展中的重要作用和广阔的市场前景。

碳金融是绿色金融的一个重要分支，专注于碳排放权的交易和相关金融活动，而绿色金融的范围更广，不仅包括碳金融，还包括了其他环保和可持续发展领域的金融服务。碳金融和绿色金融都旨在促进环境的改善和可持续发展。碳金融通过碳市场和相关金融工具推动温室气体排放的减少，而绿色金融通过更广泛的金融服务支持环保项目和绿色经济的发展。因此，许多国家和地区在制定绿色金融政策时，也会考虑到碳金融的发展，通过政策引导和激励措施，促进碳金融和绿色金融的协同发展。

四、碳中和金融的内涵界定

碳中和金融是绿色金融的一个重要分支，它是指围绕碳中和目标，将金融工具和金

---

① Kolk A, Levy D, Pinkse J. Corporate Responses in an Emerging Climate Regime: The Institutionalization and Commensuration of Carbon Disclosure [J]. European Accounting Review, 2008, 17 (04): 719 -745.

② IEA. An updated roadmap to net zero emissions by 2050 - world energy outlook 2022 - analysis, IEA [EB/OL]. (2024 -11 -09). https: //www.iea.org/reports/world - energy - outlook - 2022/an - updated - roadmap - to - net - zero - emissions - by - 2050.

融服务应用于碳排放的监测、减排项目的投资、碳资产的交易以及风险管理等一系列活动的金融范畴。其核心目的是通过金融手段助力实现二氧化碳等温室气体的净零排放，是推动经济社会低碳转型的关键力量。例如，金融机构为一家计划采用先进技术减少碳排放的工业企业提供专项贷款，这就是碳中和金融活动的一种体现。

从范畴上讲，碳中和金融是一个更为宽泛的概念，它包含了为实现碳中和目标而进行的所有金融活动。其中，碳金融作为直接服务于碳排放权交易和低碳项目投融资的金融活动，是碳中和金融的重要组成部分。碳中和金融与碳金融相互依存、相互促进。碳中和金融为碳金融的发展提供了更广阔的空间和更明确的目标导向，而碳金融的健康发展则有力推动了碳中和金融目标的实现。例如，通过碳金融市场的发展，企业可以更有效地进行碳排放权交易和低碳项目投融资，从而推动其向低碳、绿色方向转型。

（一）碳中和金融主要业务领域

1. 碳减排项目融资

这是碳中和金融的关键环节。金融机构为能够有效减少温室气体排放的项目提供资金支持，这些项目涵盖多个领域。在能源领域，为可再生能源项目（如太阳能、风能、水能、生物能发电项目）的建设和运营提供资金。例如，为一个大型海上风电场项目提供长期贷款，用于购买风力发电机组、建设输电设施等。在工业领域，支持企业进行节能技术改造，像为钢铁企业的高炉煤气回收利用项目提供资金，帮助企业降低能源消耗和碳排放。

2. 碳市场金融服务

碳市场包括碳排放权交易市场和自愿减排市场。在碳排放权交易市场中，金融机构可以为企业提供碳配额的托管、拆借、回购等金融服务。例如，帮助企业管理碳配额资产，在碳价格合适的时候出售多余的碳配额获取收益。同时，金融机构还可以开发基于碳配额的金融衍生品，如碳期货、碳期权等，用于碳市场的价格发现和风险管理。在自愿减排市场中，金融机构为开发和认证自愿减排项目（如造林项目、甲烷回收利用项目）提供资金和相关服务，促进企业和个人通过购买自愿减排量来抵消自身难以避免的碳排放。

3. 碳资产风险管理

随着碳中和进程的推进，企业和金融机构面临的碳资产风险日益复杂。碳资产风险管理主要包括对碳价格波动风险和碳政策变化风险的管理。金融机构可以通过开发碳中和金融工具，帮助企业对冲碳价格波动风险。例如，为企业提供碳远期合约，锁定未来的碳价格，使企业能够提前规划碳排放成本。对于碳政策变化风险，金融机构可以协助企业进行碳战略规划，评估政策变化对企业碳资产的潜在影响，如碳税的开征、碳排放标准的提高等政策因素对企业碳排放权价值和减排成本的影响。

（二）碳中和金融的参与主体

1. 金融机构

银行主要负责提供碳减排项目融资，如发放绿色贷款。证券公司可以参与碳中和金融产品的发行和交易，如承销碳债券。保险公司则通过开发碳保险产品来规避或降低碳资产的风险。

2. 企业

作为碳排放的主体和碳减排项目的实施者，企业在碳中和金融中扮演着关键角色。一方面，企业需要通过金融市场获取资金用于碳减排项目；另一方面，企业也会参与碳市场交易，管理自身的碳资产。例如，一家电力企业通过金融机构融资建设新的太阳能电站，同时在碳市场上出售因采用清洁能源而节省下来的碳配额。

3. 政府和监管机构

政府通过制定碳减排政策、设立碳市场规则来推动碳中和金融的发展。监管机构则负责监督金融机构和企业在碳中和金融活动中的合规性，防止金融欺诈、碳市场操纵等不正当行为。例如，中国生态环境部发布碳市场相关政策，对碳排放权交易进行监管，确保市场的公平、公正和有序运行。

五、绿色金融与碳中和金融的关系

碳中和金融是绿色金融的重要分支，体现在两者的目标一致和业务重合等方面。

在目标上，绿色金融的总体目标是促进经济可持续发展，将资金引向对环境有益的项目和产业，实现经济增长与环境保护的协调统一。例如，绿色金融支持的节能建筑项目，不仅减少了建筑运行过程中的能源消耗和污染，还提高了城市的环境质量。碳中和金融作为绿色金融的重要组成部分，其目标是助力实现碳中和，通过金融手段推动温室气体减排直至净零排放，这与绿色金融保护环境、推动可持续发展的目标高度契合。两者都旨在解决经济发展过程中的环境问题，只是碳中和金融更聚焦于碳排放这一关键环境因素。

在业务范围上，两者存在明显的重叠。绿色金融涵盖的领域包括可再生能源、能源效率提升、污染防治、生态保护等。例如，为太阳能发电项目提供绿色信贷，或者为污水处理设施建设发行绿色债券等。碳中和金融同样涉及可再生能源项目融资，因为可再生能源是减少碳排放的关键领域。

在工业节能改造方面，两者都有参与，如对钢铁企业节能技术改造的资金支持，这既是绿色金融支持传统产业绿色转型的业务内容，也是碳中和金融为降低工业碳排放而开展的业务。

在侧重点上，绿色金融更强调对环境的广泛保护，包括对水资源、土壤、生物多样性等多方面环境要素的保护和改善。例如，绿色金融支持湿地保护项目，主要是为了维护湿地生态系统的平衡，提高其生态服务功能，对碳排放的关注只是其中一部分。而碳中和金融核心是围绕碳中和目标，重点关注与碳排放和碳减排相关的项目和活动。例如，碳捕获、利用与封存（CCUS）技术的研发和应用项目融资，这是碳中和金融特有的业务重点，其所有业务都紧密围绕如何实现碳排放的减少和中和。

六、碳中和金融与碳金融的关系

碳金融作为碳中和金融的核心构成部分与重要实现路径，在推动碳排放减少和碳中和愿景实现方面发挥着不可替代的作用。碳中和金融的侧重点在于通过金融手段推动整个社会经济的绿色低碳转型。它不仅关注碳减排本身，还注重能源结构的优化、产业结构的升级、绿色技术的创新以及生活方式的转变等多个方面。碳中和金融的目标是实现全社会的绿色低碳发展，从而达到碳中和的最终目标。碳金融的侧重点则更具体地放在与碳减排直接相关的金融活动上。它主要关注如何通过市场机制引导资金流向低碳项目，推动碳减排目标的实现。碳金融的工具和产品包括碳排放权交易、绿色债券、绿色信贷等，这些工具和产品旨在降低企业的减排成本，提高减排效率。①

碳中和金融作为一个更为宽泛的概念，涵盖了支持低碳、零碳、负碳项目的全方位投融资活动，以及与应对气候变化紧密相关的各类金融服务创新，如转型金融助力高碳企业向低碳转型、绿色保险为气候相关风险提供保障、绿色基金汇聚社会资本投入绿色产业等。碳中和金融的蓬勃发展为碳金融的进一步拓展与深化提供了广阔无垠的空间与前所未有的机遇。随着全球对碳中和目标的高度重视，各国政府与国际组织纷纷出台一系列支持政策与法规，鼓励金融机构加大对碳中和领域的投入。在这一政策利好背景下，碳金融可以依托碳中和金融所营造的良好生态环境，加速创新步伐，丰富产品种类，优化市场结构。例如，金融机构能够基于碳中和金融的政策导向，开发出更加复杂

---

① Fan H, Peng Y, Wang H, et al. Greening through finance? [J]. Journal of Development Economics, 2021, 152 (01): 102683.

且贴合市场需求的碳金融衍生品，进一步提升碳市场的流动性与定价效率；或者与科技企业合作，运用区块链、大数据等前沿技术完善碳交易的监测、报告与核查体系，增强碳金融市场的透明度与公信力。

因此，在全球积极应对气候变化、迈向碳中和的征程中，碳金融与碳中和金融已成为关键的驱动力量，两者相互依存、协同共进。碳金融以其独特的市场机制与金融工具，为碳减排项目和碳市场发展注入强大动力，奠定了碳中和的坚实基础；而碳中和金融则凭借其广泛的范畴与全面的金融服务创新，为碳金融的持续升级开辟了广阔前景，引领着整个金融体系在应对气候变化的伟大事业中不断前行。在未来的发展进程中，进一步强化碳金融与碳中和金融的有效联动与深度融合，对于全球顺利实现碳中和目标、构建可持续发展的低碳未来具有举足轻重的意义。

第三节 本书内容与框架

一、研究思路

本书研究以习近平生态文明思想为指导，依据“提出问题—分析问题—解决问题”的思路，以碳中和金融的全流程、全方位要素为重点研究对象，通过对碳中和金融在产品体系、市场体系、标准体系、监管体系、政策体系以及国际合作等多个维度的深入剖析，其间以全球应对气候变化和中国碳中和战略目标为背景，关注碳中和金融领域在实践中出现的问题，并从理论和实践多角度分析和探讨碳中和金融，同时考虑国内国际形势的影响，旨在揭示碳中和金融的内在逻辑与框架体系，为实现碳中和目标以及经济社会的绿色转型和可持续发展提供理论支持和实践指导。

二、研究内容

本书内容如下：

第一，绿色金融的起源与碳中和金融发展研究。围绕绿色金融的起源与内涵、绿色金融的发展与模式、绿色金融体系的建设与趋势、碳中和金融的界定与作用、碳中和金融的兴起与发展以及相关理论基础展开研究。

第二，碳中和金融的内容与创新开发研究。围绕碳中和金融政策工具绿色信贷、绿色债券、绿色保险以及 ESG 投资与绿色基金以及碳中和金融衍生品，对碳中和金融的内容以及金融工具产品开发进行探讨。

第三，碳中和金融市场体系与风险监管研究。首先探讨碳中和金融的一级市场、二级市场、现货市场以及衍生品市场等市场体系，然后对碳中和金融市场中的交易主体、交易标的、交易模式以及交易制度展开研究，进一步考虑碳中和金融风险的来源、识别与计量和风险管理措施等。

第四，碳中和金融标准体系与政策体系研究。首先探讨碳中和金融标准体系的界定、架构以及制定原则，然后就碳中和金融政策的保障体系、绿色金融等激励体系以及针对不同程度损害碳中和的行为的惩罚体系展开研究。

第五，碳中和金融国际合作创新机制研究。围绕碳中和金融国际标准的意义、制定以及执行，碳中和金融市场国际交易、国际壁垒、国际博弈等国际合作，以及碳中和金融国际监管的重要性、监管组织化、监管的合作等机制展开研究。

三、研究框架

本书共由八章构成，研究框架如图 1－1 所示。

第一章　导论：介绍研究碳中和金融的背景、意义、特色，界定碳中和、绿色金融、碳金融及碳中和金融等核心概念并阐述其相互关系，阐述研究思路、内容框架、创新与价值，为后续研究奠定基础。

第二章　绿色金融体系中的碳中和金融：讲述绿色金融起源发展、模式及体系建设趋势，分析碳中和金融作用、发展、机遇挑战，明确其在绿色金融体系中的位置与发展态势。

第三章　碳中和金融产品体系：涵盖碳中和金融现货交易等产品内容，剖析各产品发展与挑战，提出优化政策等推动发展路径，助力构建完善产品体系。

第四章　碳中和金融市场体系：解析碳中和金融一、二级市场等结构与交易体系，包括主体、标的等要素，探讨完善配额分配等建设市场体系路径，促进市场有效运行。

第五章　碳中和金融标准体系：界定其概念，分析国际国内特点、架构意义作用内容，阐述制定原则方法，为建立科学标准体系提供依据。

第六章　碳中和金融监管体系：明确碳中和金融风险来源、分类与特点，介绍风险识别计量方法及规避、转移、管理风险策略，保障金融稳定运行。

第七章　碳中和金融政策体系：分析碳中和保障、激励、惩罚政策与问题，构建相应政策体系，以政策推动碳中和金融发展。

第八章　碳中和金融国际合作：包括标准制定合作，如协议框架、标准统一；市场交易合作，涉及国际交易、壁垒与博弈；监管合作，强调国际监管重要性与组织化，推动全球碳中和金融协同发展。

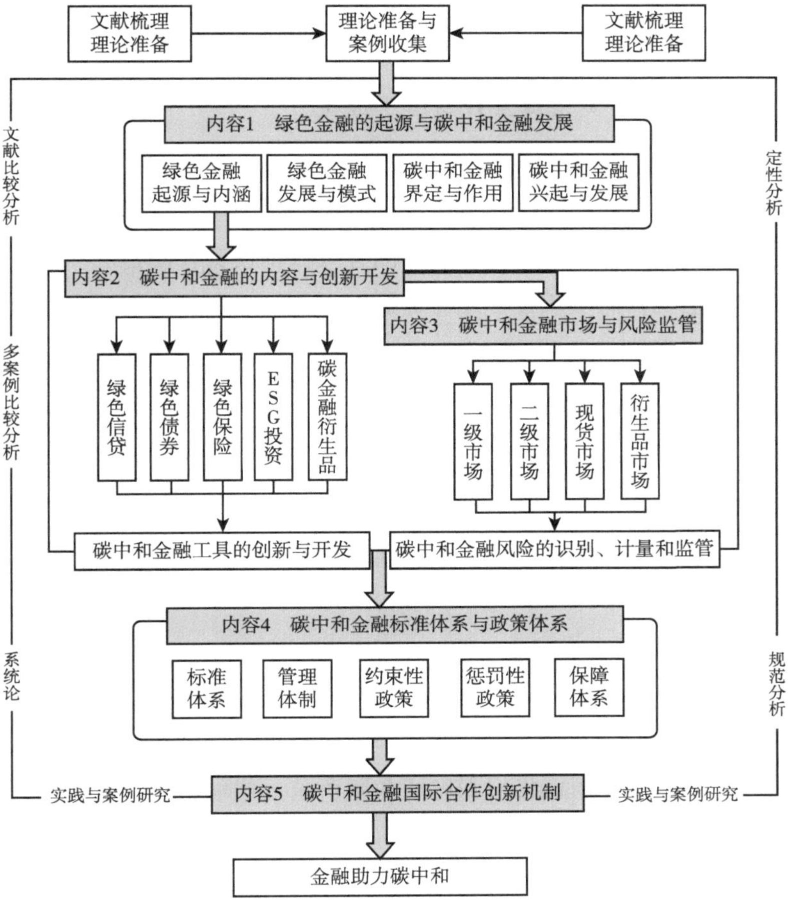

图 1-1 本书研究框架

第四节 主要创新与价值

一、主要创新点

（一）加强碳中和金融政策支持，推动市场快速发展

1. 建立健全碳中和金融政策激励与引导机制

政府需通过提供税收优惠、财政补贴、贷款贴息等一系列激励措施，有效降低企业

和个人参与碳中和项目的财务成本，从而充分激发市场活力。政策引导应聚焦于促使金融机构和企业将资金优先投向低碳技术和项目，加速推动绿色转型进程。同时，政策支持还应涵盖碳中和项目的风险补偿机制，通过合理的风险分担降低投资风险，进而吸引更多的私人资本积极参与。

2. 完善碳中和金融相关法律法规与监管政策

完善相关法律法规，能够为碳中和金融提供清晰明确的法律框架和操作指引，从而显著增强市场参与者的信心。与此同时，监管政策的健全与完善，不仅有助于规范市场行为，防止市场操纵和欺诈行为的发生，还能有效保护投资者的合法权益。通过监管政策的科学引导，金融机构能够积极开发和提供更多符合市场需求的碳中和金融产品和服务，进一步丰富市场供给。

3. 推进碳中和金融政策协调与国际合作

碳中和金融政策的制定与实施需要跨部门之间的紧密协调，以确保政策的连贯性和一致性，避免政策冲突对市场造成不利影响。此外，加强国际合作能够促进全球碳中和金融市场的互联互通，通过共享最佳实践，共同推动全球碳中和进程，实现全球范围内的合作共赢。

（二）推动碳中和金融产品创新，满足多样化需求

1. 推动碳中和金融产品多样化创新

金融机构应致力于开发多样化的碳中和金融产品，如碳期货、碳期权等衍生品，以满足不同风险偏好的投资者需求。这些创新的金融产品不仅能够帮助企业和项目管理者更好地管理碳价格波动等风险，还能显著提升项目的可行性和吸引力。同时，探索新型融资方式，如碳资产证券化，可以为碳中和项目提供更广泛的资金来源，有效降低融资成本。

2. 以碳中和金融产品市场需求为导向

以市场需求为导向的金融产品创新，能够显著提升金融产品的市场接受度和流动性，进而促进市场的健康发展。金融机构应深入了解不同行业和项目的具体需求，通过市场调研和数据分析，精准识别市场缺口，设计符合实际的金融解决方案。这种需求导向的创新模式，有助于开发出更具竞争力的碳中和金融产品。

3. 加强碳中和金融风险管理工具的开发

鉴于碳中和项目面临多种复杂风险，金融机构应加大力度开发更多风险管理工具，以帮助企业和项目管理者有效对冲风险。风险管理工具的创新不仅能够提高市场对碳中

和项目的接受度，还能显著降低因风险导致的项目失败率。通过风险管理工具的丰富和完善，可以吸引更多投资者参与碳中和市场，从而加大市场的深度和广度。

（三）完善碳中和金融市场体系，提高市场透明度和效率

1. 建立健全碳中和金融的信息披露制度

建立和完善碳中和项目的信息披露制度，确保所有市场参与者能够获取准确、及时的项目信息。透明的信息披露有助于投资者作出更加明智的投资决策，减少信息不对称带来的市场风险。同时，信息披露制度的完善也是提高市场信任度和吸引外资的重要措施。

2. 优化碳中和金融产品的交易机制

通过优化碳中和金融产品的交易机制，可以显著提高交易效率，降低交易成本。交易机制的优化有助于促进市场流动性，增强市场的吸引力，从而吸引更多投资者和资金的参与。此外，优化交易机制还能更好地实现价格发现功能，为碳中和项目提供更准确的定价依据。

3. 强化碳中和金融市场监管

加大碳中和金融市场的监管力度，严厉打击市场操纵和欺诈行为，切实保护投资者利益，维护市场秩序。强化监管有助于提升市场的公平性和效率，促进健康竞争，防止市场滥用和资源错配。同时，监管的强化还能提升市场的整体信誉，增强国内外投资者的信心。

（四）推进碳中和金融标准统一，提升市场效率与国际竞争力

1. 推进碳中和金融标准的统一与国际接轨

建立统一的碳中和金融标准体系，有助于减少市场混乱，提高监管效率。统一的标准不仅有助于与国际市场接轨，促进跨境交易和合作，还能显著提升国际竞争力。通过统一标准，可以更好地实现国内外碳中和项目的比较和评估，提高项目的透明度和可信度。

2. 完善碳中和金融标准的科学性和实用性

制定科学、实用的碳中和金融标准，确保标准的可操作性和有效性。实用的标准能够为市场参与者提供明确的指导，降低合规成本，提高市场效率。同时，科学的标准有助于提高项目的成功率，减少资源浪费，促进碳中和目标的实现。

3. 加强碳中和金融标准的动态更新与适应性

碳中和金融标准体系应具备动态更新的能力，以适应市场和技术的快速变化。动态

更新的标准能够确保市场参与者及时调整策略，适应新的市场环境。适应性强的标准有助于保持市场的灵活性和创新能力，促进碳中和金融市场的持续健康发展。

（五）加强碳中和金融风险监管，保障市场稳定运行

1. 建立碳中和金融的风险识别与计量体系

构建科学的碳中和金融风险识别和计量体系，准确评估碳中和项目的潜在风险。科学的风险评估有助于金融机构和投资者作出更加合理的投资决策，降低投资风险。同时，风险识别与计量体系的建立能够提升碳中和金融市场的整体风险管理能力，减少系统性风险的发生。

2. 加强碳中和金融的现代技术手段应用

通过引入大数据、区块链等现代技术手段，显著提高碳中和金融风险的监测和预警能力。现代技术的应用能够提升风险监管的效率和准确性，降低监管成本。同时，这些技术手段还能实现风险的实时监控和快速响应，从而增强市场的稳定性。

3. 加强碳中和金融的国际合作与交流

通过加强国际合作与交流，共同应对跨国金融风险挑战。国际合作有助于共享风险管理的最佳实践，提高全球风险监管的协同效应。通过国际间的紧密合作，可以更好地应对全球性的碳中和金融风险，保障全球市场的稳定运行。

二、主要价值

（一）理论价值

本书在理论层面对碳中和金融进行了深入剖析，为绿色金融理论体系增添了新的维度。

（1）通过探讨碳中和金融在绿色金融体系中的核心地位与作用，本书不仅扩展了绿色金融的内涵，还揭示了碳中和金融在推动经济社会绿色转型中的独特价值。这种探讨不仅丰富了绿色金融的理论范畴，还为理解绿色金融与碳中和目标的内在联系提供了新的视角。

（2）系统构建了碳中和金融的理论框架，明确了碳中和金融的内涵、作用、业务领域及参与主体，为碳中和金融的理论研究提供了坚实的支撑。这一框架的建立，有助于学术界更全面地把握碳中和金融的发展规律和趋势，推动绿色金融理论的深化与拓展。

（3）通过探讨金融在应对气候变化和实现碳中和目标中的作用，深化了金融与气

候变化关系的研究，为金融与可持续发展领域的研究提供了新的理论支撑。这一贡献不仅增强了金融理论对现实问题的解释力，还为金融理论的发展注入了新的活力。

（二）学术价值

本书在学术领域具有显著的推动作用。

（1）通过系统的理论框架构建和深入的分析，本书为碳中和金融领域的学术研究奠定了坚实基础，吸引了更多学者关注这一新兴领域。本书中提出的理论观点、分析方法和创新路径，为学者们的后续研究提供了重要的参考和启示，有助于推动碳中和金融领域学术研究的繁荣与发展。

（2）促进了跨学科研究的融合与发展。碳中和金融涉及金融学、环境科学、气候科学等多个学科领域，本书通过跨学科的研究方法，将不同学科的知识和理论有机融合，为跨学科研究提供了新的思路和范例。这种跨学科的研究模式有助于打破学科壁垒，促进不同学科之间的交流与合作，推动学术研究的创新与发展。

（3）为学术界提供了丰富的学术资源。通过大量的文献综述、案例分析和数据支持，为学者们提供了深入了解碳中和金融最新研究进展和动态的宝贵资料，有助于学者们更好地把握碳中和金融的发展趋势，开展深入研究。

（三）应用价值

本书在实践层面具有广泛的应用价值。

（1）通过深入剖析碳中和金融领域的现实问题，本书提出了针对性的解决方案和创新路径，为金融机构、企业和政府在碳中和金融实践中提供了有益的参考和借鉴。这些解决方案和创新路径具有很强的实践指导意义，有助于推动碳中和金融实践的有效开展。

（2）通过探讨碳中和金融市场的结构体系、交易体系以及风险监管等方面的问题，为碳中和金融市场的健康发展提供了重要的理论支持和实践指导。这有助于推动碳中和金融市场的规范化和成熟化，提高市场的透明度和效率，为市场参与者提供更加公平、公正、有序的交易环境。

（3）通过探讨碳中和金融的国际合作与创新机制，为各国在碳中和金融领域的合作与交流提供了重要的参考和借鉴。这有助于推动全球碳中和金融市场的互联互通和共同发展，实现全球范围内的合作共赢，促进全球气候治理目标的实现。

（4）通过探讨金融对碳中和战略目标的支撑体系，为碳中和目标的实现提供了有力的金融支持。这有助于引导金融资源向碳中和领域倾斜，合理分配资金、技术等资源，提高资源利用效率，加快碳中和项目的实施进度，从而为实现碳中和目标提供坚实的金融保障。

第二章　绿色金融体系中的碳中和金融

随着全球对环境问题的日益重视，绿色金融应运而生并蓬勃发展，成为推动经济可持续发展的关键力量。在这个大背景下，碳中和金融作为绿色金融体系中的重要组成部分，其发展愈发引人关注。它不仅关乎碳市场的健康发展、全社会的绿色低碳转型，更对提升国际金融影响力有着重要意义。本章主要是围绕绿色金融体系中的碳中和金融展开，研究分析碳中和金融在绿色金融体系中的作用、地位，首先对绿色金融的起源与发展、国内外绿色金融的模式、绿色金融体系的建设与趋势进行梳理分析，然后对碳中和金融的作用、碳中和金融的兴起与发展、碳中和金融发展的过程等深入剖析，以探清金融支持中国碳达峰碳中和目标实现的作用、意义以及发展趋势。

第一节　绿色金融体系

一、绿色金融的起源与发展

（一）绿色金融的起源

回顾经济学的悠久历史，从古希腊哲学对人与自然关系的初步探讨，到中世纪及古典经济学时期对经济发展的单一追求，再到新古典经济学对市场机制的深入剖析，经济发展与环境污染之间的复杂关系及其经济调控手段，直至现代经济学时期才逐渐受到广泛关注。1972 年，罗马俱乐部在其里程碑式的报告《增长的极限》中，首次系统地提出了可持续发展理念，深刻揭示了工业化进程中环境资源矛盾的严峻性，引发了全球对经济发展与环境保护之间平衡的深刻反思。① 同年，联合国在斯德哥尔摩召开的第一次人类环境会议，通过《联合国人类环境会议宣言》，明确提出了“应筹集资金用于维护和改善环境”的倡议，标志着国际社会开始探索通过经济手段解决环境问题的新路径。

① 德内拉·梅多斯，乔根·兰德斯，丹尼斯·梅多斯. 增长的极限［M］. 李涛，王智勇，译. 北京：机械工业出版社，2013.

为何绿色金融会在此背景下应运而生？这主要源于环境问题的日益严峻及其对经济系统的潜在冲击。[①] 1980 年 12 月 11 日，美国著名的“爱河”化学污染泄漏事件，不仅造成了巨大的生态灾难，还直接引发了公众对环境风险的深切担忧，进而推动了《超级基金法案》的出台。该法案通过设立专项基金，用于清理污染场地和赔偿受害者，标志着环境风险正式被纳入金融风险管理范畴，环境金融（Environmental Finance）或可持续融资（Sustainable Financing）的概念随之诞生。[②] 这一创新不仅是对传统金融理论的拓展，更是对环境保护与经济发展双赢模式的积极探索。

在绿色金融的实践领域，1974 年联邦德国的复兴信贷银行率先开展了环境投融资业务，并成立了世界上第一家政策性环保银行——GLS Bank。GLS Bank 专注于社会问题和生态领域，通过提供优惠贷款等金融手段支持环保项目，成为绿色金融的早期实践典范。这些实践不仅验证了绿色金融理论的可行性，更为后续绿色金融的全球化发展奠定了坚实基础。

综上所述，绿色金融的起源是经济发展与环境保护矛盾日益凸显的产物，是可持续发展理念在金融领域的具体体现。它旨在通过金融手段促进环境外部性的内部化，实现经济发展与环境保护的和谐共生。[③] 随着全球环境问题的不断加剧和人们对可持续发展认识的不断深化，绿色金融必将在未来发挥更加重要的作用。

（二）绿色金融的发展

1. 全球绿色金融的发展

1980 年，美国颁布了《综合环境反应、补偿与责任法》。该法案通过设立危险性物质信托基金和危险废物设施废除后的责任信托基金，将环境风险正式纳入金融管理范畴，为绿色金融的后续发展奠定了法律基础。这一举措背后，是环境经济学理论的兴起，该理论认为市场机制在环境资源配置上存在失灵，需要通过政策干预来内部化环境外部性。绿色金融作为这一理论在金融领域的具体实践，旨在通过金融手段促进环境保护和可持续发展。此后，国际社会对绿色金融的探索不断深入。1992 年，联合国环境与发展大会通过了一系列重要文件，包括《里约环境与发展宣言》《21 世纪议程》《联合国气候变化框架公约》和《生物多样性公约》，将环保与减排提升为全球关注的焦点，推动了绿色金融的广泛推广。特别是《京都议定书》的签订，进一步强化了国际

---

① 文书洋，张琳，刘锡良．我们为什么需要绿色金融？——从全球经验事实到基于经济增长框架的理论解释［J］．金融研究，2021（12）：20－37.

② Jose S. Environmental finance：Linking two world［Z］. In A Workshop on Finance Innovations for Biodiversity Bratislava，1998（01）：2－18.

③ 刘文勇．绿色金融的理论基础与实践发展［J］．黑龙江金融，2018（09）：15－17.

社会在应对气候变化方面的合作，为绿色金融的研究和发展提供了强大动力。

随着绿色金融实践的深入，其理论内涵也不断丰富。2000年，《美国传统词典》第四版正式提出了环境金融的概念，将绿色金融定义为环境经济的一部分，强调使用多样化的金融工具来保护环境和生物多样性。2003年，世界十大银行签署的“赤道原则”更是将绿色金融的实践推向了新的高度，为项目融资中的生态环境和社会风险评估提供了框架，促进了绿色金融在全球范围内的推广和普及。

进入21世纪，绿色金融的发展进入了快车道。2015年，联合国可持续发展峰会的召开和《2030年可持续发展议程》的通过，为绿色金融发展带来了新的机遇和挑战。特别是中国杭州G20峰会上发布的《G20绿色金融综合报告》，明确了绿色金融的定义、目的和范围，为全球绿色金融的发展指明了方向。同时，绿色金融的国际合作也进入了一个新的阶段，2019年成立的可持续金融国际平台IPSF和随后的可持续金融标准工作组，以及《2021年G20可持续金融路线图》的提出，为全球可持续金融的未来发展提供了重点方向和具体行动指南。

2. 中国绿色金融的发展

在中国，对绿色金融的探索与实践同样起步较晚。1995年，中国人民银行发布《关于贯彻信贷政策与加强环境保护工作有关问题的通知》，绿色金融的雏形开始形成。2007年，国家环保总局、中国人民银行和银监会联合发布了《关于落实环保政策法规防范信贷风险的意见》，同时中信银行成为国内首家接受“赤道原则”的银行，并推出了首个绿色性质的信用贷款产品，标志着中国绿色金融的开端。此后，中国绿色金融政策正式启动并逐步完善。2008年，国家环保部会同金融监管部门相继出台“绿色保险、绿色证券、绿色信贷”等新政。2011年，“绿色信贷”评估研究项目启动，并计划建立“中国绿色信贷数据中心”。2012年，银监会发布《绿色信贷指引》，对银行业操作绿色信贷的流程进行规范。2013年，银监会推进绿色信贷统计制度。2014年，银监会发布《绿色信贷实施情况关键评价指标》，对组织管理、能力建设、流程管理、内控管理、信息披露等方面进行了规范。

2015年，中国绿色金融体系建设进入快车道。中共中央、国务院印发《生态文明体制改革总体方案》，首次明确了建立中国绿色金融体系的顶层设计，并从信贷、绿色股票指数、绿色债券、绿色发展基金、上市公司披露信息、担保、环境强制责任保险、环境影响评估、国际合作等方面具体提出了建立绿色金融体系的措施。同年，党的十八届五中全会再次明确中国要发展绿色金融，设立绿色发展基金。2016年，中国发布了全面构建绿色金融体系的指导意见，成为全球最大的绿色债券市场，各类绿色金融创新大量涌现，标志着中国绿色金融进入快速发展阶段。在国际合作方面，中国积极倡导绿色金融理念，并在 G20 峰会上提出扩大绿色投融资规模的倡议。同时，中国还积极参与全球绿色金融标准的制定，推动绿色金融的国际合作与协同发展。

随着 2021 年《绿色债券支持项目目录（2021 年版）》正式发布，中国绿色金融体系建设进程明显提速。同年，中国人民银行发布《银行业金融机构绿色金融评价方案》，将绿色金融评价结果纳入央行金融机构评级等审慎管理工具。此外，中国还推出了碳减排支持工具，初步构建起了相对完整的绿色金融框架体系。到 2021 年末，中国绿色贷款余额显著增长，投向具有碳减排效益项目的贷款占比增加。基础设施绿色升级、清洁能源和节能环保产业成为绿色贷款的主要投放领域。2022 年，中国继续加快完善绿色金融标准体系，发布了《中华人民共和国金融行业标准——碳金融产品》①，为金融支持碳市场建设提供了有力支撑。

综上所述，绿色金融的兴起与发展是一个全球共识与中国实践相互交织的历程。中国作为绿色金融的重要参与者和推动者，不仅在国内构建了较为完整的绿色金融政策体系和市场体系，还在国际舞台上积极倡导绿色金融理念，推动绿色金融的国际合作与协同发展。未来，随着全球环境问题的日益严峻和可持续发展的迫切需求，绿色金融将继续发挥重要作用，为实现全球绿色低碳转型和可持续发展目标贡献力量。

二、绿色金融的模式

（一）国际模式

1. 美国综合运用多种手段发展绿色金融模式

美国在绿色金融发展方面高度重视制度体系的构建，通过绿色金融法律与政策的有效执行，大力推动绿色金融的市场化发展。首先，美国绿色金融发展模式以“超级基金”为重要起点。“超级基金”详细规定了基金来源，涵盖了政府财政拨款、对污染者的罚款等多种途径；明确了支持项目与方向，主要针对受污染土壤等环境修复项目；清晰划分了责任，包括政府环保机构、环境损害者（如企业违规排放造成污染）、个人（在特定情况下对环境损害负有责任）等各方在环境保护中的责任；同时规范了赔偿、清理以及政府紧急反应等内容。这一系列规定进一步明确了绿色经济发展的实施准则，为众多国家建立土壤污染管理制度提供了极具价值的范本。其次，美国联邦政府和各州政府积极构建绿色金融制度体系。在此过程中，建立了专门的绿色金融组织，其中全国

① 中国证券监督管理委员会．中华人民共和国金融行业标准－碳金融产品：JR/T 0244/2022［S］．北京：中国标准出版社，2022.

性的环境金融中心发挥着统筹协调的关键作用，环境顾问委员会为政策制定和项目实施提供专业建议，环境金融中心网络则将各个相关机构紧密相连。这些组织共同推进绿色金融法律和政策的严格执行，为绿色金融发展提供了坚实的支持。最后，美国金融机构在绿色金融工具方面展现出强大的创新能力。不断推出新的绿色创新产品，从绿色信贷产品，为环保项目提供优惠贷款条件，到绿色投资产品，引导资金流向绿色产业，种类繁多。这使得美国绿色金融市场规模持续扩大，市场活跃度也日益提升，吸引了大量国内外资本参与其中。

2. 欧盟绿色金融步入系统化、制度化发展进程模式

欧盟作为绿色金融发展历程中的重要参与者和先行者，在绿色金融的顶层设计方面展现出高度的完善性和成熟度。首先，欧盟以《可持续发展融资行动计划》作为指导性文件，对可持续活动的分类进行了细致而科学的界定，明确了哪些活动属于可持续发展范畴，为投资者和金融机构提供清晰指引；同时对可持续投资基金、可持续指数等多方面作出了全面规定，规范了相关市场行为和投资方向。其次，在提出 2050 年实现碳中和目标的背景下，欧盟又以《欧洲绿色协议》为纲领性文件。该文件为欧盟国家可持续转型的政策方向提供了高瞻远瞩的建议，从宏观层面指导各国制定符合自身国情的绿色发展战略，涵盖能源转型、产业升级、交通绿化等各个领域。再次，欧盟的可持续金融发展政策对绿色金融活动分类标准和信息披露有着严格要求。例如发布《欧盟可持续金融分类方案》，为绿色金融项目的界定提供了明确标准，避免了市场上的模糊性；《欧盟绿色债券标准》规范了绿色债券的发行、使用和监管，保障投资者权益和资金投向的绿色属性；《气候基准及信息披露规范》则要求金融机构和企业如实披露与气候相关的风险和机遇信息，增强市场透明度。这些报告为绿色环境相关领域的发展提供了权威的界定标准和参考范例。最后，欧盟国家政府的政策支持和引导在发展绿色金融中扮演着至关重要的角色。以德国为例，德国政府通过税收优惠政策，对投资绿色环保项目的企业给予税收减免，降低企业成本，提高其积极性；同时，政府担保措施为绿色项目融资提供有力支持，增强了金融机构对绿色项目的信心。此外，欧盟鼓励政策性金融机构、金融基金等发挥带头作用，通过示范效应吸引社会资本加大对绿色金融的投入，形成多元化的绿色金融投资格局。

3. 日本通过细分领域、多主体协同助力绿色金融发展模式

日本的绿色金融体系有其自身的特点，主要以细分领域的指导性政策为主，尚未构建起全面覆盖的自上而下的绿色金融政策体系。首先，在政策制定方面，日本内阁府、金融厅、环境省以及经济产业省等多部门参与其中，其中经济产业省和环境省的参与程

度较高。经济产业省侧重于能源和产业政策，依据国家能源战略和产业发展规划，制定与能源效率提升、绿色产业扶持相关的政策。例如，对新能源产业的补贴政策等，以促进产业绿色转型；环境省则将重点放在气候变化政策上，制定应对气候变化的行动方案和目标，如温室气体减排目标等，并围绕这些目标制定相关金融政策。其余各中央省厅也根据自身职责范围，负责与其领域相关的政策制定，从而实现因地制宜地将绿色金融与自身职责紧密结合，使政策更具针对性和可操作性。其次，在国家层面推动绿色信贷方面，日本环境省成立环境类融资贷款贴息部门，通过为中小企业提供低息贷款等优惠政策，鼓励更多企业参与绿色金融发展。日本金融公库推出环境和能源对策基金，为符合绿色标准的企业提供资金支持，尤其关注中小企业在绿色发展过程中的资金需求，助力它们克服资金瓶颈，开展绿色项目，引导更多企业积极投身绿色金融领域。再次，日本商业银行充分利用政策银行的环境评级系统，对企业贷款进行科学评估和监督。在评估过程中，依据企业的环境表现、环保措施落实情况、对气候变化的应对能力等多维度指标，对企业进行全面评价。通过这种方式，提高投资效率，确保金融资源能够流向真正具有绿色发展潜力的企业和项目，同时也促使企业更加注重自身的环境表现，加强环境管理。通过丰富的实践与探索，日本绿色金融市场展现出较高的活跃度。在绿色债券领域，日本发行量位居亚洲第二，这得益于其完善的政策支持和市场机制。最后，日本在绿色保险领域也有着卓越的表现，尤其是在应对自然灾害、气候变化等风险领域有着成熟的保险制度。例如，针对地震、台风等自然灾害对绿色产业设施造成的损失，以及气候变化导致海平面上升对沿海绿色项目的影响等情况，日本的绿色保险能够提供及时有效的风险补偿，保障绿色项目的稳定运营和投资者的利益。

（二）中国模式

一般而言，国外发达经济体绿色金融体系多由金融机构作为主要推动力量，政府则在其中发挥辅助支持作用。而在新兴市场国家，绿色金融体系通常是由政策主导，这种模式被视为“市场化的政策手段”，形成了“自上而下”的以政府管理和金融监管为主体的发展模式。随着经济发展和实践探索，中国市场与政府在绿色金融发展中的共同参与程度逐渐增大。这是因为在绿色金融发展过程中，一方面，谋求绿色发展往往会增加项目成本，这在一定程度上会削弱金融机构的积极性，所以需要政府通过适当的政策引导和监督管理来平衡各方利益，激发金融机构参与绿色金融的热情；另一方面，市场化机制具有独特优势，它可以有效推动资源优化配置，提高绿色金融发展效率，使绿色金融市场更加活跃和富有活力。具体来看，中国绿色金融发展主要呈现以下两种模式：

1. 环境风险控制型模式

这种模式要求从事金融投资的业务机构，特别是在金融体系中占据重要地位的商业银行，在信贷行为中，必须将环境风险因素纳入信贷信用分析的全过程。这一模式贯穿绿色金融发展的各个环节，其核心目的在于有效控制环境风险，从而规范绿色金融的发展路径。在具体实践中，此模式表现为多方面的积极变化。在风险评级技术工具方面，金融机构不断加大研发投入，开发出更为先进、精准的风险评级模型。这些模型不仅能够综合考虑传统的财务指标，还能充分纳入环境因素，如企业的碳排放水平、能源利用效率、废弃物处理情况等，对企业面临的环境风险进行全面量化评估。在风险管理人才方面，金融机构积极储备专业人才，这些人才既具备扎实的金融知识，又熟悉环境科学、环境政策等相关领域内容。他们通过持续学习和实践积累，形成了丰富的风险管理经验，能够准确识别、评估和应对环境风险。同时，金融机构在环境风险管理过程中逐渐形成了完整且独立的流程体系，从风险识别的前端环节，到风险评估的核心环节，再到风险应对的后续环节，各个流程之间紧密衔接、相互配合，确保环境风险管理工作的高效有序开展。此外，金融机构还不断扩充环境风险评级的技术工具，提高管理的灵活度，以更好地适应不断变化的市场环境和日益复杂的环境风险状况。例如，各银行发布的《社会责任报告》中对 ESG（环境、社会和公司治理）进行了详细披露，并增加了应对气候变化风险相关信息。在建设环境风险管理体系中，ESG 授信发挥了重要作用，它有助于金融资源进一步向低碳项目和低碳企业倾斜。工商银行积极实施投融资绿色分类管理，对原有的《境内法人投融资绿色分类管理办法》进行修订，于 2021 年推出了新版管理办法。在新办法中，将绿色信贷分类管理逐步延伸到贷款、债券、理财、租赁、保险等各项投融资业务，实现了全方位的绿色金融风险管理覆盖。同时，加强对环境敏感行业的风险管理，针对产能过剩行业，严控其融资投放，避免资源浪费和环境破坏。建设银行则提出将环境与气候风险纳入全面风险管理体系，针对气候风险影响相对突出的火电行业客户开展压力测试。测试结果表明，该行业财务状况受碳交易因素影响最为明显，但从整体来看，其信用评级和风险加权资产受气候风险影响较小，风险处于可控范围之内。这一系列实践为中国金融机构在环境风险控制型绿色金融模式下的发展提供了有益经验。

2. 绿色资金供给型模式

此模式要求各金融机构成立绿色金融专有机构，专门从事绿色金融产品的供给工作，通过这种专业化的方式，推动绿色金融在供给端的发展，为绿色产业和绿色项目提供充足的资金支持。在实践中，众多金融机构积极响应。例如，招商银行成立绿色金融工作小组，专门负责绿色金融信贷政策的制定以及相关产品的开发工作。该小组深入研究市场需求和绿色产业发展趋势，制定出符合绿色发展要求的信贷政策，为绿色项目提供优惠、便捷的融资渠道。同时，积极开发多样化的绿色金融产品，满足不同客户群体和绿色项目的资金需求。在这种模式下，中国绿色金融产品市场持续扩展。据安永发布的《双碳背景下中国能源行业转型之路》报告显示，截至2023年末，中国境内外本外币绿色贷款余额高达30.08万亿元①，居世界第一位，这一庞大的贷款规模为中国绿色产业发展提供了坚实的资金保障。截至2023年末，绿色债券存量达到2万亿元，居世界第二位②，中国绿色债券市场发展迅猛。从市场结构来看，呈现以国企为主的特点，同时发行主体不断多元化，包括民营企业、外资企业等也纷纷参与其中；从产品品种上看，绿色债券种类日益丰富，涵盖了绿色项目收益债券、绿色资产支持证券等多种类型；从市场交易情况来看，绿色债券交易活跃，市场流动性良好，吸引了大量投资者的关注和参与。这些都充分彰显了中国绿色资金供给型模式在推动绿色金融发展方面取得的显著成效。

三、绿色金融体系的建设与趋势

（一）绿色金融体系的构建

中国绿色金融体系的构建历经多个阶段，取得了显著成就，同时也面临着一些挑战。从发展历程来看，1995—2014年是绿色金融发展的萌芽期。在国家节能减排和环境保护政策要求下，金融监管部门在信贷、保险、碳排放等领域进行制度建设，以政策工具引导金融机构支持环境保护工作，绿色金融初见雏形。2015—2020年，中国绿色金融进入快车道。这一阶段，基础性制度安排不断健全，“自上而下”与“自下而上”两种模式共同推动绿色金融体系全面构建。2021年至今，在“双碳”目标引领下，绿色金融主线更清晰、政策更完善、市场更积极。

自2015年中共中央、国务院在《生态文明体制改革总体方案》提出构建绿色金融体系后，中国在多个方面取得长足进展。在绿色金融标准体系完善方面，2021年以来，出台《绿色债券支持项目目录（2021年版）》中英文版，实现了绿色债券支持范围的“国内统一、国际趋同”；《金融机构环境信息披露指南》《环境权益融资工具》等两项

① 中华人民共和国中央人民政府．中国绿色贷款余额超30万亿元［EB/OL］．（2024-01-07）．https：//www.gov.cn/lianbo/bumen/202401/content_6928561.htm.

② 何青，胡通，梁柏林．金融服务新质生产力发展：历史经验与中国启示［J］．当代财经，2024（07）：59-70.

行业标准正式发布。在绿色金融激励约束机制方面，央行修订印发《银行业金融机构绿色金融评价方案》，将量化考核范围扩展至金融机构绿色贷款、绿色债券等业务，评价结果纳入央行金融机构评级。

中国绿色金融产品和市场体系日益丰富。截至2021年三季度末，中国绿色贷款余额已接近15万亿元，绿色债券余额超过1万亿元，均居世界前列。2023年三季度末，中国绿色贷款余额28.58万亿元，同比增长36.8%，居全球首位；境内绿色债券市场余额1.98万亿元，居全球第二位。[①] 同时，创新推出碳中和债、可持续发展挂钩债等金融产品，有效提高了金融服务碳减排的针对性。以绿色金融改革创新试验区的设立与发展带动全国多地"多点开花"。如贵州省贵安新区绿色金融改革创新试验区通过中国人民银行总行验收评估，成为中国首批五省八地绿色金融改革创新试验区之一。

在国际合作方面，中国积极引领绿色金融国际合作。与美国财政部联合牵头G20可持续金融工作组，制定G20首个关于可持续金融的框架性文件《可持续金融路线图》；与欧方推动绿色分类标准可比、趋同，共同发布《可持续金融共同分类目录》，降低绿色资金跨境流动成本，为形成国际一致的绿色金融分类标准打下基础。

然而，与碳中和目标的要求相比，中国绿色金融体系仍面临一些问题和挑战。例如，绿色金融政策体系不完善，与生态文明建设的要求仍有较大差距。中国还未形成统一的绿色信贷、绿色保险标准及绿色金融统计等制度，推动绿色金融发展的正向激励和约束机制建设尚存在较大空间。综合性的财税、产业、金融及监管等政策还不完善，绿色金融政策牵涉领域广、部门多，与各项经济产业政策的协同效应尚不明显。绿色金融产品和服务供给单一，服务生态文明建设的有效性有待加强。资金期限错配问题突出，绿色项目大部分是中长期项目，需要低息长期资金，而银行信贷往往难以提供足够的长期贷款，短贷长用增加了绿色项目的融资成本。信息不对称、标准不健全等，导致绿色金融支持生态文明建设存在一定壁垒。

（二）绿色金融体系的内容

根据中国国家七部委2016年8月联合发布的《关于构建绿色金融体系的指导意见》，绿色金融不仅被视为一种特殊的金融服务，更是一种系统性的制度安排和体系构建。这一体系旨在通过一系列金融工具和政策支持，推动经济向绿色化转型，实现环境改善、应对气候变化和资源节约高效利用的目标。

从服务领域来看，绿色金融专注于为环保、节能、清洁能源、绿色交通、绿色建筑

---

① 中国人民银行．推动绿色金融与转型金融有效衔接［EB/OL］．（2023－11－06）．http：//camlmac.pbc.gov.cn/redianzhuanti/118742/5118184/5134061/5135397/index.html.

等领域的项目提供投融资、项目运营和风险管理等金融服务。这些领域不仅直接关系到环境质量的提升，也是实现可持续发展目标的关键所在。从形式和制度上看，中国绿色金融体系涵盖了绿色信贷、绿色债券、绿色股票指数和相关产品、绿色发展基金、绿色保险、碳金融等多种金融工具。这些工具通过不同的机制和渠道，动员和激励社会资本投入绿色产业，同时抑制污染性投资，推动经济结构的绿色转型。①② 构建绿色金融体系的主要目标包括：动员和激励更多社会资本投入到绿色产业，促进环保、新能源、节能等领域的技术进步，加快培育新的经济增长点，以及提升经济增长潜力。通过这一体系的构建，中国不仅加快了经济向绿色化转型的步伐，还为生态文明建设提供了有力支持。

中国已建立起一套比较完备的绿色金融体系，该体系包含绿色金融标准、环境信息披露、政策激励机制、产品创新体系和国际合作五大支柱：

在绿色金融标准方面，中国正加快构建“国内统一、国际接轨”的绿色金融标准体系。自 2016 年起，国务院办公厅、央行等六部委以及全国金融标准化技术委员会相继推出了一系列绿色金融标准。这些标准不仅在国内得到广泛应用，还在绿色金融改革试验区进行先行先试，以增强与国际标准的可比性。此外，中国与欧盟在可持续金融国际合作平台（IPSF）共同牵头对中欧绿色与可持续金融标准进行对照，并于 2022 年 6 月发布了《可持续金融共同分类目录》。同年 7 月，绿色债券标准委员会发布《中国绿色债券原则》，进一步增强了与国际实践的可比性。

在环境信息披露方面，中国环保部、证监会、央行等多个部门均推出了针对绿色金融的环境信息披露要求。例如，环保部与证监会签署了合作协议，共同推动上市公司强制性环境信息披露制度的建立和完善。证监会修订了《公开发行证券的公司信息披露内容与格式准则》，要求重点排污企业强制披露环境管理和污染排放信息。央行则发布了《关于加强绿色金融债券存续期监督管理有关事宜的通知》及信息披露规范，进一步提升了信息披露的透明度。2021 年，中国人民银行以金融标准委员会的名义发布了《金融机构开展环境信息披露指南》，该标准首次以国家标准的形式推出环境信息披露要求，并包含了国际上广泛使用的气候相关财务信息披露工作组（TCFD）相关建议框架。

在政策激励机制方面，中国监管部门积极运用内外部激励政策鼓励金融机构参与绿色金融。③ 以绿色信贷为例，监管部门通过绿色专项再贷款等措施降低金融机构负债成本，引导其服务政策支持行业；同时，将绿色信贷和绿色债券业绩纳入 MPA 考核，加强

---

① 潘冬阳，陈川祺，Michael G. 金融政策与经济低碳转型——基于增长视角的研究［J］. 金融研究，2021（12）：1－19.

② 王馨，王营 . 绿色信贷政策增进绿色创新研究［J］. 管理世界，2021（06）：173－188.

③ 丁宁，任亦侬，左颖 . 绿色信贷政策得不偿失还是得偿所愿？——基于资源配置视角的 PSM－DID 成本效率分析［J］. 金融研究，2020（04）：112－130.

外部激励；此外，还将绿色信贷纳入货币政策担保品的范围，提高绿色产品利用效率。

在产品创新体系方面，中国监管部门积极引导金融机构开发新产品，以更好地服务绿色产业的投融资需求。中国已具备绿色信贷、绿色债券、绿色保险等多种绿色金融产品和服务，但仍需解决供需结构不匹配的问题。为此，中央部门和地方政府正大力推动金融机构丰富绿色金融产品供给，以满足实体经济绿色发展、高质量发展的需求。

在国际合作方面，中国不断加强与各国和国际组织的合作，推动绿色金融的全球化发展。自 2016 年起，中国在 G20 峰会、央行与监管机构绿色金融网络（NGFS）、“一带一路”等多边框架和中欧、中英等双边框架下深化绿色金融国际合作。例如，2016 年 G20 杭州峰会首次将“绿色金融”纳入议题；2017 年，中、英、法等 8 国央行和监管机构联合发起成立 NGFS；2018 年，“发展以绿色金融为核心内容的可持续金融”写入《G20 布宜诺斯艾利斯峰会公报》。未来，中国将继续深化这些合作，推动绿色金融的全球化发展。

总体而言，碳中和金融作为绿色金融的重要组成部分，旨在通过金融产品和机制支持减少温室气体排放和增加吸收的行为。这些金融服务包括碳市场交易、碳配额交易、碳税、碳抵消、绿色债券、可持续发展债券等。通过这些金融服务，个人、企业和政府可以参与减缓气候变化、推动可持续发展的行动，并获得金融支持和激励。碳中和金融在绿色金融体系中的地位日益凸显，将成为推动实现碳达峰、碳中和目标的重要途径。其服务主要围绕碳排放企业的交易、风控、投资、融资需求，细分为碳交易、碳融资和碳支持三大类业务模式。其中，碳交易主要以碳排放许可配额和碳减排量为标的的现货及其金融衍生品交易为主；碳融资则包括碳质押、碳回购、碳托管、绿色信贷、绿色债券等形式；碳支持则以碳指数、碳保险和其他金融工具为代表，为碳中和金融市场正常运作提供支持。这些业务模式的创新和发展，将进一步丰富和完善中国绿色金融体系，为实现碳中和目标提供有力支撑。①②③

（三）绿色金融体系的发展趋势

1. 强化绿色金融与多领域的协同发展

中国绿色金融体系的未来发展将更加注重与多领域的协同发展，全面准确理解“双碳”目标（碳达峰与碳中和）的内涵，将“双碳”的基本要求内嵌于引导绿色金融发展的关键制度中。具体而言，这一趋势体现在以下几个方面：一是产业协同性提升。有

---

① 苏冬蔚，连莉莉．绿色信贷是否影响重污染企业的投融资行为？［J］．金融研究，2018（12）：123－137.

② Owen R. Brennan G. Lyon F. Enabling Investment for the Transition to a Low Carbon Economy: Government Policy to Finance Early Stage Green Innovation［J］. Current Opinion in Environmental Sustainability, 2018（31）: 137－145.

③ 张伟，齐睿．资源领域绿色金融的实践意义和学术价值［N］．光明日报，2021－10－19（11）.

序提高绿色金融与“双碳”目标实现过程中各产业的协同性，确保绿色金融资金精准流向低碳、环保产业，促进这些产业的快速发展和转型升级。二是金融供给协同性增强。加强绿色金融与其他金融供给的协同性，如与传统金融、普惠金融、科技金融等相结合，形成多元化、多层次的绿色金融服务体系，满足不同企业和项目的融资需求。三是标准协同性优化。提高各类绿色金融标准之间的协同性，建立统一、规范、可操作的绿色金融标准体系，减少市场混乱，提升市场效率。四是政策协同性加强。优化绿色金融发展与外部激励政策的协同性，如通过税收优惠、财政补贴、贷款贴息等政策手段，激励更多社会资本投入绿色产业，形成政策合力。

2. 拓宽绿色金融产品支持的广度和深度

随着绿色金融市场的不断成熟，中国将进一步拓宽绿色金融产品支持的广度和深度，推动绿色金融产品的创新与应用。具体而言：一是推广成熟绿色金融产品。将已有成熟度较高的绿色金融产品在更广地区、更多领域推广运用，如绿色信贷、绿色债券等，提高绿色金融产品的市场覆盖率和渗透率。二是强化新兴产品创新。加大绿色金融新兴产品的创新力度，如绿色保险、绿色基金、碳金融等，丰富绿色金融产品体系，满足市场多元化需求。特别是在碳中和金融领域，有序挖掘碳资产的金融属性，推动碳交易、碳质押、碳回购等业务的创新发展。三是加快转型金融创新。将转型金融创新作为实施重点，弥补当下绿色金融对高碳行业支持不足的问题。通过转型金融工具，引导高碳行业向低碳、环保方向转型，推动经济结构的绿色化调整。

3. 提升绿色金融应对气候变化风险的能力

面对日益严峻的气候变化挑战，中国绿色金融体系将更加注重提升应对气候变化风险的能力。具体而言：一是建立强制性环境信息披露制度。逐步建立企业和金融机构碳排放相关环境信息披露的强制性制度，提高市场透明度，夯实气候风险管理的实施基础。二是提高气候风险管理能力。鼓励金融机构在理念、方法、实践等方面多管齐下，提高气候风险的管理能力。如通过引入气候风险评估模型、开发气候风险管理工具等手段，有效识别和应对气候风险。三是加强数据沟通与协作。加强相关部门在气候和环境数据沟通方面的协作，优化气候风险管理的配套环境。通过共享数据资源、建立信息共享机制等方式，提高气候风险管理的精准性和有效性。

4. 强化科技、人才等关键要素在绿色金融领域的投入

随着金融科技的不断发展和绿色金融市场的日益成熟，中国将更加注重科技、人才等关键要素在绿色金融领域的投入。具体而言：一是提升金融科技应用水平。加强运用金融科技提升绿色金融服务效能的能力，如通过区块链、大数据、人工智能等技术手

段，提高绿色金融服务的效率和质量。二是加强绿色金融人才培养。加大绿色金融人才培养力度，提高绿色金融职业能力。通过设立绿色金融专业、开展绿色金融培训等方式，培养一批具有专业知识和实践经验的绿色金融人才。[①] 三是加大第三方市场建设。加大第三方市场建设力度，提高绿色金融运行质效。如通过引入第三方评级机构、认证机构等，对绿色金融产品进行客观、公正的评估和认证，提升市场信任度和投资者信心。

5. 推动绿色金融市场双向开放

在全球化背景下，中国绿色金融体系将更加注重推动市场的双向开放，加强与国际市场的交流与合作。具体而言：一是引入国际可持续投资资金。充分利用国际资源，发挥双边、多边合作组织在绿色金融市场的资金引导作用。通过设立绿色基金、发行绿色债券等方式，吸引国际可持续投资资金进入中国绿色产业。二是鼓励国内金融机构参与国际市场。鼓励国内金融机构积极参与国际绿色金融市场，推动境内银行、股权类投资机构等开展海外绿色低碳投融资活动。在合作的同时吸收先进理念和技术，提升自身的环境和气候风险管理能力。三是加强国际合作与交流。依托世界银行等多边金融机构，加强与国际市场的联系与交流。在绿色金融标准制定、技术交流、信息披露、产品和服务创新等多个领域开展合作与交流活动，共同推进全球范围内的绿色投融资活动。通过国际合作与交流，推动中国绿色金融体系的不断完善和发展。

第二节　碳中和金融的发展

一、碳中和金融的作用

碳中和金融在推动经济社会向低碳、环保方向转型中发挥着核心作用，具体体现在以下几个方面：

（一）引导资金流向低碳领域

碳中和金融通过提供绿色信贷、绿色债券等金融产品，引导社会资本流向清洁能源、节能环保等低碳领域。这不仅有助于减少高碳排放行业的资金依赖，还能促进绿色技术和产业的发展。[②] 例如，根据中国人民银行发布的《关于进一步强化金融支持绿色

---

① 蓝虹．论碳基金的发展和风险控制［J］．中南财经政法大学学报，2012（03）：42－47.

② An S，Li B，Song D，et al. Green Credit Financing Versus Trade Credit Financing in a Supply Chain with Carbon Emission Limits［J］. European Journal of Operational Research，2021，292（01）：125－142.

低碳发展的指导意见》，金融机构被鼓励利用绿色金融或转型金融标准，加大对能源、工业、交通、建筑等领域绿色发展和低碳转型的信贷支持力度。①

（二）促进经济社会绿色转型

碳中和金融通过为绿色低碳项目提供资金支持，促进经济社会的整体绿色转型。绿色债券、绿色基金等金融工具的发行，为清洁能源、节能环保等绿色项目提供了必要的资金保障。同时，碳金融的发展还依赖于碳市场的成熟度和交易活跃度，通过碳排放权交易，企业可以通过购买碳配额来满足减排要求，从而激励企业采取更加环保的生产方式。②

（三）支持应对气候变化和实现双碳目标

碳中和金融在支持应对气候变化和实现碳达峰、碳中和目标中扮演着关键角色。通过为绿色低碳项目提供资金支持，碳中和金融有助于减少温室气体排放，增强生态系统的碳汇能力。金融机构通过碳金融产品创新，如碳期货、碳期权等，为市场参与者提供了更多的风险管理工具，进一步促进了碳市场的活跃和有效运行。③

二、碳中和金融的发展趋势

（一）碳金融市场规模与增长趋势

碳金融市场规模在过去几年中呈现显著增长趋势，成为全球气候融资的重要组成部分。根据国际能源署（IEA）的统计，为实现《巴黎协定》目标，到 2030 年全球能源投资所需资金每年高达 5 万亿美元，其中大部分将流向碳中和相关的项目和技术创新。中国作为全球最大的碳排放国，其 2060 年碳中和目标所需资金超过百万亿元人民币，这为碳金融市场提供了巨大的增长空间。

从全球范围来看，碳交易市场的发展尤为迅速。截至 2023 年，全球共有 28 个碳排放交易体系正在运行，覆盖的碳排放量约占全球排放总量的 17%。④ 发达国家碳市场在运行过程中，金融机构参与日益广泛，交易所作用不断增大，交易的金融工具品种日益

---

① 中国人民银行等．关于进一步强化金融支持绿色低碳发展的指导意见［EB/OL］．（2024－03－27）．https：//www. gov. cn/zhengce/zhengceku/202404/content_6944452. htm.

② 生态中国网．碳金融发展创新 助“双碳”目标实现［EB/OL］．（2024－09－05）．https：//www. eco. gov. cn/news_info/71954. html.

③ 中国碳排放权交易网．全国碳市场交易数据［EB/OL］．（2024－10－14）．http：//www. tanpaifang. com/.

④ 王科，吕晨．中国碳市场建设成效与展望（2024）［J］．北京理工大学学报（社会科学版），2024，26（02）：16－27.

丰富。全球碳金融市场每年交易规模超过 600 亿美元，其中碳期货年交易额占 1/3。

在中国，碳市场的发展同样迅猛。2023 年，中国全国碳市场进一步稳中有序发展，第二个履约周期的碳配额分配方式得到了优化、清缴工作有序展开。2023 年全年碳排放配额（CEA）成交量和成交额分别达 2.12 亿吨和 144.44 亿元，年末 CEA 的收盘价达 79.42 元/吨，较前一年度大幅上涨。① 这表明中国碳市场正在逐步成熟，市场规模和交易活跃度均有所提升。

（二）碳中和金融产品创新与实践应用

碳中和金融产品的创新与实践应用在全球范围内不断推进，尤其是在中国，碳中和金融产品的发展呈现多样化和创新化的特点，涵盖了碳排放权交易、碳债券、碳基金、碳期货等多种金融工具。例如，东方证券推出的全国首批碳中和资产支持商业票据项目，为新能源、碳中和、绿色乡村建设等低碳领域提供了资金支持。然而，碳中和金融产品的种类和规模仍相对较小，市场参与度有待提升。据统计，2023 年中国绿色信贷余额 30.08 万亿元②，政策支持为绿色信贷的发展提供了强有力的保障。中国作为世界主要的绿色债券发放国，在绿色融资领域有着重大国际影响。2023 年中国境内市场贴标绿色债券发行规模约 2 万亿元③，发行规模仅次于美国。

可见，碳中和金融产品创新与实践应用在全球及中国范围内均取得了积极的进展，为实现碳中和目标提供了多样化的金融工具和市场机制。随着全球对气候变化问题的重视程度不断提升，碳金融产品创新与实践应用将继续成为推动绿色低碳发展的重要力量。

（三）碳中和金融政策支持与监管

在碳中和金融领域，国内外政策的支持起到了至关重要的作用。在国际上，多个国家和地区已经宣布了碳中和目标，并出台了一系列政策以支持这一目标的实现。例如，欧盟推出了"绿色协议"，旨在通过投资、法规和政策激励等手段，推动经济向碳中和转型。根据国际能源署（IEA）的数据，为实现《巴黎协定》目标，到 2030 年全球能源投资所需资金每年高达 5 万亿美元，其中大部分将流向碳中和相关的项目和技术创新。④ 中国作为全球最大的碳排放国，已经提出了 2060 年实现碳中和的目标。为实现这

---

① 中国碳排放权交易网．全国碳市场交易数据［EB/OL］.（2024－10－14）. http：//www.tanpaifang.com.

② 中华人民共和国中央人民政府．中国绿色贷款余额超 30 万亿元［EB/OL］.（2024－01－07）. https：//www.gov.cn/lianbo/bumen/202401/content_6928561.htm.

③ 何青，胡通，梁柏林．金融服务新质生产力发展：历史经验与中国启示［J］. 当代财经，2024（07）：59－70.

④ IEA. An Updated Roadmap to Net Zero Emissions by 2050 – World Energy Outlook 2022 – Analysis，IEA［EB/OL］.（2024－11－09）. https：//www.iea.org/reports/world－energy－outlook－2022/an－updated－roadmap－to－net－zero－emissions－by－2050.

一目标，中国出台了一系列政策措施。2021 年，中国人民银行等七部委发布了《关于构建绿色金融体系的指导意见》，明确了绿色金融的定义、目标和主要领域，为碳中和金融提供了政策框架和发展方向。此外，中国还推出了《碳排放权交易管理暂行条例》，为碳市场的建设和监管提供了法律依据。

碳市场的监管机制和法规建设是确保碳市场健康运行的关键。中国已经建立了全国碳排放权交易市场管理平台，加强对碳排放配额分配、清缴以及重点排放单位温室气体排放情况等的全过程监督管理。此外，生态环境主管部门和其他负有监督管理职责的部门可以在各自职责范围内对重点排放单位等交易主体、技术服务机构进行现场检查，确保市场的公平性和透明度。特别随着《碳排放权交易管理暂行条例》的出台，为碳市场的监管提供了明确的法律依据。该条例规定了碳排放权交易的覆盖范围、交易产品、交易主体和交易方式，以及重点排放单位的确定、碳排放配额的分配、排放报告编制与核查、碳排放配额清缴和市场交易等内容。此外，该条例还对违法行为规定了严格的处罚措施，包括罚款、责令停产整治、取消相关资质等。

三、碳中和金融的机遇与挑战

（一）碳中和金融的机遇

1. 在政策支持方面

（1）战略规划引领。中国政府将碳达峰碳中和纳入生态文明建设整体布局，这一顶层设计为碳中和金融发展提供了宏观指导和方向。例如，《关于完整准确全面贯彻新发展理念做好碳达峰碳中和工作的意见》等文件，明确了碳达峰碳中和工作的时间表、路线图和施工图，使碳中和金融的发展有了清晰的目标路径可依。

（2）政策协同发力。多部门协同出台一系列支持政策，形成了政策合力。央行联合其他部门印发《关于进一步强化金融支持绿色低碳发展的指导意见》，明确金融支持绿色低碳发展的主要目标，鼓励金融机构利用绿色金融或转型金融标准，加大对能源、工业、交通、建筑等领域绿色发展和低碳转型的信贷支持力度。财政部门通过财政补贴、税收优惠等手段，降低绿色低碳项目的成本，提高其盈利能力，间接为碳中和金融业务创造了更有利的条件。此外，监管部门加强对金融机构绿色金融业务的监管，规范市场秩序，保障碳中和金融市场健康发展。

（3）地方政策跟进。地方政府也积极响应，出台了各具特色的地方政策。例如，一些地方对绿色产业园区内的企业给予专项补贴，鼓励企业开展绿色技术创新和节能减排项目；部分地区设立绿色发展专项资金，为本地的碳中和金融项目提供启动资金或风险补偿，这些地方政策在微观层面为碳中和金融落地实施提供了有力支持。

2. 在市场需求方面

（1）企业转型需求。全球气候变化问题日益严峻，企业面临着越来越大的减排压力和社会舆论监督。众多企业为了履行社会责任、降低环境风险和满足监管要求，纷纷启动绿色低碳转型战略。传统高耗能、高排放企业需要大量资金用于技术改造、设备更新和工艺流程优化，以降低碳排放；新兴绿色产业企业则需要资金用于研发、生产和市场拓展。这些企业的转型需求形成了对碳中和金融服务的巨大市场需求。例如，钢铁、水泥等行业的企业积极寻求低碳冶金、碳捕捉利用与封存（CCUS）等技术相关的金融支持，新能源汽车企业需要资金扩大生产规模和建设充电桩网络等基础设施。

（2）消费者环保意识增强。随着公众环保意识的觉醒，消费者对绿色产品和服务的偏好日益明显。企业为了满足消费者需求，会加大对绿色产品研发和生产的投入，这进一步推动了绿色低碳项目的市场需求。例如，消费者更倾向于购买具有环保认证的家电产品，促使家电企业开展绿色供应链管理和产品升级项目，从而产生了相应的金融服务需求。

（3）国际市场竞争驱动。在全球经济一体化背景下，国际市场竞争愈发注重环保和可持续发展因素。中国企业若要在国际市场上保持竞争力，必须顺应绿色低碳发展潮流。出口导向型企业需要按照国际客户的环保要求进行生产和经营，这促使企业加大绿色投资，催生了大量的碳中和金融服务需求。例如，一些国际知名品牌要求其供应商实现碳中和生产，中国的供应商企业为了获得订单，需要对生产环节进行绿色改造，从而需要碳中和金融的支持。

3. 在技术创新方面

金融科技的发展为碳中和金融提供了创新动力，区块链、大数据等技术的应用有助于提升碳市场的透明度和效率。区块链技术具有去中心化、不可篡改、可追溯等特性，为碳市场带来了诸多优势。在碳交易中，区块链可以构建一个透明、可信的交易账本，记录每一笔碳配额或减排量的交易信息，包括交易双方、交易时间、交易价格、碳资产来源等。这种透明性和可追溯性可以有效防止碳交易中的欺诈和操纵行为，提高市场的诚信度。例如，在碳抵消项目中，通过区块链技术可以清晰地追踪减排量的产生、认证和交易过程，确保碳抵消的真实性和有效性。同时，区块链技术可以实现智能合约的应用，自动执行碳交易的相关条款和条件，提高交易效率，降低交易成本。大数据技术在碳市场中的应用可以提升信息处理和分析能力。一方面，大数据可以整合来自多个数据源的信息，包括企业的生产数据、能源消耗数据、碳排放监测数据等。通过对这些海量数据的分析，可以更准确地评估企业的碳排放状况和碳减排潜力，为金融机构制定个性化的金融服务方案提供依据。例如，金融机构可以根据企业的碳排放数据和减排计划，为其提供合适的碳融资产品。另一方面，大数据技术可以对碳市场的交易数据进行实时监测和分析，帮助金融机构和监管部门及时掌握市场动态，预测碳价走势，有效管理市场风险。例如，通过分析历史交易数据和市场相关因素，可以建立碳价预测模型，为市场参与者提供决策参考。另外，人工智能技术可以用于优化碳资产定价模型，提高定价的准确性。通过机器学习算法，对大量的碳市场数据和相关经济、环境数据进行学习和分析，挖掘数据中的隐藏模式和关系，从而为碳资产制定更合理的价格。

（二）碳中和金融的挑战

1. 碳市场金融属性发挥不充分

（1）碳定价的有效性有待提升。中国碳价虽然已有明显提升，但与国际上其他碳市场的价格仍有差距。衡量碳定价是否有效、合理的方式不应简单以碳价的高低衡量，而是应综合考虑碳价与中国整体低碳发展情况是否适配，从而有序提升碳定价的有效性。

（2）碳交易量待提升。根据生态环境部数据，截至 2023 年底，中国全国碳市场纳入重点排放单位 2257 家，覆盖年二氧化碳排放量约 51 亿吨，占全球二氧化碳排放总量的 9.3%，已经成为全球覆盖温室气体排放量最大的碳市场。[①] 然而，同年中国全国碳市场的交易总量仅为 2.1 亿吨[②]，仅为 51 亿吨总覆盖量的 4%，碳市场的交易活跃度有待进一步提升。

（3）碳中和金融产品的实践待提升。碳中和金融产品的发展与碳市场是否提供了充足的流动性、有效的碳定价等方面紧密相关。以碳排放权抵质押贷款为例，碳价相对海外市场较低，碳价相对传统资产价格波动较大、碳市场流动性偏弱等因素使银行等金融机构在审批碳排放权抵质押贷款时需要采取更强的风险控制措施，故市场主体在开展碳金融产品等新型业务时往往出现动力不足的情况。

2. 碳资产价值评估体系不完善

（1）评估方法有效性不足。市场法、收益法和成本法是传统的资产评估方法，但

---

① 中华人民共和国生态环境部．全国碳市场发展报告（2024）［R/OL］．（2024－07－22）．https：//big5. mee. gov. cn/gate/big5/www. mee. gov. cn/ywdt/xwfb/202407/W020240722528848347594. pdf.

② 国家统计局．中华人民共和国 2023 年国民经济和社会发展统计公报［EB/OL］．（2024－02－29）．https：//www. stats. gov. cn/zt_18555/zthd/lhfw/2024/hgjj/202402/t20240229_1947948. html.

在应用于碳资产评估时存在一定的局限性。市场法需要活跃且可比的市场交易数据作为支撑，但碳市场尚处于发展阶段，交易数据的积累有限，不同地区、不同行业的碳资产交易情况差异较大，难以找到完全可比的交易案例，这就降低了市场法的适用性。

（2）影响因素复杂且难以量化。气候变化的不确定性对碳资产的价值产生重要影响。宏观经济形势的变化，如经济增长速度、通货膨胀率、利率等，会影响企业的生产经营和碳排放需求，进而影响碳资产的价值。政府的碳减排政策、碳交易制度等对碳资产的价值具有决定性的影响。政策的变化可能导致碳资产的供求关系发生重大改变，从而引起其价值的波动。碳资产的价值还受到行业周期、技术周期等周期性因素的影响。一些高耗能行业的碳资产价值可能会随着行业的周期性波动而变化，而新技术的出现和应用可能会使原有碳资产的价值迅速下降。这些周期性因素的影响具有一定的规律性，但准确把握和预测这些规律需要大量的行业数据和专业知识，在碳资产价值评估中还难以做到。

（3）数据缺乏与质量不高。碳资产交易数据的收集和整理过程中存在一些问题，导致数据质量不高。例如，部分企业可能存在数据虚报、瞒报的情况，或者数据的记录和统计标准不一致，这都会影响到数据的真实性和可靠性。此外，碳资产的价值还受到企业的生产工艺、能源消耗等多种因素的影响，这些因素的数据获取难度较大，也会影响到碳资产价值评估的准确性。

3. 市场参与度不高

（1）金融机构和企业对碳中和金融的认知不足。国内碳市场金融化程度总体偏低，试点地区和金融机构陆续开发了碳债券、碳远期、碳期权、碳基金、跨境碳资产回购、碳排放权抵质押融资等产品，但碳金融仍处于零星试点状态，区域发展不均衡，缺乏系统完善的碳金融市场，不能满足控排企业的碳资产管理需求，更不足以辐射和服务“一带一路”等相关区域的碳交易。此外，专业化投资者群体不发达，碳金融发展缺乏专业的长期资金支持。

（2）市场参与度有待提升。部分金融机构和企业对碳中和金融的认知不足，导致市场参与度不高。提升市场参与度需要加强宣传教育，提高金融机构和企业对碳中和金融重要性的认识，同时，也需要政策引导和激励，鼓励更多的市场主体参与碳市场。

（三）碳中和金融的发展建议

1. 完善政策支持体系

（1）强化顶层设计协同性。进一步加强国家层面碳达峰、碳中和战略规划与金融政策的协同。各部门在制定政策时应充分沟通协调，确保政策目标一致、执行顺畅。例如，在制定金融支持政策时，应与碳减排的阶段性目标紧密结合，使金融资源更精准地流向关键的绿色低碳项目。

（2）优化地方政策实施。地方政府应根据本地实际情况，进一步优化和细化碳中和金融相关政策。一方面，加大对绿色产业园区的支持力度，不仅仅局限于补贴，可以通过建立产业联盟等方式，促进园区内企业之间的绿色技术合作与共享，提高专项补贴的效益。另一方面，对于绿色发展专项资金的使用，应建立更科学的评估机制，确保资金投向最具潜力和效益的碳中和金融项目，同时加强对项目的跟踪和监督，保障资金使用安全和效果。

2. 以市场需求为导向

（1）助力企业转型融资。金融机构应针对不同类型企业的转型需求，设计更具针对性的金融产品和服务。对于传统高耗能、高排放企业的技术改造项目，可以开发专门的中长期绿色转型贷款产品，给予更优惠的利率和更灵活的还款期限。对于新兴绿色产业企业，尤其是科技含量高、发展潜力大但风险也相对较高的初创企业，可以设立绿色产业风险投资基金，或者与政府合作开展投贷联动业务，满足其研发和市场拓展的资金需求。

（2）引导消费者绿色消费金融。金融机构可以与企业合作，推出更多的绿色消费金融产品。例如，与家电企业合作，为购买环保认证家电产品的消费者提供低息消费贷款；与新能源汽车企业合作，优化汽车金融贷款方案，鼓励消费者购买新能源汽车，并加大对充电桩网络建设相关项目的融资支持力度。

（3）提升企业国际竞争力金融支持。对于出口导向型企业，金融机构应加强对国际环保标准和客户需求的研究，为企业提供国际绿色认证、碳足迹核算等相关金融咨询服务。同时，开发适合出口企业绿色转型的金融产品，如跨境绿色贸易融资、绿色供应链金融等，帮助企业应对国际市场的绿色竞争压力。

3. 推动技术创新应用

（1）加强金融科技基础设施建设。加大对区块链、大数据等金融科技基础设施的投入。建立全国统一的碳交易区块链平台，确保碳交易信息的安全、透明和可追溯，同时打破不同地区、不同交易平台之间的信息壁垒。完善大数据中心建设，整合更多的企业生产、能源消耗和碳排放数据，提高数据质量和可用性。

（2）促进技术融合发展。鼓励金融机构、科技企业和科研机构加强合作，促进区块链、大数据、人工智能等技术在碳中和金融领域的融合应用。例如，联合开展研究项目，利用人工智能优化碳资产定价模型，结合区块链和大数据技术实现碳交易的智能匹配和风险预警，提升碳市场整体效率。

（3）培养专业技术人才。高校和职业院校应加强相关专业建设，开设碳金融科技相关课程，培养既懂金融又懂科技的复合型人才。同时，金融机构和企业应加强内部培训，提高员工对金融科技应用于碳中和金融业务的操作能力和创新意识。

4. 增强碳市场金融属性

（1）提升碳定价有效性。建立碳价动态评估机制，综合考虑国内能源结构、产业结构、减排成本等多因素，科学合理地确定碳价调整的时机和幅度。加强对国际碳市场价格研究，借鉴国际经验，探索建立与国际碳市场价格挂钩的机制，但要充分考虑国内实际情况，避免盲目跟风。

（2）提高碳市场交易活跃度。优化碳市场交易机制，降低交易门槛，简化交易流程，提高交易便利性。同时，加强对碳市场的宣传和推广，提高企业和投资者对碳交易的认知和参与意愿。例如，可以开展碳交易培训和研讨会，为市场参与者提供交易指导和信息交流平台。

（3）推动碳中和金融产品创新与实践。金融机构应加强对碳中和金融产品的研发和推广，针对碳市场的特点和风险，设计更具适应性的产品。监管部门应加强对碳金融产品创新的指导和监管，在风险可控的前提下，鼓励市场主体积极开展新型碳金融业务。例如，可以适当放宽对碳排放权抵质押贷款等业务的限制，同时加强对金融机构风险防控的指导。

5. 完善碳资产价值评估体系

（1）改进评估方法。研究和探索适合碳资产特点的评估方法。对于传统评估方法的局限性，可以通过改进模型参数、引入调整系数等方式，提高其在碳资产评估中的适用性。同时，积极关注国际上新兴的碳资产评估方法研究成果，结合国内实际情况进行本土化应用。

（2）应对复杂影响因素。建立多维度的碳资产价值影响因素分析模型，综合考虑气候、经济、政策和周期性等因素对碳资产价值的影响。加强对宏观经济形势、气候变化趋势和政策走向的研究，提高对这些因素变化的预测能力。鼓励行业协会和研究机构收集和整理行业数据，为碳资产价值评估提供数据支持和专业分析。

（3）提高数据质量。加强对碳资产交易数据的监管，建立严格的数据审核和惩罚机制，防止出现企业数据虚报、瞒报等问题。统一碳资产数据的记录和统计标准，提高数据的规范性和可比性。同时，利用物联网、大数据等技术手段，拓宽企业生产工艺、能源消耗等相关数据的获取渠道，提高数据的完整性和准确性。

6. 提高市场参与度

（1）加强教育宣传。开展广泛的碳中和金融知识普及活动，针对金融机构和企业举办专题培训、讲座和研讨会，介绍碳中和金融的概念、政策、产品和业务模式。通过媒体、网络等多种渠道宣传碳中和金融成功案例，提高市场主体对碳中和金融的认知水平和参与积极性。

（2）强化政策引导与激励。政府和监管部门应出台更多的政策引导和激励措施，鼓励金融机构和企业参与碳市场。例如，对积极开展碳中和金融业务的金融机构给予税收优惠、财政奖励等；对参与碳市场交易的企业，在碳排放配额分配、绿色项目审批等方面给予优先支持。同时，完善碳市场的法律法规和监管制度，保障市场参与者的合法权益，营造良好的市场环境。

第三章　碳中和金融产品体系

碳中和金融产品体系对于实现可持续发展目标、应对气候变化挑战、促进经济绿色转型具有重要意义，是推动全球金融行业朝着更加可持续和负责任的方向发展的关键一步。本章通过理论分析与国内外案例结合，揭示碳中和金融产品在优化资源配置、管理气候风险、驱动技术创新中的关键作用，同时直面发展瓶颈，提出“政策赋能—市场扩容—技术突破—国际协同”的四维路径。具体围绕碳中和金融现货交易产品、碳中和金融交易工具、碳中和金融融资工具、碳中和金融支持工具四部分展开，详细阐述各碳中和金融产品与工具的产品体系、功能与作用、发展以及金融实践创新，揭示了它们在推动绿色转型、优化资源配置、管理碳排放风险方面的重要性。同时，也对碳中和金融产品发展趋势与挑战进行了客观分析，并提出了相应的发展路径，旨在为实现全球可持续发展目标贡献金融智慧和解决方案。

第一节　碳中和金融产品体系的内容

碳中和金融产品体系是一个复杂而全面的系统，旨在通过金融手段推动碳减排目标的实现。在探讨碳中和金融产品体系的广阔图景中，碳现货交易产品无疑占据了核心地位，它不仅是碳市场机制运行的基础，也是推动全球碳减排目标实现的关键工具。

一、碳中和金融现货交易产品

碳中和金融现货交易产品，作为碳市场上最直接的交易对象，承载着碳排放权的价值转换与流通功能。其核心在于将抽象的碳排放权具象化为可交易的商品，从而通过市场机制促进减排资源的优化配置。在碳交易市场上，常见的交易标的可细分为两大类：碳配额（CEA）与碳信用类标的，后者进一步包括核证减排量（CER）、自愿减排量（VER）、减排量（ERU）及清除量（RMU）。

碳中和金融现货交易产品的存在，是碳市场机制有效运行的前提。首先，它通过价格信号引导资本流向低碳领域，促进技术创新和产业升级，是实现碳中和目标的经济激励手段。其次，碳中和金融现货交易促进了碳排放权的流通，使得减排成本在不同行业、地区间得以均衡，提高了全球减排效率。此外，碳现货市场还为投资者提供了多样化的资产配置选择，促进了绿色金融的发展。

（一）碳配额

1. 碳配额的内涵

碳配额，作为碳排放权交易体系的核心要素，是指经政府主管部门核定，企业在特定时期内被允许向大气中排放的温室气体总量（通常以二氧化碳当量计量）。这一概念的提出，旨在通过经济激励手段，促使企业主动减少碳排放，加速产业结构的绿色低碳转型，从而有效缓解全球气候变化压力。[①] 以欧盟碳市场为例，碳配额不仅通过政府免费分配获得，还包含市场拍卖所得，采用标准化合约形式进行交易，实现了碳排放权的商品化。这种设计不仅增强了市场流动性，还通过价格机制引导企业优化资源配置，提高减排效率。

2. 碳配额的分配机制

碳配额的分配机制是碳交易体系的关键环节，主要分为免费分配和拍卖分配两种。

（1）免费分配机制。①历史排放法：基于企业历史碳排放数据分配配额，虽简单易行，但可能导致“祖父条款”效应，即历史排放高的企业获得更多配额，不利于公平与减排激励；②基准法：以行业碳排放效率为基准，鼓励高效企业，促进行业整体减排。然而，其复杂性高，数据需求大，且行业间差异难以平衡；③历史强度法：结合历史排放与减排趋势，既考虑了历史因素，又融入了减排目标，相对公平且灵活。但同样存在对历史排放高企业的潜在偏袒问题。

（2）拍卖分配机制。拍卖分配通过市场竞争确定碳配额价格，不仅确保了排放成本的透明性，还为企业提供了明确的减排信号；其优势在于能够产生公共收入，激励企业提前采取减排措施，同时确保所有受监管企业为其排放支付费用，体现了“污染者付费”原则。

（二）碳信用

1. 碳信用的内涵

碳信用，作为碳信用市场的交易物，是自愿减排活动减少的碳排放量的具体体现，每一单位碳信用代表着从空气中减少或消除的一吨二氧化碳当量。其核心目标直指减少工

---

① 杨姗姗，郭豪，杨秀，等．双碳目标下建立碳排放总量控制制度的思考与展望［J］．气候变化研究进展，2023，19（02）：191－202.

业活动中的温室气体排放，以缓解全球变暖的严峻挑战。碳信用通过减排项目的注册与减排量的签发，为排放主体提供了一种灵活合规的减排路径，同时也为减排项目开发者带来了经济激励与市场推广的机会。

碳信用的引入，是市场机制在环境保护领域的一次深刻应用，它利用经济杠杆作用，促使企业和个人在追求经济效益的同时，承担起环境保护的社会责任。通过碳信用的交易，排放主体可以在成本效益最优的原则下实现减排目标，而减排项目的开发者则能获得资金支持，进一步推动减排技术的研发与应用。

2. 碳信用的机制

碳信用机制根据确认或认证机构的差异，可划分为国际机制、独立机制以及国家和地方的管理机制。

（1）国际机制。该机制以《京都议定书》为标志，确立了清洁发展机制（CDM）、联合履约机制（JI）和国际排放权交易机制（ET）三大碳排放交易机制，为跨国碳信用交易提供了法律框架与操作平台。其中，CDM 促进了发展中国家参与全球减排行动，JI 则推动了发达国家间的减排合作。国际机制的建立，是全球气候治理合作的重要里程碑，它不仅促进了减排技术的国际转移，还增强了各国减排行动的协同性。然而，随着全球政治经济格局的变化，国际机制的持续性与有效性面临挑战，需要不断适应新形势，加强国际合作与协调。

（2）独立机制。如自愿碳减排核证标准（VCS）和黄金标准，独立于政府监管之外，由第三方机构进行认证，为自愿减排项目提供了更为灵活和多元的认证路径。独立机制的兴起，反映了市场对自愿减排需求的增长，以及对减排项目透明度与可信度的高要求。然而，如何确保独立机制的公正性、权威性和国际认可度，是其未来发展的关键。

（3）国家和地方机制。如中国的国家核证自愿减排量（CCER）等，体现了各国在碳减排方面的自主性与创新性，为地方碳市场建设提供了重要支撑。国家和地方机制的建立，是各国根据自身国情和减排目标做出的积极尝试，有助于推动碳减排的本地化与精细化。然而，如何平衡地方特色与全球统一标准之间的关系，避免市场分割与重复建设，是各国需要共同面对的问题。

3. 碳信用的种类

碳信用根据来源与性质的不同，可分为核证减排量（CER）、自愿减排量（VER）、减排量（ERU）和清除量（RMU）等。

（1）CER 作为清洁发展机制下的碳信用，是发展中国家减排项目的重要成果，也是国际碳市场的主要交易品种之一。CER 的引入，促进了发展中国家参与全球减排行动的积极性，同时也为发达国家提供了低成本实现减排目标的途径。然而，随着全球减排目标的不断提高，如何确保 CER 的减排质量与可持续性，是其未来发展的关键。

（2）VER 作为自愿减排项目的产物，体现了市场对减排项目多样性与创新性的认可，也为排放主体提供了更为灵活的减排选择。VER 的兴起，反映了市场对自愿减排需求的增长，以及对减排项目灵活性与创新性的追求。然而，如何确保 VER 的减排效果与市场认可度，避免“漂绿”行为，是市场监管的重要任务。

（3）ERU 与 RMU 分别代表了联合履约机制与新造林和再造林活动下的碳信用，为排放主体提供了更多元化的减排路径与碳汇选择。ERU 与 RMU 的引入，丰富了碳信用的种类与功能，为排放主体提供了更多元化的减排选择。然而，如何确保这些碳信用的减排效果与生态可持续性，以及如何平衡减排与生态保护之间的关系，是需要深入思考与探索的问题。

总之，碳信用作为市场机制在环境保护领域的重要创新，为全球气候治理提供了有力支撑。然而，随着全球减排目标的不断提高与市场环境的变化，碳信用机制面临着诸多挑战与机遇。未来，应进一步加强国际合作与协调，完善碳信用机制的设计与实施，提高减排项目的透明度与可信度，推动碳市场的健康发展与全球气候治理的深入进行。同时，各国也应根据自身国情与减排目标，积极探索适合本地的碳信用机制与减排路径，为全球气候治理贡献更多智慧与力量。

二、碳中和金融交易工具

碳中和金融交易工具，作为碳排放权交易市场的延伸与创新，不仅丰富了碳市场的交易方式，更为企业和投资者提供了多样化的风险管理手段。本章将对碳远期、碳期货、碳期权、碳掉期及碳借贷这五种主要交易工具进行详细论述，探讨其内涵、特点、功能以及在实际应用中的意义与挑战。

（一）碳远期

1. 碳远期的内涵

碳远期是交易双方基于对未来碳价格的预期，约定在特定时间以固定价格买卖碳配额或碳信用的合约。这种合约的出现，源于投资者对碳资产保值避险的需求，旨在通过锁定未来价格来规避市场价格波动带来的风险。[①]

---

① 安国俊．碳中和目标下的绿色金融创新路径探讨［J］．南方金融，2021（02）：3－12.

碳远期交易源于碳中和金融市场上的投资者对自己所持有的碳资产保值或避险的需求。由于碳资产的价格不单取决于市场的供求因素，而且还受政治事件、能源市场波动、极端天气等多种外部因素的影响，因此投资者需要一种能规避碳资产价格波动风险的工具，碳远期交易便满足了这种需求。类比商品远期交易的原理，碳远期的多头方（购买方）通过碳远期交易来规避碳价格上涨的风险，空头方（卖出方）通过碳远期交易来规避碳价格下降的风险。

2. 碳远期的特点

（1）场外交易。碳远期交易没有集中的交易场所，属于开放型的场外交易。参加交易的主体不受交易所会员资格和交易所地理位置的限制，从而投资者既可以委托相关的中介机构代为买卖碳远期合约，也可以自行寻找交易对手直接签订碳远期合约。场外交易不受场内交易严格的程序和法律的限制，管制较为宽松，价格也取决于交易双方的协商，而不是利用交易所内的计算机撮合成交，故具有更强的自主性和适应性。

（2）非标准化合约。碳远期合约的交易价格、交易时间、交易数量、交易方式等是由交易双方根据自身需要而自行约定的，具有很强的灵活性。由于非标准化合约是选择交易，所以碳远期合约的交易成本较高，主要涉及寻找交易对手的搜寻成本和双方沟通协商的议价成本。通常，交易者选择支付中介机构一定的费用，利用中介机构寻找合适的交易对手，以降低自己寻找交易对手的费用。

（3）信用风险较高。碳远期交易信用风险主要为对手风险，是指在金融合约的交易中某一方当事人违约而引起的风险。由于合约的履行主要取决于签约双方的信用，一旦一方无力或不愿履约，另一方就会蒙受损失。投资者也可以通过采取一定的措施来防范信用风险，如对交易对手进行信用核查、要求提供第三方或资产扣保等。

（4）到期结算。碳远期合约签订后，只有到期才进行交割清算，其间不进行结算。所以在远期存续期内，实际交割价格始终不变，标的资产市场价格的变化给投资者带来的是账面浮动盈亏，到期结算时标的资产的市场价格与交割价格的差异才是投资者的真实盈亏。若某一方在期限内想要撤销合约，就只能再签订一个相反的合约进行对冲。

（5）实物交割。由于碳远期合约是非标准化的，不易找到转让对象，并要征得原交易对手的同意，因此通常交易双方通过到期实物交割或现金结算来完成交易。期货等其他衍生品多以收益或亏损的净额进行现金结算，很少涉及实物。

（二）碳期货

1. 碳期货的内涵

碳期货，作为碳中和金融衍生品中的核心组成部分，是交易所精心设计并统一制定的标准化合约[①]，其核心价值在于预先设定了未来某一具体时间、地点上碳配额或碳信用的交割数量与价格。这一机制不仅构建了一个高度规范化、透明化的交易框架，还极大地促进了合理碳价格预期的形成，为市场参与者提供了稳定的价格参考基准。碳期货的出现，是对传统碳排放权交易方式的一次革新，旨在通过金融市场的力量，更有效地管理和对冲碳排放相关的价格风险。

2. 碳期货的特点

（1）标准化合约。碳期货的核心特征在于其合约的标准化，这直接降低了交易成本，因为标准化的条款减少了谈判和协商的时间成本。同时，标准化增强了合约的流通性，使得市场效率显著提升，投资者可以更加灵活地买卖碳期货合约，从而快速响应市场变化。这一设计背后的理论支撑是规模经济原理，即通过标准化实现交易成本的降低和市场流动性的增强。

（2）交易所交易。碳期货在交易所进行交易，这一安排极大地提高了交易的透明度，所有交易信息均公开可查，有效解决了信息不对称问题。同时，交易所的严格监管机制确保了交易的公正性，降低了信用风险。[②] 这种集中交易模式符合金融市场监管的最佳实践，有助于维护市场秩序和投资者利益。

（3）价格发现功能。碳期货市场通过供求双方的互动，实时反映碳价格的变化，为市场参与者提供了重要的价格信号。这一功能基于市场有效假说，即市场价格能够充分反映所有可用信息，从而指导资源配置。对于投资者而言，价格发现功能是其制定投资策略、进行风险管理的重要依据。

面对碳期货市场的复杂性与潜力，投资者与监管机构需采取积极策略以最大化其正面效应。投资者应深入理解碳期货市场的运作机制，充分利用其价格发现功能，通过对市场趋势的深入分析，合理制定交易策略，如套期保值、投机或套利等，以实现对碳价格风险的有效管理。同时，投资者应持续学习，提升对市场动态的敏感度，避免盲目跟风或过度交易。而监管机构应进一步强化对碳期货市场的监管力度，建立健全市场规则，确保市场公平、透明。这包括加强对市场操纵、内幕交易等违法行为的打击，以及通过定期审计、信息披露要求等手段，提高市场透明度。此外，监管机构还应积极推动市场教育，提升投资者风险意识，促进市场健康发展。

---

① 车广君，牟芸仪．能源市场与广东碳排放市场的长短期动态关系研究——基于能源期货市场和现货市场[J]．浙江金融，2022（11）：58－67.

② Mazza P，Petitjean M. How Integrated Is the European Carbon Derivatives Market?［J］. Finance Research Letters，2015（15）：18－30.

（三）碳期权

1. 碳期权的内涵

碳期权，作为碳排放权衍生品市场中的又一重要内容，是由期货交易场所统一制定的一种标准化合约，它赋予了买方在未来某一特定时间点，以预先约定的价格买入或卖出碳配额或碳信用（甚至包括碳期货合约）的权利，而无须承担必须执行的义务。这一独特的设计，使得碳期权成为了一种高度灵活且有效的碳价格风险管理工具。与碳远期和碳期货相比，碳期权的最大区别在于买方拥有选择权，可以根据市场情况灵活决定是否行权，从而避免了因市场不利变动而被迫执行合约的风险。

2. 碳期权的特点

（1）权利而非义务。碳期权的核心特征在于其赋予买方的选择权。这一设计基于金融工程学中的期权定价理论，即买方支付期权费后，获得了一种在未来特定条件下行使特定权利（买入或卖出）的选择权，而无须承担执行合约的义务。这种灵活性极大地降低了买方的风险敞口，使其能够根据市场情况作出最有利的选择。

（2）风险管理策略多样化。碳期权为企业和投资者提供了更为多样化的风险管理策略。通过买入或卖出碳期权，市场参与者可以在不直接持有碳资产的情况下，对冲碳排放权价格波动的风险。这种策略的多样性不仅提高了风险管理的效率，还促进了市场的流动性和活跃度。

（3）市场活跃度与风险管理需求。碳期权市场的活跃程度直接反映了市场对碳价格波动的预期和风险管理需求。当市场预期碳价格波动加大时，企业和投资者对碳期权的需求也会相应增加，以寻求更有效的风险管理手段。因此，碳期权市场的动态变化不仅反映了碳市场的整体状况，也为政策制定者和市场参与者发出了重要的市场信号。

总之，碳期权作为一种灵活的碳价格风险管理工具，不仅为企业和投资者提供了多样化的风险管理策略选择，还通过其市场活跃度反映了市场对碳价格波动的预期和风险管理需求。然而，要充分发挥碳期权的积极作用并避免其潜在风险，需要企业和投资者以及监管机构共同努力构建一个规范、透明、活跃且有序的市场环境。

（四）碳掉期（互换）

1. 碳掉期（互换）的内涵

碳掉期，亦称碳互换，是金融衍生品市场中一种创新且复杂的交易方式，其核心在于交易双方约定在未来某一特定时间点，交换现金流或现金流加碳资产的一种合约安排。根据标的物的差异，碳掉期可细分为碳排放权互换以及碳排放权与其他资产的互换两大类，这一设计不仅丰富了碳市场的交易品种，更为企业和投资者提供了跨市场、跨资产类别的风险管理工具。碳掉期作为碳市场的重要组成部分，不仅促进了碳市场的深度发展，还为实现可持续发展目标提供了有力支撑，它通过灵活的合约设计，帮助企业有效管理碳排放权的价格风险，进而推动低碳经济的转型和环境保护事业的进步。

2. 碳掉期（互换）的特点

（1）跨市场交易。碳掉期的独特之处在于其跨越了不同市场和资产的界限，实现了资金流与碳资产的灵活转换。这一特性不仅增强了市场的连通性，还显著提高了风险管理的效率。从理论层面分析，跨市场交易基于金融市场的互联互通原理，通过不同市场间的套利机制，促进了资源的优化配置和风险的有效分散。

（2）高度灵活性。碳掉期合约的定制性极强，可以根据企业和投资者的实际需求，设计符合特定风险管理需求的掉期合约。这种灵活性不仅满足了市场参与者的个性化需求，还激发了市场的创新活力。从实践角度看，灵活性是碳掉期吸引投资者的关键因素之一，它使得企业和投资者能够根据自身风险偏好和市场情况，灵活调整风险管理策略。

（3）风险管理功能。碳掉期的核心功能在于其为企业和投资者提供了一种有效的风险管理手段。通过掉期交易，市场参与者可以在不直接持有或卖出碳资产的情况下，实现对碳排放权价格风险的对冲和管理。这一功能基于金融工程学中的风险管理理论，即通过构建反向头寸来抵消或降低特定风险敞口。

总之，碳掉期作为一种跨市场的碳风险管理策略，不仅为企业和投资者提供了丰富的风险管理工具选择，还通过其独特的跨市场交易特性和高度灵活性，促进了碳市场的深度发展和可持续发展目标的实现。然而，要充分发挥碳掉期的积极作用并避免其潜在风险，需要企业和投资者以及监管机构共同努力构建一个规范、透明、活跃且有序的市场环境。

（五）碳借贷

1. 碳借贷的内涵

碳借贷，作为一种新兴的碳金融产品，其本质在于有碳资产需求的一方（借方）通过提供担保品及借贷费用，与碳资产供给方（贷方）达成借用碳资产的协议。在此过程中，碳资产的所有权保持原状，不发生实际转移，借方仅获得借贷期间内的使用权。这一机制与传统的碳资产抵质押融资有本质区别，后者是通过碳资产作为抵押物进行融资，而碳借贷则是直接对碳排放配额进行借用与出借。《碳金融产品》标准的发布，更是为碳借贷的实施提供了明确的操作指南，从借贷合同的签订到最终的碳资产及收益返还，每一步都体现了碳借贷的规范性与严谨性。

2. 碳借贷的特点

（1）资产使用权转移。碳借贷的核心特征在于，借贷期间碳资产的所有权并未发生转移，仅仅是使用权发生了临时性的让渡。这一设计既保障了贷方的资产安全，又满足了借方的临时需求，体现了碳金融市场对资产流动性的巧妙利用。

（2）临时调配的高效性。碳借贷机制的存在，有效解决了企业和投资者在面对碳资产临时短缺时的困境，通过快速、灵活的借贷方式，实现了碳资产的临时调配，极大地提高了市场效率。从经济学角度来看，这符合资源优化配置的原则，即通过市场机制实现资源的合理流动与高效利用。

（3）风险与收益的并存。借贷双方在进行碳借贷时，需共同面对信用风险和利率风险。借方需确保按时归还碳资产及支付约定收益，而贷方则需评估借方的信用状况，以防违约风险。然而，正是这种风险与收益的并存，激发了市场的活力，促使双方更加谨慎地选择交易对手，加强风险管理，同时也为双方提供了获取额外收益的机会。

三、碳中和金融融资工具

（一）碳债券

1. 碳债券的内涵

碳债券，作为碳中和金融领域的一项创新融资工具，其本质在于将低碳项目的融资需求与碳市场的发展趋势紧密结合。具体而言，碳债券是发行人为了筹集低碳项目所需资金，向广大投资者发行的一种有价证券，该证券不仅承诺按时还本付息，还创新性地将其利率水平与低碳项目产生的碳信用收入直接挂钩。这种设计机制，使得碳债券在提供资金支持的同时，也激励了发行人积极实施低碳项目，以获取更多的碳信用收入，从而降低融资成本。

2. 碳债券的特点

（1）环境收益与债券利率的直接挂钩。碳债券与绿色债券虽在理念上相似，都将环境效益纳入考量，但碳债券的独特之处在于其环境收益直接来源于低碳项目产生的碳信用收入。这种货币化的收入形式，不仅为投资者提供了更为明确的收益预期，也进一步强化了债券的环保属性。

（2）多样化的项目类别与碳信用来源。碳债券根据项目类别的不同，可以细分为气候债券、环境债券、可再生能源债券等多种类型，满足了不同低碳项目的融资需求。同时，碳信用收入的来源也呈现多样化，既可以通过自愿减排机制实现的碳信用（如CCER），也可以通过出售融资方所拥有的碳配额（如CEA）来获取[①]，这种灵活性增强了碳债券的市场适应性。

（3）浮动利率机制的创新设计。碳债券的利率设计采用了浮动机制，即基于出售碳信用所获得的碳收益来计算碳收益率，并据此在一定范围内（如0~20BP）调整浮动利率。这种设计不仅反映了碳市场的动态变化，也为投资者提供了与碳市场表现挂钩的回报，增强了债券的吸引力。

碳债券之所以在碳中和金融领域占据重要地位，主要基于以下几点原因：1）促进低碳项目融资：通过碳债券的发行，低碳项目能够获得更为稳定、长期的资金支持，有助于推动低碳技术的研发与应用，加速碳中和目标的实现。2）激励减排行为：碳债券的利率挂钩机制，使得发行人有动力通过实施低碳项目来获取更多的碳信用收入，从而降低融资成本，这种正向激励机制有助于促进全社会的减排行为。3）推动碳市场发展：碳债券的发行与交易，增加了碳市场的活跃度与流动性，有助于完善碳定价机制，推动碳市场的健康发展。

（二）碳资产抵质押融资

1. 碳资产抵质押融资的内涵

碳资产抵质押融资，作为一种新兴的碳中和金融产品，其本质在于将碳资产——这一特定的环境权益，转化为融资工具。具体而言，它允许碳资产的持有者（通常为排放企业或碳交易参与者）以其所持有的碳排放权或碳信用作为抵押物，与资金提供方（如银行）签订融资合约，从而获得贷款。在合约约定的期限内，债务人须按约还本付息，以解除抵押物的质押状态。这一融资模式不仅拓宽了碳资产的利用渠道，也为低碳项目的资金筹措提供了新的路径。

2. 碳资产抵质押融资的特点

（1）创新性。碳资产抵质押融资将金融与环保相结合，通过金融手段激活了碳资产的流动性，为碳市场注入了新的活力。

（2）灵活性。相较于传统的抵质押贷款，碳资产抵质押融资的抵押物更为特殊，即碳排放权或碳信用，这使得融资过程更加灵活，适应了碳市场的发展需求。

---

① 鲁政委，粟晓春，钱立华，等．“碳中和”愿景下我国CCER市场发展研究［J］．西南金融，2022（12）：3－16.

（3）政策导向性。碳资产抵质押融资的推广与实施，往往受到政府政策的引导与支持，体现了碳中和目标下的金融创新与政策导向。

（4）跨部门合作性。由于碳资产抵质押融资涉及银行、银保监部门、碳排放权主管部门等多个部门，因此其成功实施需要各部门之间的紧密合作与协调。

总体而言，碳资产抵质押融资作为碳中和金融领域的重要创新之一，其内涵丰富、特点鲜明，但同时也面临着管理部门差异、融资流程不完善、风险评估与管理复杂性等挑战。为了充分发挥其在推动碳中和目标实现中的作用，需要政府、金融机构与企业共同努力，加强跨部门协调与合作、完善融资流程与标准、强化风险评估与管理能力、推动产品创新与服务升级等对策措施的实施。

（三）碳资产回购

1. 碳资产回购的内涵

碳资产回购，作为一种创新的融资方式，在碳排放权交易市场中占据重要地位。其本质在于碳配额持有者（即回购方）通过向市场中的其他参与者（逆回购方）出售其持有的碳配额，并在此基础上双方达成一项协议，约定在未来某一特定时间点，回购方将以事先确定的价格重新购回这些碳配额。这一过程，实质上是以两次碳配额交易为载体的资金融通活动，既为回购方提供了灵活的资金获取途径，也赋予了逆回购方参与碳市场交易并获得潜在收益的机会。

2. 碳资产回购的特点

（1）融资与交易双重属性。碳资产回购融合了融资与碳排放权交易的双重特性，既满足了企业的资金需求，又促进了碳市场的流动性与活跃度。

（2）风险相对较低。相较于其他金融产品，碳资产回购由于基于实物资产（碳配额）进行，且回购价格通常事先约定，因此其市场风险相对较小，对投资者而言具有较高的吸引力。

（3）回购方承担较高风险。尽管整体风险不高，但在实际操作中，逆回购方为控制回购方违约风险，往往会将回购价格设定在较低水平，这意味着回购方需承担更大的价格波动风险及资金成本压力。

（4）监管差异明显。从各试点碳市场的实践来看，对于碳资产回购业务的监管和支持力度存在显著差异，有的市场提供了标准合同模板，有的则引入了保证金机制或违约处置措施，但也有市场缺乏专门的监管规则。试点碳市场回购业务支持及监管如表 3－1 所示。

表 3-1 试点碳市场回购业务支持及监管

试点地区	专门管理办法	提供标准合同	保证金机制	违约处置
北京	否	是	否	是
上海	否	否	否	否
湖北	否	否	否	否
广东	是	否	可选	否

资料来源：各试点地区碳交易所。

（四）碳资产配额托管

1. 配额托管的内涵

配额托管，作为碳资产托管领域的主要方式，是一种创新的资产管理与增值服务模式。其核心在于，控排企业与经交易所认可的托管机构之间签订正式的碳配额托管协议，明确托管的具体碳配额标的、数量、期限以及预期的资产托管收益。在此期间，托管机构凭借专业的资产管理能力和市场洞察力，代为进行碳配额的交易操作，旨在实现资产的增值。托管期满，托管机构需按照协议约定，向控排企业返还一定数量的碳配额。这一模式不仅为控排企业提供了灵活的资金运作和资产管理途径，也促进了碳市场的活跃度和资源配置效率。

2. 配额托管的特点

（1）资产托管与增值并重。配额托管不仅仅是简单的资产保管，更强调通过专业的交易策略和管理手段实现资产的增值。这要求托管机构具备深厚的市场理解、精准的交易判断以及高效的风险管理能力。

（2）监管措施多样化。从各试点碳市场的实践来看（见表 3-2），为了保障托管方的权益，多数交易所采取了设立专门托管账户、限制托管账户出金、引入保证金机制等一系列监管措施。这些措施有效降低了交易风险，增强了市场参与者的信心。

（3）依赖做空机制来收益获取。与融资性交易不同，配额托管更多地依赖于做空机制来获取收益。即托管机构在托管期间，可能会通过卖出借入的碳配额，并在未来以更低价格买回，从而实现差价收益。然而，这一机制在配额分配逐年趋紧的市场环境下，面临着较大的挑战和限制。

（4）市场规模相对有限。由于配额托管的特殊性质，其市场规模往往受到现货交易量的制约。在配额分配紧张的市场中，控排企业可能更倾向于保留配额以满足自身的排放需求，而非将其托管出去进行交易。

表 3-2　　试点碳市场托管业务支持及监管

试点地区	专门管理办法	提供标准合同	保证金机制	违约处置
北京	否	否	否	否
上海	是	是	是	是
湖北	是	否	是	是
广东	是	否	是	是

资料来源：各试点地区碳交易所。

四、碳中和金融支持工具

（一）碳指数

1. 碳指数的内涵

碳指数，作为金融市场创新与环境保护理念相结合的产物，是反映碳市场总体价格水平或特定类别碳资产价格变动趋势的综合性指标。它基于交易所或金融服务机构运用先进的统计学方法，对碳市场中的交易数据进行科学编制，旨在提供一个全面、客观的市场价格观测工具。碳指数不仅是对碳交易规模及变化趋势的量化描述，更是碳市场成熟度与活跃度的重要体现。

2. 碳指数的特点

（1）综合性与代表性。碳指数通过汇总和分析碳市场中的大量交易数据，能够全面反映市场的整体价格水平和变动趋势。同时，通过精心设计的编制方法①，确保指数具有高度的代表性和准确性，成为观察碳市场动态的重要窗口。

（2）标尺性与导向性。作为刻画碳交易规模及变化趋势的标尺性工具，碳指数不仅为市场参与者提供了直观的价格参考，还引导着资金流向和资源配置。指数的涨跌直接影响着投资者的决策行为，进而对碳市场的运行产生深远影响。

（3）创新性与前瞻性。碳指数的编制往往融合了金融创新与环境保护的先进理念，为开发各类碳中和金融工具提供了坚实的基础。同时，通过预测性指数的构建，如复旦大学推出的“复旦碳价指数”，能够提前预示市场趋势，为投资者提供前瞻性的决策依据。

（4）多样性与灵活性。碳指数的种类和编制方法具有多样性，可以根据不同的市场需求和投资偏好进行定制。例如，北京绿色交易所的“中碳指数体系”侧重于观测性，而广州碳排放权交易中心的“中国碳市场 100 指数”则聚焦于上市公司表现。这种

① 王文举，李峰．中国碳市场统一价格指数编制研究［J］．学习与探索，2016（07）：132-137.

多样性使得碳指数能够满足不同投资者的需求，提高了市场的灵活性和适应性。

总体而言，碳指数作为碳中和金融支持工具的核心组成部分，其内涵丰富、特点鲜明、应用广泛。未来，随着碳市场的不断发展和完善，碳指数将在推动碳中和进程、促进绿色金融发展等方面发挥更加重要的作用。

（二）碳保险

1. 碳保险的内涵

碳保险，作为碳中和金融市场中的一项创新产品，是针对碳资产开发、交易及持有过程中可能出现的各类风险而设计的一系列保险解决方案。它涵盖了碳交付保险、碳信用价格保险、碳资产融资担保以及碳资产损失保险等多个领域，旨在为市场参与者提供全面的风险保障。碳保险的出现，不仅是对传统保险业务领域的拓展，更是对碳中和目标下金融市场风险管理需求的积极响应。①

2. 碳保险的特点

（1）风险覆盖的全面性。碳保险针对碳市场中的多种风险进行了全面的覆盖，从碳资产的交付风险、价格波动风险，到融资过程中的信用风险，再到因自然灾害、政策变动等导致的碳资产损失风险，均纳入了保险保障范围。这种全面性的风险覆盖，为市场参与者提供了全方位的风险管理工具。

（2）创新性与灵活性。碳保险作为新兴的保险产品，其设计充分体现了创新性与灵活性。保险机构根据碳市场的实际情况和市场需求，不断推出新的保险产品和服务模式，以满足不同市场参与者的个性化需求。同时，碳保险的条款和费率也具有一定的灵活性，能够根据市场变化进行适时调整。

（3）促进碳中和目标的可达性。碳保险通过为碳市场提供风险保障，降低了市场参与者的风险承担成本，增强了他们参与碳交易和碳资产开发的积极性。这有助于推动碳市场的健康发展，促进碳中和目标的实现。

碳保险作为碳中和金融市场中的重要组成部分，其发展和完善对于推动碳市场的健康发展、促进碳中和目标的实现具有重要意义。然而，碳保险市场仍存在一些问题和挑战，如保险产品种类相对单一、风险定价机制不够成熟、市场认知度不高等。因此，保险机构需要不断加强产品创新和服务优化，提高风险定价能力和市场认知度；同时，监管机构也应加强监管和引导，为碳保险市场的健康发展提供良好的环境。

---

① Lamperti F, Bosetti V, Roventini A, et al. Three Green Financial Policies to Address Climate Risks [J]. Journal of Financial Stability, 2021, 54 (06): 100875.

（三）碳基金

1. 碳基金的内涵

碳基金，作为绿色金融领域的一种创新融资工具，特指那些专注于投资碳市场、碳减排项目的基金。这类基金不仅其投资收益与碳价变化或减排项目的实际回报紧密相连，而且通过专业化的管理，为投资者提供了参与碳市场、支持碳减排项目的有效途径。同时，碳基金也指代那些依托此类投资工具而设立的管理机构，它们负责基金的筹集、管理和运作，以确保资金的有效利用和投资者的回报。与广泛关注的“碳中和主题基金”相比，本书所探讨的碳基金更侧重于一级市场的投资，即直接参与碳减排项目的投资与建设。

2. 碳基金的特点

（1）投资目标的明确性。碳基金的投资目标清晰而具体，即碳市场及其相关的减排项目。这种明确的投资定位，使得碳基金能够聚焦碳减排领域，通过专业化的投资和管理，实现资金的高效利用和碳减排目标的达成。

（2）收益与风险的双重性。碳基金的收益与碳价变化或减排项目的回报直接挂钩，这使投资者在享受碳市场增长带来的收益的同时，也需承担碳价波动或项目执行不力带来的风险。这种收益与风险的双重性，要求投资者具备较高的风险识别和管理能力。

（3）一级市场投资的主导性。与主要投资于二级市场（如股票、债券等）的碳中和主题基金不同，碳基金更侧重于一级市场的投资。这意味着碳基金不仅关注碳市场的价格波动，更积极参与碳减排项目的筛选、投资和管理，从而推动碳减排技术的研发和应用，促进碳中和目标的实现。

碳基金之所以在碳中和融资中占据重要地位，主要基于以下几个方面的原因：1）有利于融资渠道的拓宽。碳基金为碳减排项目提供了新的融资渠道。通过专业化的投资和管理，碳基金能够吸引更多的社会资本进入碳减排领域，从而缓解碳减排项目资金短缺的问题。2）有利于风险分散与降低。碳基金通过集合投资的方式，将资金分散投资于多个碳减排项目，从而降低了单一项目失败带来的风险。同时，碳基金的管理机构通常具备丰富的投资经验和风险管理能力，能够进一步降低投资风险。3）有利于促进碳中和目标的实现。碳基金通过投资碳减排项目，推动碳减排技术的研发和应用，降低碳排放强度，从而有助于实现碳中和目标。此外，碳基金的发展还能够带动相关产业链的发展，形成良性循环。

然而，碳基金的发展也面临着一些挑战，如投资项目的筛选和评估难度、碳价波动的风险、政策环境的不确定性等。因此，为了充分发挥碳基金在碳中和融资中的作用，需要政府、金融机构和投资者等多方共同努力，完善碳基金的投资机制、风险管理机制和监管体系，推动碳基金的健康发展。[①]

第二节　碳中和金融产品的发展趋势

一、碳中和金融现货交易的发展趋势

（一）碳配额交易的发展趋势

碳中和金融现货交易的发展，特别是碳配额交易的发展，正展现出蓬勃的生命力。表 3 – 3 给出了 2023 年国际主要碳交易体系碳配额情况。在配额分配方式上，主要碳交易市场均采用了拍卖加免费分配的方式。在配额总量上，主要碳交易市场均收紧了配额总量，促使企业落实减排目标，加速工业绿色转型。以欧盟碳排放交易体系（EU ETS）为例，其配额分配方式经历了从免费发放到以拍卖为主的转变，显著提高了碳市场的活跃度。从 2009 年至 2020 年底，全球各碳交易体系通过拍卖配额筹集了超过 1030 亿美元的资金[②]，这些资金被用于资助能效提升、低碳交通和可再生能源等多个领域的发展，不仅增加了公共财政收入，还有效推动了低碳转型。2023 年，国际主要碳交易体系如欧盟、英国、美国加州等均在收紧配额总量，通过提高配额稀缺性来促使企业落实减排目标，加速工业绿色转型。这种趋势不仅体现了碳市场对减排目标实现的重要作用，也为中国碳市场建设提供了宝贵的经验。[③]

表 3 – 3　　2023 年国际主要碳交易体系碳配额

碳交易体系	配额总量（亿吨二氧化碳当量）	配额总量年下降率（%）	配额平均交易价格（美元/吨）	配额分配方式
欧盟碳市场	14.86	2.2	89	拍卖加免费
英国碳市场	13.65	0.3	65	拍卖加免费
美国加州碳市场	2.941	4.0	33	拍卖加免费
新西兰碳市场	0.323	1.0	36	拍卖加免费
韩国碳市场	5.893	0.96	9	拍卖加免费

注：配额平均交易价格基于 2024 年 1 月 1 日汇率统一折算为美元。

① 汪程程．国内碳基金发展概述［J］．中国人口·资源与环境，2015（S1）：323 – 325.

② ICAP. Emissions Trading, Worldwide. Status Report 2021［R］. Berlin: International Carbon Action Partnership, 2021.

③ 张晓燕，殷子涵，李志勇．欧盟碳排放权交易市场的发展经验与启示［J］．清华金融评论，2023（02）：28 – 31.

中国碳市场的发展虽起步较晚，但已取得了显著成效。自 2011 年发布《关于开展碳排放权交易试点工作的通知》以来，中国碳市场建设步伐加快，特别是在 2021 年全国碳排放交易市场正式上线后，碳排放配额累计成交量持续攀升。表 3－4 给出了 2021—2023 年全国碳市场年度成交情况。从总量上来看，2021 年 7 月 16 日全国碳排放交易市场正式上线，2021 年碳排放配额累计成交量 1.79 亿吨，累计成交额 76.61 亿元。截至 2023 年 12 月 31 日，全国碳市场碳排放配额累计成交 4.42 亿吨，累计成交额 249.19 亿元。[①] 从结构上来看，2023 年碳排放配额的交易方式仍以大宗协议为主，延续了 2021 年 7 月市场交易开始以来“大宗协议交易为主，挂牌协议交易为辅”的特点。2023 年大宗协议与挂牌协议的成交量分别为 1.77 亿吨（占比 83.49%）和 3499.7 万吨（占比 16.51%）；成交额分别为 118.75 亿元（占比 82.21%）和 25.69 亿元（17.79%）。但是，挂牌协议交易在市场中的重要性不断上升，其交易量和交易额占比分别较 2022 年上升 4.3% 和 5.1%。2023 年，碳排放配额挂牌协议交易的成交均价达 73.42 元/吨，年同比上涨 32.8%；最低与最高成交价分别为 50.5 元/吨和 82.79 元/吨，年终收盘价为 79.42 元/吨，较 2022 年最后一个交易日上涨 44.4%。这些数据不仅彰显了中国碳市场的活跃度和影响力，也反映了企业在减排意识和能力上的明显提升。同时，全国碳市场制度框架的初步建立和数据质量的大幅提高，为“双碳”工作的持续推进提供了有力支撑。值得注意的是，挂牌协议交易在市场中的重要性不断上升，交易量和交易额占比逐年提高，显示出碳市场交易方式的多样化和市场机制的逐步完善。

表 3－4　　2021—2023 年全国碳市场年度成交情况

交易年份	收盘价（元/吨）	总成交量（万吨）	总成交额（亿元）	挂牌协议成交量（万吨）	挂牌协议成交额（亿元）	大宗协议成交量（万吨）	大宗协议成交额（亿元）
2021	54.22	17878.94	76.61	3077.46	14.51	14801.48	62.10
2022	55.00	5088.95	28.14	621.90	3.58	4467.05	24.56
2023	79.42	21194.38	144.44	3499.66	25.69	17694.72	118.75
合计	—	44162.27	249.19	7199.02	43.78	36963.25	205.41

在中国碳市场发展过程中，各试点地区的表现呈现出差异化特点。2023 年，福建、广东和天津碳市场成交量相对较高，其中福建碳市场成交量更是达到了 2590 万吨，较 2022 年同比上升 238%，显示出该地区在推动低碳转型方面的积极态度和显著成效。相比之下，北京碳市场成交量在各个试点中最低，这可能与地区经济结构、企业减排意识

① 中华人民共和国生态环境部．全国碳市场发展报告（2024）［R/OL］．（2024－07－22）．https：//big5.mee.gov.cn/gate/big5/www.mee.gov.cn/ywdt/xwfb/202407/W020240722528848347594.pdf.

及市场机制等多重因素有关。各试点碳市场交易量的差异不仅反映了中国碳市场在不同地区的发展不平衡性，也为未来碳市场的全国统一和进一步发展提供了宝贵的经验和借鉴。通过不断优化制度方法、提高配额稀缺性、降低免费配额分配比例等措施，中国碳市场有望在未来实现更加高效、有序的运行，为实现“双碳”目标作出更大贡献。

（二）碳信用交易的发展趋势

全球自愿碳交易市场呈现显著的地区与项目差异，而中国在其中发挥着举足轻重的作用。如图 3-1 所示，北美地区虽然碳信用发行量领先，但亚洲地区，特别是中国和印度，由于庞大的碳减排量需求，其碳信用发行总量更为可观。中国作为全球最大的自愿碳市场之一，其碳减排量占比高达 23%，与印度共同推动了亚洲地区碳信用市场的蓬勃发展。这一数据不仅揭示了亚洲国家在应对气候变化方面的积极态度，也反映了全球自愿碳市场正逐步向多元化、区域化方向发展。

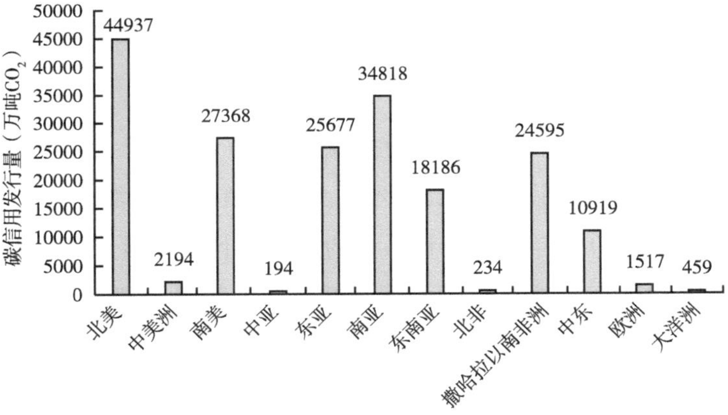

图 3-1 按地区划分的碳信用发行量

数据来源：lvy So，Barbara Hava，Micah Elas（2022，April）. Voluntary Registry Offsets Database，Berkeley Carbon Trading Project，University of California，Berkeley. Retrieved from：https//gspp. berkeley. edu/research - and - impact/centers/cepp/projects/berkeley - carbon - trading - project/offsets - database.

在碳信用发行的项目范围上，林业与土地利用以及可再生能源项目占据了主导地位。如图 3-2 所示，林业项目的碳信用发行量高达 75911 万吨二氧化碳当量，远超其他项目类型。这得益于林业项目在固碳方面的独特优势，其“绝对固碳”的特性使得其在减缓温室效应方面发挥了不可替代的作用。同时，可再生能源项目如风电、光伏等也表现出强劲的增长势头，碳信用发行量紧随其后。这些项目的快速发展，不仅推动了全球能源结构的转型，也为碳市场的繁荣注入了新的活力。在中国，风电和光伏发电两类项目的 CCER 开发尤为成熟，占比超过总项目比例的 60%，进一步凸显了中国在可再生能源领域的领先地位和减排潜力。

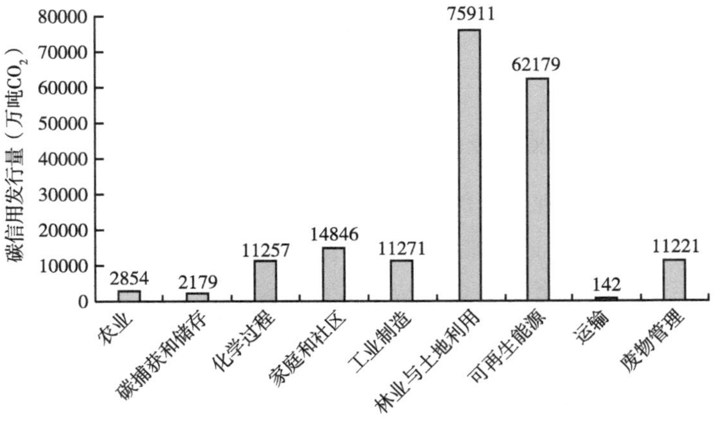

图 3-2　按项目范围划分的全球碳信用发行量

数据来源：lvy So，Barbara Hava，Micah Elas（2022，April）. Voluntary Registry Offsets Database，Berkeley Carbon Trading Project，University of California，Berkeley. Retrieved from：https//gspp. berkeley. edu/research - and - impact/centers/cepp/projects/berkeley - carbon - trading - project/offsets - database.

中国的碳信用体系，特别是国家核证自愿减排量（CCER）的发展，经历了从初步建立到暂停再到重启的曲折历程，但其市场潜力和价值不容忽视。自 2012 年相关暂行办法和指南的发布，到 2015 年注册登记系统的上线运行，中国自愿碳市场的基础设施逐步完善。尽管在 2017 年因交易量小和项目规范问题暂缓受理新项目，但存量 CCER 仍可在市场中交易和履约。随着全国碳市场的启动和扩容，CCER 的需求持续上升，成为企业履约和减排的重要工具。2024 年 CCER 市场的重启，更是标志着中国碳市场"两个轮子"的完整构建，即强制减排碳市场与自愿减排碳市场并驾齐驱，共同推动中国碳市场的健康发展。如图 3-3 所示，2023 年中国 CCER 交易量显著回升，同比上涨约 92%，尽管仍低于历史平均水平，但市场复苏的迹象已十分明显。同时，图 3-4 显示了 CCER 成交量的地域集中性，上海、天津、四川和北京等地成为交易热点，进一步体现了中国碳市场的活跃度和地区差异。

综上所述，全球自愿碳交易市场在地区与项目范围上呈现显著的差异性和多样性，而中国作为其中的重要参与者，不仅在碳减排量上占据领先地位，还在碳信用体系特别是 CCER 的发展上取得了显著成就。随着碳市场的不断完善和扩容，以及中国对碳减排的持续重视和投入，中国碳市场有望在未来发挥更加重要的作用，为全球气候治理和低碳转型作出更大贡献。

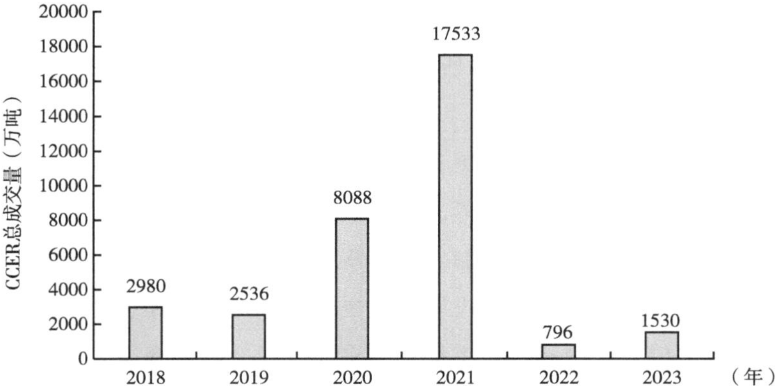

图 3－3　CCER 总成交量的年度变化

数据来源：Wind 数据库。

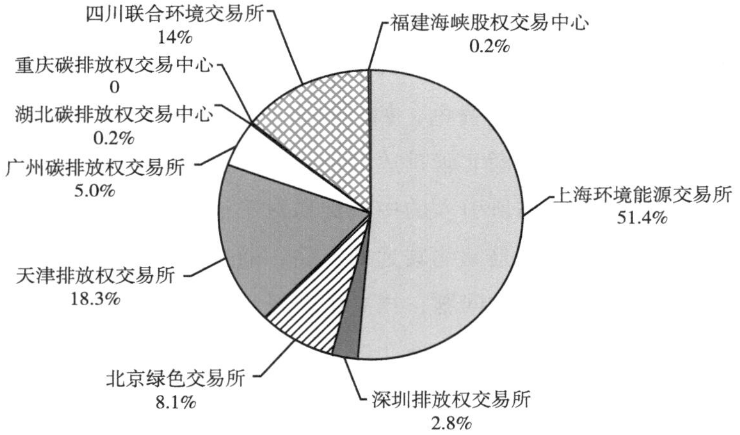

图 3－4　2023 年各地方市场的 CCER 成交量占比

数据来源：各试点地区碳排放交易所。

二、碳中和金融交易工具的发展趋势

（一）碳远期交易的发展趋势

碳远期交易作为碳中和金融领域的重要工具，自其诞生以来便以其灵活性和保值功能吸引了众多市场参与者的关注。2003 年 2 月，壳牌公司与荷兰 Nuon 公司达成了第一笔碳远期交易，标志着这一新型金融工具的正式问世。随后，碳远期交易在全球范围内迅速发展，交易量逐年攀升。以欧盟碳市场为例，其碳配额远期交易总量在短短一年内便实现了从 10 吨二氧化碳到 250 吨二氧化碳的飞跃式增长。交易所的参与更是为碳远期交易提供了便捷的结算服务，增强了市场的流动性和透明度。据统计，2006 年欧盟碳市场上约 80% 的场外交易均在交易所完成结算，显示了交易所在碳远期交易中的重要地位。

在全球范围内，多个交易所如美国洲际交易所（ICE）、新加坡亚洲碳交易所（ACX）以及北欧电力交易所（NP）等，均提供了碳远期交易服务。这些交易所不仅为市场参与者提供了交易场所，还通过制定交易规则、提供结算服务等方式，保障了碳远期交易的顺利进行。同时，国际主要投资银行也积极涉足碳中和金融领域，通过提供远期交易等金融服务，成为碳中和金融市场上的重要气候融资媒介。

相较于国际市场的蓬勃发展，中国的碳远期产品发展虽然起步较晚，但也取得了显著进展。2016 年，七部委联合发布的《关于构建绿色金融体系的指导意见》明确指出，要有序发展包括碳远期在内的碳中和金融产品和衍生工具，为中国碳远期市场的发展指明了方向。在此背景下，广州碳排放权交易所、湖北碳排放权交易中心和上海环境能源交易所等国内主要碳交易所纷纷开展了碳远期交易实践。

这些交易所的碳远期产品各具特色，如广州碳排放权交易所提供的定制化程度高、要素设计相对自由的远期交易，湖北碳排放权交易中心推出的标准化、可转让的远期交易产品，以及上海环境能源交易所引入的中央交易对手清算方式等，均体现了中国碳远期市场的创新性和多样性。特别是湖北碳远期产品，通过标准合约和对冲平仓机制的设计，有效解决了标准远期的流动性问题，提高了市场活跃度。

表 3 - 5 详细对比了广州、上海、湖北三地碳远期协议的要素设计，从参与主体、交易模式、涨跌幅限制、交割期限、协议简称到交割方式等方面均进行了全面梳理。这些差异化的设计不仅满足了不同市场参与者的需求，也为中国碳远期市场的多元化发展提供了有力支撑。2017 年 1 月上海碳配额远期产品上线，以上海碳配额为标的，由上海环交所完成交易组织，上海清算所作为专业清算机构完成清算服务。截至 2020 年 12 月 31 日，上海碳市场碳远期产品累计（双边）成交协议 4.3 万个，累计交易量 433.08 万吨，累计交易额 1.56 亿元。具体交易中的碳配额远期合约要素如表 3 - 6 所示。

表 3 - 5　广州、上海、湖北碳远期协议要素设计对比

产品名称	广东省碳排放配额远期	上海碳配额远期协议	湖北碳排放权配额远期
参与主体	机构或控排企业	机构或控排企业	机构、企业、个人
交易模式	协议转让	挂牌交易（不自动撮合）	集中竞价
涨跌幅限制	无	±50%	±4%
交割期限	合同签订日与交割日的时间差大于 10 个交易日	当月起，未来 1 年的 2 月、5 月、8 月、11 月	2017 年 5 月

续表

产品名称	广东省碳排放配额远期	上海碳配额远期协议	湖北碳排放权配额远期
协议简称	—	SHEAF + 期限 （如 SHEAF082020）	HBEA1705
交割方式	实物交割	实物交割或现金交割	实物交割

资料来源：各试点地区碳交易所。

表 3－6　　上海碳配额远期合约要素

合约要素	具体情况
产品种类	上海碳配额远期
协议名称	上海碳配额远期协议
协议简称	SHEAF
协议规模	100 吨/个
报价单位	元人民币/吨
最低价格波幅	0.01 元/吨
协议数量	为交易单位的整数倍交易单位为“个”
协议期限	当月起，未来 1 年的 2 月、5 月、8 月、11 月月度协议
成交数据接收时间	交易日 10：30 至 15：00（北京时间）
最后交易日	到期月倒数第五个工作日
最终结算日	最后交易日后第一个工作日
每日结算价	上海清算所发布的远期价格
最终结算	最后 5 个交易日日终结算价格的算术平均值
交割方式	实物交割/现金交割
交割品种	可用于到期月协议所在碳配额清缴周期清缴的碳配额

资料来源：上海环境能源交易所，平安证券研究所。

值得一提的是，2021 年 7 月 16 日全国碳市场的正式启动交易，标志着中国碳市场进入了全新的发展阶段。在这一天，华夏银行与国家能源集团龙源（北京）碳资产管理技术有限公司合作落地的碳远期交易保函业务成功通过全国碳排放权交易系统完成实物交割，成为全国碳市场首笔实现交割的远期交易。这一里程碑事件不仅展示了中国碳市场的活跃度和成熟度，也预示着碳中和金融服务在中国将发挥更加重要的作用。

综上所述，碳远期交易作为碳中和金融领域的重要工具，在全球范围内得到了广泛应用和发展。在中国，虽然碳远期产品的发展起步较晚，但在政策引导和市场需求的双重推动下，也取得了显著成效。未来，随着碳中和金融服务的不断完善和碳市场的持续发展，碳远期交易将在价格发现、风险管理、信用中介等方面发挥更加重要的作用，为推动中国乃至全球的绿色低碳转型贡献力量。

（二）碳期货交易的发展趋势

在全球碳中和金融市场中，碳期货作为重要的基础金融衍生品之一，扮演着举足轻重的角色。在国际市场上，欧洲气候交易所、芝加哥气候期货交易所、纳斯达克商品事业部美国绿色交易所以及印度泛商品交易所等，均推出了各具特色的碳期货产品，如碳中和金融合约、排放配额期货和核证减排量期货等。这些碳期货产品的推出，不仅丰富了市场交易品种，也推动了碳中和金融市场的成熟与稳定。以欧盟碳市场为例，早在 2005 年 4 月，该市场便推出了与碳排放配额挂钩的碳期货产品。自此之后，碳期货交易量和交易额便保持了快速增长的态势，迅速成为欧盟碳市场上的主流交易产品。截至欧盟碳排放权交易体系履约周期的第二阶段，碳期货交易量在全部排放配额期货交易中的占比已超过 85%，而在场内交易中，其交易量更是达到了总交易量的 91.2%。特别是在 2015 年，欧盟碳排放权交易体系的期货交易量达到了现货交易量的 30 倍以上，这一数据充分展示了碳期货在欧盟碳市场中的重要地位。

在全球范围内，碳期货合约已成为碳中和金融市场上的主要交易产品，其发展不仅促进了市场的流动性，也提高了市场的价格发现功能，为交易者提供了有效的风险管理工具。碳期货的引入和成功运行，无疑为碳中和金融市场的稳定与发展奠定了坚实的基础。

相较于国际市场的蓬勃发展，中国碳期货市场的发展虽然尚处于起步阶段，但已展现出巨大的潜力和广阔的前景。截至 2023 年，中国已拥有大连商品交易所、郑州商品交易所、上海期货交易所、中国金融期货交易所和广州期货交易所等 5 家期货交易所，这些交易所涵盖了农产品、金属、工业产品等多个交易品种，为中国期货市场的多元化发展提供了有力支撑。其中，上海期货交易所作为中国期货市场的重要组成部分，已率先开展了碳期货合约的交易。这一举措不仅为中国碳期货市场的发展积累了宝贵经验，也为全国碳市场的落成和碳期货交易的普及奠定了基础。随着全国碳市场的逐步建立和完善，中国碳期货市场的交易普及只是时间问题。粤港澳大湾区作为中国金融业对外开放试验的前沿窗口，设立全国性期货交易所具有多重重要意义。这不仅可以维护金融稳定，还可以创新期货交易品种，推进期货市场的国际化进程，加快对外开放的步伐。在碳中和金融的大背景下，粤港澳大湾区有望成为中国碳期货市场发展的重要引擎，推动中国在全球碳中和金融市场中占据更加重要的地位。

综上所述，国际碳期货市场的成功经验为中国碳期货市场的发展提供了有益的借鉴和启示。中国应充分利用现有期货市场的资源和优势，加快碳期货产品的研发和推出步伐，完善碳期货市场的交易规则和监管体系，为交易者提供更加便捷、高效、安全的交易环境。同时，中国还应加强与国际碳期货市场的交流与合作，借鉴国际先进经验和技术，推动中国碳期货市场的国际化进程，为全球碳中和金融市场的稳定与发展贡献中国智慧和力量。

（三）碳期权交易的发展趋势

碳期权交易作为碳中和金融市场的重要组成部分，已在全球范围内呈现蓬勃发展的态势。其发展现状不仅体现在交易规模的日益增大，更在于交易品种的多样化以及交易结构的变化。

首先，从交易规模来看，国外碳期权市场自 2008 年金融危机后实现了显著增长。市场避险需求的增加推动了金融衍生品碳期权交易量的大幅提升。据统计，2009 年全球碳期权市场成交额已超过 107 亿美元，二氧化碳交易量超过 5 亿吨，其中排放配额（EUA）期权交易量就达到了 4.17 亿吨二氧化碳。[①] 随着市场的不断发展，到 2011 年，EUA 期货交易量更是达到了 1308 亿美元，占 EUA 相关产品交易比例的 88% 以上，而 EUA 期权交易量也增加到了 142 亿美元。全球碳市场交易额持续攀升，2021 年更是达到了 8000 多亿美元，[②] 这一数据充分展示了碳期权交易市场的巨大潜力和广阔前景。

其次，国外碳期权交易品种趋于多样化，这也是其市场发展的重要特点之一。除了排放配额期货外，还包括核证减排量期货、区域温室气体排放配额期货、核发碳抵换额度期货以及碳金融期货等。这些多样化的交易品种不仅满足了不同市场参与者的需求，也促进了市场的活跃度和流动性。金融机构、中间商、能源企业、工业客户等逐渐成为碳期权交易中活跃的参与者，他们通过参与碳期权交易来规避风险、实现资产增值。

然而，国外碳期权交易结构也存在不平衡的问题，价格长期低迷后大幅提升。在碳期权的交易结构中，EUA 期权的价格和交易额均高于 CER 期权，且 EUA 的流动性更好。这种不平衡的交易结构导致了市场价格的波动和不确定性增加。特别是在 2008 年金融危机发生后，CER 价格大幅下跌，但随后又不断攀升。为了规避未来价格上涨的风险，CER 卖方开始增持 CER 看涨期权，使得 CER 看涨期权的占比不断提高。与此同时，EUA 看涨期权的购买比例虽然有所下滑，但从历史数据来看，其购买比例始终超过看跌期权。

相较于国外市场的蓬勃发展，中国碳期权市场尚处于起步阶段。截至 2023 年，仅有北京碳市场和深圳碳市场披露了两例碳期权业务，且业务量相对较小。以北京市场为例，仅开展了一例交易量为 2 万吨的碳期权交易。这一数据表明，中国碳期权市场还有

---

① 世界银行．世界碳市场发展状况与趋势分析（2010 年）［M］．北京：石油工业出版社，2011.

② 唐葆君，王璐璐．碳金融学［M］．北京：中国人民大学出版社，2023.

巨大的发展空间和潜力需要挖掘。2016 年 6 月 16 日，深圳招银国金投资有限公司、北京京能源创碳资产管理有限公司、北京绿色交易所（时北京环境交易所）正式签署了国内首笔碳配额场外期权合约，交易量为 2 万吨。2016 年 7 月 11 日，北京绿色交易所发布了《碳排放场外期权交易合同（参考模板）》，场外碳期权成为北京碳市场的重要碳中和金融行生工具。其中，北京碳期权参考合约要素如表 3－7 所示。

表 3－7　　北京碳期权参考合约要素

合约要素	具体情况
标的资产	期权买方行权从卖方手中买入或者卖出的标的物，北京碳市场为北京碳配额 BEA
有效期/到期日	有效期指持有期权合约至期权到期日的期限。到期日为买方可行权的最后期限
执行价格	行权价格或者履约价格
保证金	买方未行使期权而支付给买方的费用，买方汇入交易所指定账户，合同到期后由交易所转至卖方账户
行权方向	买入或卖出看涨/跌期权
服务费	买卖双方需要分别向交易所支付服务费

资料来源：北京绿色交易所，平安证券研究所。

综上所述，国外碳期权交易市场的发展经验为中国提供了有益的借鉴。中国应加快碳期权市场的建设和发展，丰富交易品种、完善交易机制、提高市场流动性，以满足不同市场参与者的需求。同时，还应加强市场监管和风险控制，确保市场的健康稳定发展。通过不断学习和借鉴国外先进经验和技术，中国碳期权市场有望在未来实现跨越式发展，为全球碳中和金融市场的繁荣作出贡献。

（四）碳掉期交易的发展趋势

碳掉期交易，作为碳金融市场中的又一重要组成部分，不仅连接了不同区域、不同类型的碳减排实践，更为国际间合作减缓气候变化提供了有力支撑。在欧盟碳市场上，EUA（排放配额）与 CER（核证减排量）的碳互换工具便是这一交易模式的典型代表。当某国无法通过自身减排能力达到减排目标时，它可以通过投资清洁能源项目获取 CER，并通过 EUA 与 CER 的对应比例互换协议，实现减排目标的灵活调整。这种碳互换机制不仅促进了碳减排资源的优化配置，还加强了国际间在气候变化领域的合作与交流。

相较于欧盟碳市场的成熟实践，中国碳掉期交易的发展尚处于初级阶段，但已展现出一定的探索精神和创新活力。2015 年，中国碳掉期交易迈出了重要的一步。在 6 月 15 日，中信证券与京能源创碳以场外非标准化书面合同的形式，成功开展了 1 万吨的场外掉期合约，并发布了《碳排放权场外掉期交易合同》。这一合约的达成，标志着中国碳掉期交易市场的初步形成，也为后续的交易提供了可借鉴的范例。在6月9日，壳牌能源（中国）有限公司与华能国际电力股份有限公司广东分公司又携手完成了全国首单碳掉期（互换）交易。在这笔交易中，华能国际出让了一部分配额给壳牌，以交换对方的核证减排量等碳资产。这一交易不仅展示了中国企业在碳金融市场上的活跃度和创新精神，也为中国碳掉期交易市场的进一步发展奠定了坚实基础。2016年，北京碳市场发布场外碳掉期合约参考模板，场外碳掉期成为北京碳市场的重要碳中和金融创新工具之一。在此次北京碳配额掉期运行中，控排企业之间以浮动或固定的价格进行交易，控排企业各自需要缴纳保证金以与北京绿色交易所之间进行保证金监管，同时控排企业之间的交易结算差价也需缴纳至北京绿色交易所（见表3-8）。

表3-8　北京碳配额掉期参考合约要素

合约要素	具体情况
标的资产	双方互换的标的物，北京碳市场为北京碳配额
即期/远期交易	双方约定购买及回购时间
初始保证金	双方在合同生效后向北京绿色交易所缴纳一次性保证金
维持保证金	双方在最终结算日前用于弥补因碳配额价格变化而产生的浮亏，由北京绿色交易所监督并在维持保证金低于浮亏时强制平仓
最终结算	北京绿色交易所进行最终结算并划转盈亏
服务费	双方需要分别向北京绿色交易所缴纳服务费

资料来源：北京绿色交易所，平安证券研究所。

然而，相较于碳远期产品，碳掉期在中国的业务实践仍然较少，且缺乏相关的业务规则。中国的碳掉期交易仍处于零星发生、个别交易的状态，尚未形成规模化、常态化的市场格局。这一现状无疑限制了中国碳掉期交易市场的进一步发展，也影响了其在碳金融市场中的功能和作用的发挥。

因此，中国应加快碳掉期交易市场的建设和发展步伐。一方面，需要完善相关的业务规则和监管机制，为碳掉期交易提供清晰、明确的法律环境和市场规范；另一方面，也需要加强市场参与者的培育和引导，提高他们对碳掉期交易的认识和参与度，推动市场形成规模化、常态化的交易格局。只有这样，中国碳掉期交易市场才能在全球碳金融市场中占据一席之地，为中国的碳减排事业和全球气候变化应对作出更大贡献。

三、碳中和金融融资工具的发展趋势

（一）碳债券交易的发展趋势

碳债券，作为绿色金融工具的重要组成部分，自2008年世界银行推出首只与CER

相关联的绿色债券以来，便开启了其在全球范围内的破冰之旅。这一创新性的金融工具不仅为机构投资者提供了新的投资渠道，更为低碳减排事业注入了新的活力。

欧盟作为绿色债券的先行者，其大部分已发行的绿色债券或资金都紧密围绕低碳减排用途，或与绿色资产紧密相连，欧洲市场近期发行的主要绿色债券均体现了这一特点。表 3 – 9 展示了欧洲市场几家知名机构发行的绿色债券情况。从荷兰银行到法国兴业银行，再到挪威太阳能公司和 ING 荷兰国际集团，这些债券的发行不仅规模可观，而且利率相对较低，资金用途明确指向可再生能源、高能效民居建设、公共交通等绿色领域。这些数据充分说明了欧洲市场对绿色债券的认可和支持，也体现了其在推动低碳经济发展方面的积极作用。

表 3 – 9　　欧洲市场近期发行的主要绿色债券

发行单位	时间	规模	期限	利率	目的
荷兰银行	2016 年	5 亿欧元	6 年	0.625%	新建高能效民居及太阳能电池板贷款，民居能耗改善措施、持续商业建筑
法国兴业银行	2015 年	5 亿欧元	5 年	0.75%	可再生能源和公共交通项目和常规公司用途
挪威太阳能公司	2015 年	5 亿克朗	3 年	7.66%	常规公司用途
ING 荷兰国际集团	2015 年	5 亿欧元	5 年	0.75%	可再生能源项目和绿色建筑项目

资料来源：Climate Bonds Initiative，2016。

然而，相较于欧洲市场的蓬勃发展，中国碳债券市场的发展则显得相对滞后。从全国 8 个试点碳市场的经验来看，仅有深圳碳市场在 2014 年由中广核风电有限公司成功发行了一只为期 5 年的碳债券。这支债券不仅是中国首只碳债券，也是在全国碳市场成立前唯一一只成功发行的碳债券。这一现状无疑揭示了中国碳债券市场在起步阶段的艰难与探索。

尽管随后湖北碳市场和福建碳市场也传出了推出相关产品的新闻，但遗憾的是，这两个市场中并未有实际的碳债券发行。湖北碳市场的碳债券产品仅停留在意向合作协议的层面，而福建碳市场虽然发行了绿色中期票据，但其并未涉及任何的碳信用收入，也未将碳信用收入与减排效果与利率水平挂钩，因此并不能真正称之为碳债券。然而，值得庆幸的是，随着全国碳市场的成立和碳金融标准的出台，中国碳债券市场迎来了新的发展机遇。2022 年 8 月 4 日，安徽省能源集团公司成功发行了“碳资产”标识的超短期融资债券。这只债券不仅采用了“固定利率 + 浮动利率”的创新方式，更将其浮动利率与项目所产生的碳减排量在全国碳市场上的配额收益率直接挂钩。这一创新举措不仅体现了中国碳债券市场的进步与成熟，更为未来碳债券的发行提供了有益的借鉴和参考。

综上所述，碳债券作为绿色金融工具的重要组成部分，在全球范围内得到了广泛的认可和支持。然而，中国碳债券市场的发展仍然面临诸多挑战和机遇。未来，中国应进一步加强碳债券市场的建设和发展，完善相关政策和法规，提高市场参与度和活跃度。同时，也应积极借鉴国际先进经验和技术，推动中国碳债券市场走向更加成熟和稳健的发展道路。

（二）碳资产抵质押融资的发展趋势

碳资产抵质押融资，作为绿色金融领域的一项创新举措，正逐渐成为全球范围内企业获取融资的新途径。这一融资方式的发展程度在全球范围内呈现不一而足的景象，其中，一些发达国家凭借其完善的碳排放权交易体系和丰富的金融市场经验，走在了碳资产抵质押融资的前列。欧盟便是其中的佼佼者，其建立的碳排放权交易体系为碳资产抵质押融资提供了坚实的制度基础，而金融机构和企业的积极参与则进一步推动了这一融资方式的创新与发展。

在英国，作为欧洲碳交易市场的核心国家之一，碳资产抵质押融资的实践已经相当成熟。英国的金融机构不仅提供了多样化的碳资产抵质押融资产品，还通过不断优化服务，满足了企业日益增长的融资需求。这种融资方式不仅降低了企业的融资成本，还提高了其碳资产的管理效率，实现了经济效益与环境效益的双赢。

相较于发达国家，中国的碳资产抵质押融资业务虽然起步较晚，但随着全国碳市场的逐步建设和完善，也呈现蓬勃发展的态势。自 2013 年以来，中国的碳资产抵质押融资业务经历了从试点探索到全国深化发展的两个阶段。

在试点探索阶段（2013 年至 2021 年 6 月），中国通过七个试点地区的碳交易所，初步建立了碳排放权的核发和流动交易机制。这一时期，碳资产抵质押融资业务主要以地方碳配额为主，CCER（中国核证减排量）虽然有所参与，但整体规模偏小。其中，湖北宜化集团与兴业银行武汉分行达成的 4000 万元质押贷款，作为国内第一例碳资产质押融资案例，具有里程碑式的意义。

进入全国深化发展阶段（2021 年 7 月至今），随着全国碳排放权交易的正式启动，碳资产的市场价值更加明晰和稳定，具备了作为抵质押物发挥担保增信功能的资质。这一阶段，碳资产抵质押融资业务得到了地方政府、金融机构的高度重视和广泛参与。特别是中国人民银行济南分行联合山东省相关部门发布的《关于支持开展碳排放权质押贷款的意见》，更是在全国率先推动了碳排放权抵质押贷款的规范和标准建立，为碳资产抵质押融资业务的深入发展提供了有力的政策支撑。在这一阶段，碳资产抵质押作为碳中和金融的主要落地产品，不仅得到了政策层面的大力支持，还受到了市场的热烈追捧。在多重政策利好和双碳目标预期推动下，越来越多的企业开始尝试通过碳资产抵质押融资来获取资金支持，而金融机构也积极响应，不断创新产品和服务，以满足企业的融资需求。

综上所述，碳资产抵质押融资作为一种创新的绿色金融方式，在全球范围内得到了广泛的关注和实践。在中国，随着全国碳市场的不断完善和碳金融产品的不断创新，碳资产抵质押融资业务将迎来更加广阔的发展前景。未来，中国应进一步加强政策引导和市场建设，推动碳资产抵质押融资业务向更加规范化、标准化、市场化的方向发展。

（三）碳资产回购的发展趋势

碳资产回购，作为碳金融市场中的一项重要机制，不仅为企业提供了短期的资金融通渠道，还成为企业风险管理的重要工具。在全球最大的碳交易市场之一——欧盟碳市场（EU ETS）中，碳资产回购机制已经相当成熟，为控排企业如大型能源企业、工业制造商等提供了灵活的融资方式。这些企业能够在面临短期资金压力时，通过出售其持有的碳排放配额给金融机构或投资者，迅速获得所需资金。随后，在约定的期限内，企业再以约定的价格回购这些配额，既解决了资金问题，又保持了碳排放配额的持有权，实现了资金与碳资产的双重管理。

相较于欧盟碳市场的成熟体系，中国的碳资产回购市场正处于不断发展和完善之中。然而，这并不意味着中国的碳资产回购实践缺乏亮点或成效。实际上，中国在碳资产回购方面已经取得了显著的进展，并逐渐显现出其在企业融资和绿色发展中的重要作用。早在 2015 年，中信证券股份有限公司与北京华远意通热力科技股份有限公司就成功完成了国内首单碳排放配额回购交易，融资总规模达 1330 万元。这一交易不仅标志着中国碳资产回购市场的初步形成，也为企业利用碳资产进行融资提供了新的思路。

随后，在 2023 年 6 月，中信证券股份有限公司再次创新，与深圳拓邦股份有限公司签约了全国首笔组合式碳资产回购交易。这笔交易在深圳市生态环境局和碳排放交易所的指导下达成，以碳排放配额和国家核证自愿减排量为资产标的，通过组合式回购交易，为企业提供了数百万元的资金支持。这笔资金被用于提升深圳拓邦股份有限公司生产线的智能制造能力，降低制造环节的碳排放，从而助力实体企业实现绿色低碳的转型升级。更为引人注目的是，2024 年 4 月，中信证券股份有限公司联合招商银行武汉分行，与华新水泥股份有限公司完成了湖北试点碳市场碳配额回购交易业务，融资规模超过 1 亿元。这是全国试点碳市场成立以来单笔融资规模最大的碳配额回购融资业务，不仅进一步盘活了企业的碳资产，还为企业获取了降碳资金，加快了绿色减排和转型升级的步伐。

尽管中国碳资产回购市场取得了上述显著成效，但与欧盟碳市场相比，仍在市场规则和机制等方面存在不完善之处，市场成熟度有待提高。国家虽然已经在碳资产交易方面制定了一系列政策和法规，但针对碳资产回购的具体法律法规体系仍需要进一步完善。此外，国内企业对于碳资产回购的认知度也普遍不高，许多企业尚未充分认识到碳资产回购在资金融通和风险管理中的重要作用。

因此，未来中国应进一步加强碳资产回购市场的建设和完善，包括制定更加具体的法律法规、提高市场透明度、加强市场监管等。同时，还应加大对企业碳资产回购的宣传和培训力度，提高企业的认知度和参与度。只有这样，才能充分发挥碳资产回购在企业融资和绿色发展中的重要作用，推动中国碳金融市场的健康、持续发展。

（四）碳资产托管的发展趋势

碳资产托管，作为碳金融市场中的一项重要服务，在中国逐渐崭露头角，并呈现独特的发展轨迹。自 2014 年中国碳市场试点业务运行以来，各类碳资产业务便在各试点地区如雨后春笋般涌现，为碳市场的活跃和发展注入了新的动力。

在这一背景下，碳资产托管业务逐渐成为中国碳金融市场的重要组成部分。以 2014 年为例，这一年不仅见证了国内第一单碳债券的发行，还出现了首单碳资产托管业务，标志着中国碳资产托管市场的初步形成。2014 年 5 月 8 日，中广核风电有限公司在银行间交易商市场成功发行了国内首单碳债券，发行金额为 10 亿元，发行期限为 5 年。该债券由国家开发银行与上海浦东发展银行担任主承销商。此碳债券在设计上与碳减排收益紧密挂钩，别具匠心地采用了“固定利率 + 浮动利率”的创新模式。2014 年 9 月 9 日，兴业银行武汉分行与湖北宜化集团有限责任公司签署碳排放权质押贷款协议，湖北宜化集团以 210.9 万吨碳排放配额作为质押担保，获得兴业银行 4000 万元贷款，该笔业务单纯以国内碳排放权配额作为质押担保，无其他抵押担保条件，成为国内首笔碳配额质押贷款业务，相关信息可参考兴业银行官方网站报道链接。此外，2014 年 12 月，湖北兴发化工集团股份有限公司与武汉钢实中新碳资源管理有限公司和武汉中新绿碳投资管理有限公司签订全国首个碳资产托管协议，托管 100 万吨碳排放权，推动了碳资产托管业务的发展。

然而，尽管中国碳资产托管业务已经取得了初步成效，但其发展速度仍然相对缓慢。这主要是由于碳资产托管业务面临着多方面的风险，如市场风险、信用风险、操作风险等，这些风险的存在影响了碳资产托管业务的顺利进行。因此，如何合理规避与应对这些风险，成为推动碳资产托管业务发展的关键。

四、碳中和金融支持工具的发展趋势

（一）碳指数交易的发展趋势

在全球气候变化与绿色低碳转型的大背景下，碳中和金融支持工具成为推动经济可持续发展、实现碳中和目标的关键力量。其中，碳指数交易作为连接金融市场与碳减排活动的重要桥梁，其发展现状尤为引人注目。碳指数，作为反映碳市场供求状况和价格信息的重要指标，为投资者提供了洞悉市场动态、制定投资策略的重要依据。在国际层面，欧盟碳市场已发展出多个成熟的碳指数，如巴克莱资本全球碳指数（BC GGI）、瑞银温室气体指数（UBS GHI）等，这些指数不仅丰富了碳金融市场的投资工具，也促进了全球碳市场的互联互通与价格发现。

在中国，碳指数的实践同样取得了显著进展。表3－10详细列出了中国市场上的碳指数实践情况，从中可以看出，中国碳指数的发展经历了从无到有、从单一到多元的过程。其中，中碳指数作为中国早期碳指数的代表，基于试点碳市场构建，虽然在一定程度上反映了碳市场的价格动态，但由于其覆盖范围有限，难以全面反映全国碳市场的真实状况，对于企业分析全国碳市场价格的参考价值有限。

表3－10　中国市场上的碳指数实践

碳指数名称	开发机构	推出时间	指数基础
中碳指数	北京绿色金融协会	2014年1月	北京、天津、上海、广东、湖北和深圳碳市场
中国碳市场信心指数—2016	中央财经大学	2016年7月	投资者对全国碳市场的预期
中国碳市场100指数	广州碳排放权交易所	2017年6月	全国碳市场纳管企业中的上市公司股价
复旦碳价指数	复旦大学	2021年11月	全国碳排放配额价格指数；核证自愿减排量价格指数
碳价格指数	上海证券交易所	2022年7月	全国碳市场

值得注意的是，复旦大学碳价指数的推出，为中国碳市场纳管企业提供了一个更为合理、全面的碳价格参考。该指数不仅包含了全国碳排放配额价格指数，还细分为基于核证自愿减排量的价格指数，如全国、北京、上海、广州等四类CCER指数。这种分类设计不仅提高了指数的精准度，也增强了其实用性。特别是全国碳排放配额价格指数的月度预期价格发布，为能源企业短期配额交易决策提供了有力支持，同时也为碳中和金融产品如碳债券、碳基金等的设计与交易提供了重要的价格参考。

此外，中国碳市场100指数虽然并非完全意义上的碳指数，而是反映了监管企业在资本市场上的股价表现，但其设立也体现了中国碳市场与资本市场的初步融合，为未来碳金融市场的深化发展奠定了基础。而中国碳市场信心指数的推出，则进一步丰富了碳金融市场的信息维度，为投资者提供了判断碳市场未来走势的重要参考。

综上所述，碳指数交易作为碳中和金融支持工具的重要组成部分，在中国已展现出蓬勃的发展势头。随着碳市场的不断完善和碳金融产品的不断创新，碳指数将在推动中国绿色低碳转型、实现碳中和目标中发挥更加重要的作用。未来，中国应继续加强碳指数的研发与应用，推动碳指数与碳金融市场的深度融合，为构建绿色低碳循环发展的经济体系提供有力支撑。

（二）碳保险交易的发展趋势

在碳中和金融支持工具的多元化发展中，碳保险交易作为风险管理和金融创新的重要一环，正逐渐崭露头角。这一领域的探索不仅为碳市场的参与者提供了有效的风险转移机制，也进一步丰富了碳金融产品的种类，为绿色低碳转型提供了更为坚实的保障。

在国际上，苏黎世保险公司（Zurich）推出的 CDM 项目保险业务堪称碳保险交易的典范。该业务通过为清洁发展机制（CDM）项目中的碳排放权（CER）买卖双方提供全面的保险保障，有效降低了交易过程中的不确定性风险。无论是买方因未能获得约定数量的 CER 而遭受的损失，还是卖方因项目收益不达预期而面临的困境，Zurich 都能提供及时的赔偿，从而增强了市场参与者的信心，促进了碳交易的活跃进行。

在中国，碳保险交易的发展虽然起步较晚，但却呈现蓬勃发展的态势。特别是在全国碳市场正式上线后，碳资产保险的创新与发布变得尤为密集。湖北交易所作为中国碳保险实践的先行者，虽然早期尝试后并未得到广泛推广，但其在碳保险领域的探索却为后续的发展奠定了坚实的基础。随后，上海、广州、四川等地纷纷跟进，碳保险的实践逐渐丰富起来。其中，四川碳市场的表现尤为突出。在这里，碳保险产品不仅种类繁多，而且覆盖面广，从 CCER 到碳配额的各种碳资产相关损失均被纳入保险范畴。值得一提的是，四川还创新性地推出了与碳金融产品紧密相关的“碳质押贷款保证保险”，为能源企业等碳市场参与者提供了更为灵活的融资选择。

对于能源企业而言，四川联合环境交易所的“绿蓉融”平台上的两款碳保险产品尤为值得关注。太平洋财险推出的“低碳项目机器损坏碳交易损失保险”能够针对碳减排设备意外损坏导致的碳排放配额损失提供赔偿，这对于已纳入全国碳市场配额交易的能源企业，特别是发电企业来说，无疑是“雪中送炭”。它不仅能够降低企业因设备故障而面临的碳排放风险，还能激励企业更加积极地投入低碳技术的研发与应用。另外，“碳质押贷款保证保险”则为能源企业在进行碳配额抵质押贷款时提供了额外的保障。通过利用履约保证保险，企业可以提高配额的抵质押率，从而获得更多的资金支持。这对于缓解企业资金压力、推动绿色低碳项目的实施具有重要意义。

综上所述，碳保险交易作为碳中和金融支持工具的重要组成部分，在中国正展现出强劲的发展势头。随着碳市场的不断完善和碳金融产品的不断创新，碳保险交易将在推动绿色低碳转型、实现碳中和目标中发挥更加积极的作用。未来，中国应继续加强碳保险产品的研发与推广，推动碳保险与碳市场的深度融合，为构建绿色低碳循环发展的经济体系提供更加全面、有效的风险保障。

（三）碳基金交易的发展趋势

自2000年世界银行创新性地设立首只碳基金以来，碳基金作为推动全球碳减排和应对气候变化的重要金融工具，在欧洲地区实现了迅猛发展。以德国复兴信贷银行碳基金、意大利碳基金、丹麦碳基金等为代表的一系列欧洲碳基金相继成立，不仅规模庞大，而且在促进低碳技术转移、支持减排项目方面发挥了显著作用。例如，世界银行欧洲碳基金（CFE）自2007年成立以来，便以5000万欧元的规模，助力欧洲国家履行《京都议定书》和欧盟《排放额交易计划》的减排承诺。荷兰欧洲碳基金（NECF）更是在乌克兰、俄罗斯和波兰等地实施了多项减排项目，展现了碳基金在跨国合作中的巨大潜力。

表3－11清晰地展示了欧洲主要碳基金的设立时间、规模、发起与管理机构以及设立目的，这些数据不仅揭示了欧洲碳基金的多样性和广泛性，也反映了欧洲在推动碳金融市场发展方面的前瞻性和决心。

表3－11　　欧洲主要碳基金

碳基金	成立时间	规模	发起与管理	目的
世界银行欧洲碳基金（CFE）	2007年	5000万欧元	由爱尔兰、卢森堡、葡萄牙三国与比利时佛兰芒区及挪威家公司出资设立，由世界银行和欧洲投资银行管理	帮助欧洲国家履行《京都议定书》和欧盟《排放额交易计划》的承诺
荷兰欧洲碳基金（NECF）	2004年	18000万美元	由世界银行和国际货币基金组织发起，由世界银行管理	主要在乌克兰、俄罗斯和波兰共同实施的减排项目
意大利碳基金（ICF）	2004年	8000万美元	由世界银行和意大利政府发起，由世界银行管理	支持有成本效益的减排项目和清洁技术转让，例如水电和垃圾管理
丹麦碳基金（DCF）	2005年	7000万美元	由丹麦政府和私人部门发起，由世界银行管理	支持风能、热电联产、水电、生物质能源、垃圾掩埋等项目

续表

碳基金	成立时间	规模	发起与管理	目的
西班牙碳基金（SCF）	2005 年	17000 万欧元	由西班牙政府发起，由世界银行管理	支持东亚—太平洋及拉美—加勒比地区的 HFC－23、垃圾管理、风电、水电、运输等项目
德国碳基金	2005 年	6000 万欧元	德国复兴银行与德国政府共同出资	为德国和欧洲有意购买交易证书企业提供的服务工具

资料来源：Climate Bonds Initiative，2016。

相较于欧洲，中国的碳基金发展虽然起步较晚，但也取得了显著进展。特别是在北京、上海、湖北、深圳和福建等试点碳市场上，碳基金的实践尤为活跃。如表 3－12 所示，这些碳基金不仅涉及华能集团、国家电投等大型能源企业，还吸引了诺安基金、海通新能源股权投资管理有限公司等多家金融机构的参与，显示出中国在碳基金领域的多元化和市场化趋势。

表 3－12　　中国碳基金的实践

基金名称	成立时间	成立机构	规模	投资标的
“碳排放权专项资产管理计划”基金	2014 年 11 月	华能集团，诺安基金	3000 万元	碳配额和 CCER
海通宝碳基金	2014 年 12 月	海通新能源股权投资管理有限公司，上海宝碳新能源环保科技有限公司	2 亿元	全国范围的 CCER
嘉碳开元基金	2015 年 3 月	深圳嘉碳资本管理有限公司	5000 万元	国内一级、二级碳市场，新能源及环保领域中 CCER 项目
碳信托基金	2015 年 4 月	湖北碳排放权交易中心，招银国金投资有限公司	一期：5000 万元 二期：6000 万元	中国试点地区的配额一级、二级市场，以及中国自愿减排量的一级、二级市场，投资范围是在中国碳交易试点市场进行配额和国家核证资源减排量之间的价差进行交易盈利
北京环交所——中美绿色低碳基金	2017 年 11 月	北京环境交易所（现更名为“北京绿色交易所”）、中美绿色低碳基金	100 亿元	国内外低碳节能环保领域的优质项目，协助各绿色发展基金实现碳资产的量化、收集和商业化

续表

基金名称	成立时间	成立机构	规模	投资标的
武汉碳达峰基金	2021 年 7 月	武汉市人民政府，武昌区人民政府，湖北两山绿色产业投资基金管理有限公司等金融机构	100 亿元	优选“碳达峰碳中和”行动范畴内的优质企业、细分行业龙头开展投资：基金重点关注绿色低碳先进技术产业化项目，以成熟期投资为主
武汉碳中和基金	2021 年 7 月	武汉知识产权交易所，国家电力投资集团有限公司，盛隆电气集团，正邦集团等单位	100 亿元	
永安碳汇专项基金	2022 年 1 月	中国绿色碳汇基金会	1000 万元	积累碳汇为目的的植树造林、森林经营和保护等林业碳汇建设

数据来源：湖北碳排放权交易中心、上海环境能源交易所、深圳排放权交易所、湖北碳排放权交易中心、北京环境交易所、湖北排放权交易中心、福建省碳市场综合服务平台。

值得注意的是，中国碳基金的投资内容主要集中在核证自愿减排产生的碳信用（CCER）上。这主要是因为 CCER 具有更广泛的交易市场选择性，可以在不同的试点碳市场上进行流通，而配额则受限于各自的配额市场。此外，部分碳基金并非直接投资于碳资产，而是通过投资低碳企业，支持其碳资产开发，从而实现碳资产的量化收益。① 这种投资模式不仅丰富了碳基金的投资方式，也促进了低碳技术的推广和应用。

能源企业在碳基金设立方面的积极作用不容忽视。作为拥有大量碳资产基础的企业，华能集团和国家电投等能源企业通过与金融机构合作，成立了自己的碳基金。这些企业在碳资产管理上拥有丰富的实践经验，能够为碳基金投资提供宝贵的参考和借鉴。同时，能源企业通过碳基金对碳市场的投资，也进一步促进了碳市场的活跃和发展，为构建更加完善的碳金融体系奠定了坚实基础。

综上所述，碳基金作为推动全球碳减排和应对气候变化的重要力量，在欧洲和中国均取得了显著成效。未来，随着全球对气候变化问题的日益重视和碳金融市场的不断完善，碳基金有望发挥更加重要的作用，为构建绿色低碳、可持续发展的世界经济体系贡献力量。

---

① 文建东，陈明留．中国企业 OFDI 对投资母国碳减排质量的影响研究——基于技术创新效应的检验［J］．江汉论坛，2023（04）：27－35.

五、碳中和金融产品发展面临的主要挑战

（一）市场成熟度不足

中国碳交易市场虽已初步形成规模，但与欧美发达国家相比，其成熟度仍显不足，主要存在以下挑战：

1. 市场规模有限

中国碳市场的规模相较于欧盟等发达市场仍有较大差距。以 2023 年的数据为例，中国碳市场自建立以来的碳排放配额累计成交量为 4.42 亿吨，累计成交额为 249.19 亿元；[①] 而欧盟碳市场仅 2023 年内的成交量便达约 75.39 亿吨，成交额高达 6248.8 亿欧元。[②] 这种市场规模的差距不仅限制了碳金融产品的多样性和复杂性，也影响了市场的活跃度和吸引力。

2. 流动性不足

流动性不足是中国碳市场面临的另一个突出问题。由于市场参与主体偏少、碳金融产品种类有限以及交易机制不完善，碳金融产品难以有效定价和交易。特别是市场参与主体和交易品种的单一性，导致交易行为趋同，市场活跃度低，经常出现交易量分布不均、价格大起大落的现象。

3. 市场分割现象明显

中国碳市场存在一定程度的市场分割现象，包括区域分割、行业分割和市场类型分割。不同区域、不同行业之间的碳交易市场相互独立，缺乏统一的市场标准和监管规则，导致碳资产流动受限，难以实现资源的有效配置和减排成本的均衡。

4. 风险对冲手段有限

与欧盟碳市场相比，中国碳市场的风险对冲手段相对有限。虽然北京、上海、深圳等地的地方试点交易所已推出碳远期、碳期权等衍生品，但全国碳市场尚未开展相关交易活动。同时，由于全国碳市场尚未引入金融机构等机构投资者，套期保值、投资等需求难以得到满足，风险对冲能力有待提升。如表 3－13 所示，中国碳市场与欧盟 EU—ETS 在碳中和金融衍生品纳入情况上存在明显差距，这进一步体现了中国碳市场在风险

---

① 中华人民共和国生态环境部．全国碳市场发展报告（2024）[R/OL].（2024－07－22）. https://big5.mee.gov.cn/gate/big5/www.mee.gov.cn/ywdt/xwfb/202407/W020240722528848347594.pdf.

② ESMA. Carbon markets report 2024 [EB/OL].（2024－09－09）. https://www.esma.europa.eu/sites/default/files/2024－10/ESMA50－43599798－10379_Carbon_markets_report_2024.pdf.

对冲手段方面的不足。

表 3-13　全国与地方碳市场及欧洲 EU ETS 碳中和金融衍生品纳入情况

	碳远期	碳期货	碳期权	碳掉期	碳置换	碳借贷
全国碳市场	暂未纳入碳中和金融衍生品					
北京			√	√		
上海	√					√
天津	暂未纳入碳中和金融衍生品					
深圳			√			
广东			√	√		
重庆	暂未纳入碳中和金融衍生品					
湖北	√					
EU—ETS	√	√	√	√	√	

（二）政策环境待完善

政策环境的完善是碳金融市场健康发展的重要保障。然而，中国碳金融领域的法律法规建设尚处于起步阶段，政策支持不足，监管体系不完善，这些问题制约了碳金融产品的创新和发展。

1. 法律法规不健全

中国碳金融领域的法律法规体系尚不完善，导致碳金融产品的法律地位不明确，交易过程中可能面临法律风险和合规性问题。例如，全国碳市场尚未明确碳排放配额总量控制目标及相应的动态调控机制，这影响了市场预期的稳定性，也制约了商业银行等金融机构的参与热情。

2. 政策支持不足

尽管中国政府高度重视绿色金融和低碳经济的发展，并出台了一系列相关政策措施，但在碳金融产品方面，直接的政策支持仍然不足。政策激励机制不够健全，难以充分调动市场参与者的积极性和创造性。同时，政策执行力度和效果也有待加强，部分政策在执行过程中存在落实不到位、效果不显著等问题。

3. 监管体系不完善

中国碳金融市场的监管体系尚不完善，存在监管规则不明确、统计制度不健全、信息披露要求不严格等问题。这导致碳金融产品的交易过程中存在较大的不确定性和风险，影响了市场的稳定性和透明度。同时，监管部门之间的协调配合也有待加强，以形成监管合力，共同维护市场秩序。例如，缺乏统一的碳排放核算体系，商业银行难以准确获取企业碳排放、碳减排数据，影响了碳金融产品的风险评估和定价能力。

（三）技术创新滞后

技术创新是碳金融产品发展的核心驱动力。然而，中国在碳金融产品相关的技术创新方面还存在较大差距，技术储备不足、专业人才缺乏、数据基础薄弱等问题制约了碳金融产品的创新和发展。

1. 技术储备不足

中国在碳排放监测、计量、报告、核查（MRV）技术、碳交易平台的构建与运维技术以及碳金融产品设计与风险评估技术等方面尚存在技术储备不足的问题。这限制了碳金融产品的创新能力和市场竞争力。例如，区块链、人工智能等先进技术在碳金融产品中的应用尚处于起步阶段，难以形成有效的技术支撑。

2. 专业人才缺乏

碳金融领域需要具备金融、环境、法律等多方面知识的专业人才。然而，中国碳金融领域的人才储备不足，难以满足市场发展的需求。这限制了碳金融产品的创新和发展潜力。同时，人才培养体系的不完善也制约了专业人才的供给。

3. 数据基础薄弱

碳金融产品的设计和交易需要大量的碳排放数据和环境信息作为支撑。然而，中国碳排放数据和环境信息的收集、整理和分析能力相对薄弱，难以形成有效的数据基础。这限制了碳金融产品的精准定价和风险管理能力，也影响了碳金融市场的健康发展。

第三节　推动碳中和金融产品发展的路径

为了推动碳中和金融产品的发展，需要从多个视角出发，制定切实可行的路径。以下从政策环境、市场机制、技术创新、国际合作与竞争等几个方面进行详细阐述。

一、政策环境优化路径

（一）完善法律法规体系

1. 明确法律地位

加快制定专门针对碳金融产品的法律法规，明确碳金融产品在金融市场中的合法地位，为其发展提供明确的法律依据；同时，对碳金融产品的定义、分类、交易方式等进行详细规定，确保市场参与者能够准确理解和操作。

2. 规范交易行为

建立统一的碳金融产品交易规则和标准，包括交易流程、定价机制、结算方式等；规范市场参与者的交易行为，防止欺诈、操纵市场等不正当行为的发生；加强对碳金融产品交易合同的管理，明确各方的权利和义务，降低法律风险。

3. 强化监管机制

设立专门的碳金融市场监管机构，负责对碳金融产品的监管；建立健全监管制度，加强对碳金融产品发行、交易、托管等环节的监管；加强对碳金融市场风险的监测和预警，及时发现和处置风险，保障市场的稳定和健康发展。

（二）加强政策支持

1. 制定激励政策

出台税收优惠政策，对从事碳金融产品交易的企业和金融机构给予税收减免或优惠；设立财政补贴专项资金，对碳金融产品创新、市场拓展等方面给予补贴支持；鼓励地方政府出台配套政策，共同推动碳金融市场的发展。

2. 优化融资环境

引导金融机构加大对碳金融产品的融资支持力度，创新融资方式，为碳金融产品提供便捷的融资渠道；降低碳金融产品的融资成本，通过贴息、担保等方式，降低企业的融资门槛和成本；建立碳金融产品融资担保机制，为企业提供融资担保服务，提高企业的融资能力。

3. 推动政策落实

加强政策宣传和解读，提高市场参与者对政策的认知度和理解度；建立政策执行监督机制，对政策执行情况进行跟踪和评估，确保各项政策措施能够得到有效落实；加强部门间的协调配合，形成政策合力，共同推动碳金融产品的发展。

（三）推进监管体系与标准制定

为确保碳中和金融产品的健康有序发展，监管体系的完善与标准的统一制定至关重要。

1. 完善监管体系

首先，需要明确监管职责和标准，构建一个全面覆盖、高效协同的监管框架。这包括强化中央和地方监管协同，确保所有金融活动依法纳入监管，以及加强监管责任和问责制度。其次，应加强金融机构和企业的监督指导，防范市场风险，保护投资者利益。最后，建立跨部门协调机制，确保政策的有效执行和落地，形成监管合力，提升监管效能。

2. 制定统一标准

统一的碳足迹核算方法和信息披露要求是碳金融市场规范化运作的基础；应研究制定碳中和金融产品的统一标准体系，包括碳足迹核算方法、信息披露要求、风险评估模型等，确保碳金融产品从设计到交易的各个环节都有明确的标准可依。这些标准应与国际接轨，提高碳中和金融产品的国际竞争力，并加强对第三方机构的资质管理和监督，确保碳足迹核算结果的准确性和公信力。

二、市场机制完善路径

（一）扩大市场规模

1. 增加市场参与主体

鼓励更多的企业，特别是高耗能、高排放企业参与碳金融市场，通过碳金融产品交易降低碳排放成本，实现可持续发展；吸引金融机构、投资机构等多元化市场主体参与碳金融市场，丰富市场参与主体类型，提高市场活跃度；推动国际市场主体参与国内碳金融市场，促进国内外市场的互联互通。

2. 丰富交易品种

加快开发碳期货、碳期权等碳金融衍生品，为市场参与者提供更多的风险管理工具和投资选择；推出碳债券、碳资产支持证券等创新型碳金融产品，拓宽企业融资渠道；探索开展碳配额回购、碳配额托管等业务，提高碳资产的流动性。

3. 拓展交易范围

逐步将碳金融市场从试点地区扩展到全国范围，实现碳金融市场的全覆盖；推动碳金融市场向更多行业拓展，包括农业、服务业等，实现碳资产的跨行业配置；加强与国际碳金融市场的合作，探索开展跨境碳金融产品交易，提高中国碳金融市场的国际化水平。

（二）提高市场流动性

1. 优化交易机制

简化碳金融产品交易流程，提高交易效率。建立健全碳金融产品交易平台，提供便捷的交易服务；完善碳金融产品定价机制，提高价格的合理性和透明度；加强市场信息披露，提高市场信息的对称性和及时性。

2. 引入机构投资者

鼓励社保基金、养老基金、保险资金等长期机构投资者参与碳金融市场，为市场提供稳定的资金来源；推动公募基金、私募基金等专业投资机构加大对碳金融产品的投资力度，提高市场的专业化水平；建立机构投资者与企业的合作机制，共同推动碳金融市场的发展。

3. 加强市场宣传

通过多种渠道和形式，加强对碳金融市场的宣传推广，提高市场参与者的认知度和参与度；举办碳金融市场研讨会、论坛等活动，加强市场参与者之间的交流与合作；利用媒体、网络等平台，广泛宣传碳金融市场的重要意义和发展成果，营造良好的市场氛围。

（三）健全风险对冲机制

1. 发展碳金融衍生品

鼓励金融机构开发更多的碳金融衍生品，如碳远期、碳掉期等，满足市场参与者的多样化风险管理需求；建立碳金融衍生品交易市场，提高衍生品的流动性和交易效率。加强对碳金融衍生品的监管，防范市场风险。

2. 建立风险预警机制

建立碳金融市场风险监测指标体系，对市场风险进行实时监测和预警；制定风险应急预案，在市场出现风险时能够及时采取有效措施进行处置；加强市场参与者的风险教育，提高其风险意识和风险管理能力。

3. 加强投资者教育

开展碳金融产品投资者教育活动，向投资者普及碳金融产品知识和投资风险；建立投资者保护机制，保障投资者的合法权益；加强对投资者的风险评估和分类管理，引导投资者根据自身风险承受能力进行投资。

三、技术创新路径

（一）提升技术储备

1. 加大研发投入

鼓励企业和金融机构加大对碳金融产品技术研发的投入力度，设立专项研发资金，支持碳金融产品创新和技术升级；加强与科研机构、高校等的合作，共同开展碳金融产品技术研发。

2. 引进先进技术

积极引进国际先进的碳金融产品技术和管理经验，加强技术消化吸收和再创新；建立技术引进和合作交流机制，促进国内外技术的交流与合作；加强对引进技术的知识产权保护，提高技术引进的质量和效益。

3. 培养专业人才

加强碳金融领域专业人才的培养，建立碳金融人才培养体系；在高校开设碳金融相关专业课程，培养具有专业知识和实践能力的碳金融人才；加强对现有从业人员的培训和继续教育，提高其专业素质和业务水平。

（二）推动技术应用

1. 应用区块链技术

利用区块链技术的去中心化、不可篡改等特点，提高碳金融产品交易的透明度和安全性；建立基于区块链技术的碳金融产品交易平台，实现碳资产的数字化管理和交易。探索区块链技术在碳金融产品溯源、碳配额分配等方面的应用。

2. 应用人工智能技术

运用人工智能技术对碳金融市场数据进行分析和预测，为市场参与者提供决策支持；开发基于人工智能技术的碳金融产品风险评估模型，提高风险评估的准确性和效率；利用人工智能技术优化碳金融产品的交易策略，提高产品的盈利能力。

3. 加强数据建设

建立健全碳排放数据监测体系，提高数据的准确性和可靠性；加强碳金融市场数据的收集、整理和分析，为碳金融产品的设计和交易提供有力的数据支持。推动碳金融市场数据共享，提高数据的利用效率和价值。

四、国际合作与竞争路径

（一）深化国际合作

1. 加强标准制定

积极参与国际碳金融产品标准的制定工作，推动国内标准与国际标准的接轨和互认；加强与国际标准化组织、国际金融机构等的合作，共同制定具有国际影响力的碳金融产品标准。

2. 推动市场建设

加强与国际碳金融市场的交流与合作，学习借鉴国际先进的市场建设经验；推动国内碳金融市场与国际碳金融市场的互联互通，实现碳资产的跨国交易和流动；加强与国际金融机构的合作，共同推动全球碳金融市场的发展。

3. 促进信息共享

建立国际碳金融信息共享平台，加强与国际碳金融市场的信息共享和交流。及时了解国际碳金融市场的动态和趋势，为国内碳金融市场的发展提供参考；加强与国际组织、国际金融机构等的合作，共同开展碳金融市场研究和信息发布。

（二）提升国际竞争力

1. 加强品牌建设

打造具有国际影响力的碳金融产品品牌，提高国内碳金融产品的知名度和美誉度；加强品牌宣传和推广，树立国内碳金融产品的良好形象。提高碳金融产品的质量和服务水平，增强品牌竞争力。

2. 拓展国际市场

积极开拓国际碳金融市场，扩大国内碳金融产品的国际市场份额；加强与国际企业、金融机构等的合作，共同开展碳金融产品交易和项目合作；建立国际营销网络，提高国内碳金融产品的国际市场竞争力。

3. 加强国际化人才培养

加强国际碳金融人才的培养和引进工作，提高国内碳金融领域的人才素质和国际化水平。建立国际化人才培养机制，选派优秀人才到国际金融机构、国际组织等学习和交流，吸引国际碳金融人才来国内工作，为国内碳金融市场的发展提供人才支持。

第四章　碳中和金融市场体系

随着全球气候变化问题的紧迫性日益凸显，碳中和金融市场作为推动低碳经济发展的重要工具，正逐渐成为国际金融体系的新亮点。本章深入探讨了中国碳中和金融市场体系的构建，分析了其在促进经济可持续发展和生态文明建设中的关键作用。通过详细阐述碳中和金融一级市场和二级市场的结构与功能，揭示碳排放权配额、核证自愿减排量等交易标的的经济价值和市场动力。同时，对市场交易主体、交易模式、交易制度进行了系统剖析，结合实际案例，探讨碳中和金融市场的结构、作用机制及其在实现“双碳”目标中的重要性。在此基础上，本章进一步提出了完善配额分配机制、发展多样化交易模式、强化市场监管和法律保障、培育多元化市场主体、提升市场流动性和价格发现功能等路径，以期为中国碳中和金融市场的健康发展提供理论支持和实践指导。

第一节　碳中和金融市场结构体系

一、碳中和金融一级市场

碳中和金融一级市场，作为金融体系中的一个特殊领域，继承了传统金融工具的流动性、风险性和收益性等基本属性。然而，它在市场定位、作用以及交易产品内涵方面与传统金融市场有着明显的区别。碳排放交易市场的形成，本源于控排企业履行减排义务的需求，其核心目标是通过市场机制对技术、资金等减排资源进行优化配置。这与传统金融市场以金融资产交易和价格发现为主要目的，实现资金和信用融通的功能存在本质差异。①

在交易产品内涵上，碳排放配额作为一种政策驱动的交易工具，其价值直接关联于环境政策和减排目标，旨在消除环境负外部性并优化资源配置。这与传统金融市场中以信用工具为主的交易对象形成鲜明对比，后者更多地反映了资金的借贷关系和信用

---

① 王颖，张昕，刘海燕，等．碳金融风险的识别和管理［J］．西南金融，2019（02）：41－48.

风险。

金融的概念可以从狭义和广义两个层面来理解。狭义上的金融主要指货币和证券的融通活动，而广义上的金融则涵盖了货币和证券的形成、交易以及二级市场的流动。在这个框架下，金融活动可以被视作一级市场和二级市场的有机组合，其中一级市场负责资产的形成，二级市场则负责资产的流动和交易。

可见，碳中和金融一级市场在功能定位和交易产品内涵上与传统金融市场存在显著差异，但其作为金融市场的一部分，与广义金融的一级市场和二级市场相互联动，共同构成了现代金融体系。这一认识对于深入理解碳中和金融市场的特性、优化金融资源配置以及推动金融市场的可持续发展具有重要的理论和实践意义。因此，碳中和金融一级市场的建设和发展，不仅是实现碳中和目标的重要途径，也是金融创新和金融市场深化的关键环节。

在中国，金融一、二级市场的互动为狭义金融概念提供了更为丰富的内涵，使得碳中和金融的概念得以具体化。长期以来，投资于环境资金的市场匮乏问题，通过这种互动变得可动员和可交易。碳中和金融属于广义金融的范畴，涵盖了绿色金融资产动员的一级市场和流转的二级市场。具体而言，碳中和金融市场作为金融市场的一个组成部分，根据交易顺序，可以分为碳中和金融一级市场和碳中和金融二级市场。①

碳中和金融市场是人类科技进步达到较高水平之后，为控制碳排放总量上限而创设的一种市场化碳定价机制。碳中和金融一级市场作为发行市场，由相关国家主管部门和委托机构管理，创造和分配碳排放权配额和已审定备案项目的减排量两类基础性碳资产，也称为碳信用。企业狭义的碳资产主要指这两种碳信用。碳配额分配方式至关重要，一级市场一般分为免费分配和有偿分配两种方式，而有偿分配的最主要方式是配额拍卖和配额出售。在国内外碳中和金融市场中，对有偿分配采取三种模式：一是将其作为关键的分配方法；二是将其作为一种辅助的分配方法；三是将其作为一种市场调控手段。在配额市场的一级市场中，政府主管部门是配额的供给者，减排企业则是配额的需求方，双方采用拍卖的方式进行交易。有偿分配有利于发现和引导碳市场价格、增强碳市场流动性、推动碳减排技术进步、减少政策和监管失灵，更符合“污染者付费”原则。② 项目减排量的产生则需根据国家主管部门颁布的相应方法完成项目审定、监测核证、项目备案和减排量签发等一系列复杂的程序。当碳配额或项目减排量完成在注册登记簿（国家登记簿）的注册程序后，就变成了其持有机构能交易、履约和使用的碳

① 曹和平．绿色金融的两级市场和三重含义［J］．环境保护，2015，43（02）：29－31.
② 蔡宁．借鉴国际经验加强碳市场建设［J］．中国金融，2022，970（04）：63－64.

资产。

中国碳市场主要以免费分配为主。2013 年，中国启动的七个区域试点碳中和金融市场已有 5% 以内的配额拍卖，2021 年 1 月 1 日进入第一个履约期的全国发电行业碳中和金融市场现为 100% 免费发放配额。但从中国已经开展的试点碳市场经验来看，免费分配容易导致大量配额浪费，碳价格疲软，交易效率低下。随着碳中和金融市场的逐渐成熟，在初始配额分配中引入拍卖等有偿分配机制将发展为碳市场配额分配制度演化的重要趋势。在国家发展改革委发布的《碳排放权交易管理条例（征求意见稿）》中也明确提出"排放配额分配在初期以免费分配为主，应逐步提高有偿分配的比例"，确定了全国统一碳市场逐步引入有偿分配机制的发展路径。中国部分试点碳市场已经开始探索拍卖配额的有偿发放配额方式，以此助力中国"2030 年前碳达峰、2060 年前碳中和"目标实现。其主要思路是将配额拍卖作为一种灵活的分配机制引入，如广东将配额拍卖作为常规的分配方式之一，而湖北、北京等地也采取了一级市场部分配额有条件拍卖的方式。①

2010 年，湖北提出"打造全国碳金融中心"。2011 年，湖北入列国家碳排放权交易试点。2014 年 4 月，湖北碳排放权交易市场开市。作为全国首批七个碳交易试点之一，湖北碳市场积极探索了碳配额有偿拍卖，在 2013—2015 年采用初始配额免费发放，5% 配额预留用于市场调控，15% 留给新进入者，允许拍卖等方式，被全国碳市场吸纳借鉴。碳排放权作为一种过渡产品，其存在目的是使企业节能减排，因此应该在促进企业进行制度改革的同时降低碳权分配。湖北碳市场通过整体的"行业控排系数"在本年度扣除上一年存在的多余配额，将那些已经到期或者改革完成的企业多余的碳配额进行降低或注销，从而实现"从紧分配"原则。另外，对于企业在交易过程中存在的信用风险以及过量配额造成的系统性风险，政府以及管理部门设立了专门的"双 20"封顶措施，从而提升了碳排放权交易数据的质量与稳定性。随着 2021 年全国碳市场的开市，试点碳市场交易面临的外部市场竞争愈发激烈。作为区域"双碳"工作探路者，湖北碳排放权交易中心开始了湖北碳市场的转型之路，逐渐瞄准碳交易、碳中和金融、碳普惠、碳资管等领域，湖北碳市场正加速转型，由参与碳配额交易的"卖碳翁"，向点碳成金、提供绿色金融综合服务的"碳券商"转变。

广东省在碳市场建设进程中充分重视一级市场机制的设计，在借鉴美国加州碳交易体系和区域温室气体倡议等一级市场建设方面的先进经验后，引入有偿分配并将其作为

① 陈波，孟萌．基于最优拍卖数量和资金再分配模型的碳市场有偿分配机制研究［J］．中国人口·资源与环境，2016，26（08）：10－15.

关键的分配方式，成为作为试点碳市场开市以来唯一一个将拍卖作为配额分配方式的试点市场。从 2013 年 12 月到 2014 年 12 月共举行 9 次广东碳配额拍卖，累计拍卖配额达 1382 吨，获得拍卖收入共 7.4 亿元，在这两年的探索试验中，广东的拍卖规则前后经历了较为显著的变化。例如，第一年所有控排企业都是被要求必须参与拍卖，而且只有拍卖了 3% 的配额后，免费发放的 97% 的配额才会被激活生效。而从第二年开始只有新建企业才被要求必须参与拍卖才能激活免费配额，对一般控排企业在免费发放的基础上，可以自愿的方式参与拍卖。其次，广东碳市场还在拍卖底价大幅下调的情况下设计了阶梯底价，由此活跃碳中和金融二级市场。具体如下：第一阶段，2013 年采用了强制购买政策，快速建立价格信号。受到 60 元/吨竞价底价的引导，全年度二级市场配额价格大部分时间维持在 50—70 元/吨的波动区间。第二阶段，2014 年对竞价机制进行了管制放松，建立了配额回收机制，引入机构投资者，采用阶梯上升底价，提高电力企业购买比例。第三阶段，2015 年配额有偿发放不设底价，采取政策保留价，通过采用竞价公告日的前三个自然月广东碳市场配额挂牌点交易加权平均成交价的 80% 作为 2015 度首次竞价的最低有效价格。继而在 2014 年 4 月的拍卖中，将 360 万吨配额分三次拍卖，前一次未售出的配额结转下次，由此形成一种序贯拍卖。而在 2015 履约年度，则明确当期未能成功发放的有偿配额，省发展改革委将收回，原则上不再投放市场，从而使连续两次拍卖之间，购买者竞买数量和竞买报价相互干扰、相互影响的概率大大下降了。2016 年，广东碳普惠制交易启动，发布中国碳市场 100 指数，进行“先行先试”探索。由此可见，广东不仅是排放权配额拍卖最为活跃的试点地区，而且根据拍卖的效果和不同时期的市场形势，不停对规则进行微调，对不同方案进行尝试，为排放权配额拍卖的规则设计，贡献了非常宝贵的实践经验。

二、碳中和金融二级市场

碳中和金融市场，作为应对气候变化和推动低碳经济发展的重要工具，主要由宏观框架与微观结构两大层面构成。宏观框架主要指政府主导的碳交易体系，而微观结构则包括碳中和金融二级交易市场、碳中和金融现货市场与碳中和金融衍生品市场，其中碳中和金融二级交易市场是该结构的核心。二级市场，亦称流通市场，是已发行金融产品的买卖交易场所，其主要功能包括有效集中和分配资金、调节资金供求、引导资金流向，以及反映社会经济状况，促进劳动生产率和新兴产业的兴起。①

① 童藤．构建中国碳金融体系的可行性及路径选择［J］．武汉金融，2013（04）：29－31.

碳中和金融二级市场，由大量碳投资基金的投资行为引发，是在法定一级市场之外建立的规模庞大的市场。自20世纪六七十年代社会责任投资基金创立以来，二级市场碳中和金融工具不断创新，使投资基金从碳项目投资中获得巨大利益。交易过程涉及投资基金与发展中国家项目业主签署合同，将购得的碳信用转售给《京都议定书》附件一国家，并在二级市场进行转手交易获利。虽然碳中和金融二级市场的建立属于碳投机行为，但适度发展能推动碳排放权项目的合作进程。碳中和金融二级交易市场具体指初始分配后，碳资产现货与碳中和金融衍生产品自由交易流转的市场，是控排企业、减排企业、其他参与者开展碳配额或碳减排量现货交易的市场体系。

场内交易，即在经过认可备案的交易所或电子交易平台中进行的碳资产交易，具备固定的交易场所与时间以及公开透明的交易规则。2022年1月4日至2022年12月30日，中国9大碳交易所共运行50周、242个交易日，碳排放配额年度成交量5088.95万吨，年度成交额28.14亿元。挂牌协议交易年度成交量621.90万吨，年度成交额3.58亿元；大宗协议交易年度成交量4467.05万吨，年度成交额24.56亿元。截至2022年12月30日，全国碳市场碳排放配额累计成交量2.30亿吨，累计成交金额104.75亿元。每日收盘价在41—62元/吨，所有交易的成交均价为45.61元/吨（见表4-1）。

场外交易，又称柜台交易，指在交易所以外进行的碳资产交易活动，价格由交易双方协商而定，没有固定交易场所，主要通过面谈、电话等方式进行。二级交易市场中的交易品种主要分为碳配额及其衍生品与核证自愿减排量两大类，其中碳配额及其衍生品是二级交易市场的主要交易品种，具体包括碳现货、碳期货、碳远期、碳期权、碳掉期等。

表4-1　　七个地方试点碳市场累计线上配额成交情况

试点	开市日期	成交总量（万吨二氧化碳）	成交总额/（亿元）	成交均价（元/吨二氧化碳）
北京	2013/11/28	1815.31	12.29	87.57
天津	2013/12/26	2380.79	5.88	32.4
上海	2013/11/26	1943.39	6.39	56.58
深圳	2013/06/18	5429.89	14.11	34.67
广东	2013/12/19	19063.20	46.52	76.39
湖北	2014/04/02	8211.21	20.25	47.37
重庆	2014/06/19	1047.19	0.96	39.29

数据来源：Wind数据库，各试点碳市场交易所。

碳中和金融二级市场通过场内与场外交易汇集相关市场主体及资产，发现交易方、调节核证自愿减排量的使用、设定拍卖底价、设置额外费用、设定价格走廊、公开市场操作、配额储备以及完成贷银对付清算等。碳价区间、储备机制、公开市场操作的设立最为重要。二级市场的市场流动性随各类碳中和金融交易产品及服务的引入而逐步提高，为市场参与者提供多样的套期保值与对冲风险的途径。

碳中和金融二级市场是碳排放配额或减排信用的供需双方进行配额或信用交易的场所，其法律规制的有效性直接影响碳排放交易制度的成败。2017 年 12 月 9 日，国家发展改革委副主任张勇宣布，以发电行业为突破口开启全国碳排放交易体系建设；《全国碳排放权交易市场建设方案（发电行业）》标志着全国碳排放交易体系已完成总体设计并正式启动。然而，中国碳中和金融市场在二级市场的交易和运作方面仍显稚嫩，体现在碳中和金融衍生工具的使用不足、交易量与碳价的剧烈波动、市场中普遍存在的配额垄断、价格形成机制不健全等问题。亟须发挥碳中和金融二级市场中金融工具的流动性，激发市场活力，提高中国在全球碳市场的定价能力及影响力。

三、碳中和金融现货市场

在探讨中国碳中和金融市场的发展时，可以看到，欧盟、美国、日本等碳市场在设计之初，便对交易产品赋予了明显的金融属性。以欧盟为例，碳期货的推出先于碳现货，为碳现货的定价提供了依据，起到了良好的价格发现作用。控排企业在进行碳减排规划时，能够利用碳期货、碳期权价格变化趋势制定减排方案，以减少企业成本。碳中和金融是指运用金融资本去驱动环境权益的改良，以法律法规作为支撑，利用金融手段和方式在市场化的平台上使相关碳中和金融产品及其衍生品得以交易或者流通，最终实现低碳发展、绿色发展、可持续发展的目的。

碳中和金融市场不仅包含碳配额的现货交易，同时包含以碳现货为基础开发的其他金融产品交易，即碳中和金融衍生品市场。现货市场是指与期货、期权和互换等衍生工具市场相对的市场的一个统称。现货市场交易的金融工具是衍生工具的标的资产。碳中和金融现货市场主要是指在国际排放贸易机制下受排放配额限制的国家和企业，直接通过购买碳交易单位来满足排放约束，主要是碳排放权交易和项目减排量交易两类。

在中国碳中和金融市场上，产品仍以现货产品为主，包括碳排放配额和国家核证自愿减排量，国家核证自愿减排量可以用于抵消碳排放配额的清缴。碳中和金融现货市场是指对期货、期权和互换等衍生工具市场相对的市场的一个统称。试点市场中两种现货均可交易，其中，碳配额又包括全国碳配额、各地方试点碳配额等，未来也可能会推出全国碳配额的衍生品期货交易产品。

碳资产质押的出现，为不希望出售碳资产，但缺乏融资途径的企业提供了新的选择和贷款融资的途径。企业通过质押碳资产，可以解决短期融资需求的同时保留对碳资产的所有权。碳资产质押融资是在绿色金融体系下发展出的一种新型融资模式，在融资程序中，控排企业为出质人，银行等金融机构为质权人。控排企业将碳资产凭证质押给银行等金融机构，并拟定贷款合同，经过授信，控排企业获得贷款并将贷款用于减排行动中。贷款期末，控排企业清偿贷款，取回碳资产。质押贷款到期时若未能偿还贷款，银行等金融机构可以将所有碳资产在碳市场按照市场价格拍卖，就所得收益享有优先受偿权。

在碳中和金融交易市场中，企业二氧化碳的排放权可被视为商品进行交易。政府根据当地情况将碳排放权总量以配额方式分别发放至当地企业。若企业碳排放超过配额，则需要在市场上购买碳排放权，若少于配额，则减少部分同样可进行出卖。据国家发展改革委的初步分析，按八大行业测算，未来碳排放量将会达到每年 30 亿—40 亿吨的规模水平，现货交易金额每年高达 12 亿—80 亿元。2023 年 7 月，在生态环境部和陕西省政府主办的“全国低碳日”主场活动上，生态环境部副部长郭芳表示，中国建立了全球覆盖温室气体排放规模最大的碳市场，截至 2023 年底，碳排放配额累计成交量 4. 42 亿吨，累计成交额 249. 19 亿元，碳排放强度显著下降。①

作为气候金融的重要组成部分，碳市场的发展对明晰碳排放权、促进产业的低碳绿色发展具有重要意义。中国碳市场的建设开始于区域试点，并逐步发展成为国家层面统一的碳市场。国家发展改革委办公厅于 2011 年 11 月下发《关于开展碳排放权交易试点工作的通知》，首批批准了 7 个省市开展碳排放权交易试点，包括北京、天津、上海、重庆、广东、湖北、深圳。2016 年，四川、福建 2 个非试点区碳市场相继启动。至此，9 个区域碳市场的格局初步形成。2021 年 7 月 16 日，全国碳市场正式启动上线交易，标志着中国碳市场进入全国运行阶段。中国碳市场发展大致可以分为三个阶段：第一阶段为 2002—2012 年，通过《京都协议书》建立的清洁发展机制（CDM）项目产生的核证减排量（CERs）参与国际交易。第二阶段为 2013—2020 年，中国在北京、天津、上海、重庆、湖北、广东、深圳和福建等地逐次开展了碳排放权交易试点工作，除配额交易外，还可使用国家核证自愿减排量（CCER）抵消碳排放，建立国内核证减排市场。但由于 CCER 呈现出自愿减排交易量少、个别项目不规范、供需不平衡等特征，于 2017 年 3 月被暂停项目备案，存量 CCER 仍可在市场交易。但由于各个试点地区经济发展水平、能源消费结构和碳市场制度设计等存在较大差异，其交易量、成交金额和成交价也

① 中华人民共和国生态环境部．全国碳市场发展报告（2024）［R/OL］．（2024 - 07 - 22）．https：//big5. mee. gov. cn/gate/big5/www. mee. gov. cn/ywdt/xwfb/202407/W020240722528848347594. pdf.

呈现较大差异。第三阶段为2021年至今。2021年7月16日建立全国碳排放市场，仅覆盖电力行业，年覆盖二氧化碳排放量约45亿吨，是全球规模最大的碳现货市场。全国碳市场正式开始交易，开盘首笔交易价格为52.78元/吨，当日交易总量为410.40万吨，交易总额为2.1亿元。首批2162家发电行业的重点碳排放单位被正式纳入这一全国性的市场，这也是中国第一次从国家层面将控制温室气体排放的责任压实到企业，通过市场倒逼的机制促进企业产业技术升级。

2022年7月16日是全国碳市场启动一周年，一年来中国碳市场运行总体平稳，截至2022年7月15日，碳排放配额累计成交量1.94亿吨，累计成交额84.92亿元。2023年7月16日，全国碳排放权交易市场启动运行满两年。其间，全国碳市场共运行了484个交易日，累计成交量2.4亿吨，累计成交额110.3亿元。其中，挂牌协议成交量3970万吨，成交额19.65亿元，大宗协议成交量2亿吨，成交额90.65亿元，约占总成交量的80%。经过两年的运行和发展，全国碳市场价格发现机制作用初步显现，企业减排意识和能力水平得到有效提高，对促进低成本减排发挥了积极作用。初步构建了全国碳市场制度体系，形成了“配额分配—数据管理—交易监管—执法检查—支撑平台”一体化的管理框架。碳配额的价格在每吨40—60元波动，价格稳中有升，其间没有出现暴涨暴跌的波动，交易量也满足了企业履约的基本需求，碳市场“排碳有成本、减碳有收益”的激励约束作用初步显现。但不可否认中国碳市场仍处于初级阶段。中国碳排放权交易市场以线下交易为主，主要原因是线上交易手续费用高，而且线上交易不确定性大，暂无法保证线上有足额的购买和出售量。

四、碳中和金融衍生品市场

碳金融市场上已创新出了各种新型衍生金融工具，如碳排放信用衍生品。碳中和金融的研究范畴不仅涉及为发展低碳经济提供的各种投融资活动，也包括围绕碳排放权和碳减排量在金融市场上展开的各种市场交易，以及为方便市场交易和风险控制不断被创新出来的性质各异的标准化金融工具交易。碳中和金融是指以碳排放权为标的的碳交易金融市场及其衍生的各类金融产品，是中国实现“双碳”目标的重要抓手之一。因此从碳中和金融的基本界定和研究范畴出发，可将碳中和金融市场上的各种碳中和金融工具区分为基础碳中和金融工具和衍生碳中和金融工具。基础碳中和金融工具产生于碳交易体系的建立，属于传统金融服务范畴，主要服务于资金向低碳项目投资的转化或者有关碳排放的产权交易及债权债务清偿，侧重于依托与碳信用和碳产品有关的交易性金融产品以实现其服务意图。碳排放权还能进一步衍生出具有投资价值和流动性的金融资产，这就形成了碳中和金融衍生品市场，即以买卖碳信用远期标准化合约为交易对象的金融衍生品交易。衍生碳中和金融工具便是基于基础碳中和金融工具的金融衍生产品，诸如与碳信用、碳排放权、碳排量有关的期权、期货、远期等，主要作用是为基础碳中和金融工具交易中的风险提供不同的管理手段。

碳中和金融市场是金融化的碳市场。在这个市场体系中，碳排放原生品的交易是基础，为碳中和金融衍生品的产生和发展提供了基本框架，进而形成了涵盖碳中和金融及衍生品的市场交易类型。最初在柜台交易，后发展出交易所内交易。碳中和金融衍生品市场也分为交易所市场和交易所外市场或柜台交易。交易所市场交易的是规范标准化的碳期货或期权合约，柜台交易的是买卖双方针对碳产品的价格、时间、地点等经过谈判达成协议后的碳衍生品的合约。

基于上述对碳中和金融衍生品市场交易类型及运行逻辑的梳理，以下从实践创新视角切入，选取碳回购、碳托管、碳期权三类典型模式展开具体分析，以展现市场机制与金融工具的融合路径及实际效能。

（1）碳回购。在该交易模式下，就排放企业而言，该排放企业可以将其暂时无须清缴的碳资产变为流动资金加以利用，又可以通过回购安排满足未来履行碳配额清缴义务的要求。就第三方碳资产管理机构而言，该机构即可以通过排放企业的回购交易获得约定利息收益，也可以在持有碳资产期间在碳交易市场上进行买入卖出操作获利，实现双赢。2014 年 12 月 30 日，中信证券股份有限公司与北京华远意通热力科技股份有限公司正式签署了国内首笔碳排放配额回购融资协议，融资总规模为 1330 万元。

（2）碳托管。国内试点市场的碳交易所普遍开发了标准化的碳资产托管服务，通过碳交易所全程监管碳资产托管过程，可以减少碳资产托管合作中的信用障碍，同时实现碳资产管理机构的资金高效利用。交易所介入的碳资产托管可以帮助控排企业降低托管风险，同时为碳资产管理公司提供了一个具有杠杆作用的碳资产托管模式，实现了共赢，有助于碳资产托管业务的推广。

（3）碳期权。在碳期权方面，如果企业有配额缺口，可以提前买入看涨期权锁定成本；如果企业有配额富余，可以提前买入看跌期权锁定收益。例如，2016 年 6 月，深圳招银国金投资有限公司、北京京能源创碳资产管理有限公司、北京环境交易所正式签署了国内首笔碳配额场外期权合约，交易量为 2 万吨。交易双方以书面合同形式开展期权交易，并委托北京环境交易所负责监管权利金与合约执行工作。碳排放权场外期权交易为碳市场交易参与人提供了一个提前锁定交易价格、防范价格风险、开展套期保值的手段，是碳中和金融领域的重要创新。

总而言之，碳中和金融市场的发展逐渐成为推动低碳经济发展、抢占未来低碳经济制高点的关键。随着低碳经济发展和碳交易活动更加活跃，碳中和金融市场必将成为未来重建国际货币体系和国际金融秩序的重要因素。此外，碳中和金融衍生品在碳中和金融中扮演着重要角色。遵守碳合规计划的公司使用碳衍生品来履行其义务，并以最具成本效益的方式管理风险。碳中和金融衍生品也可以被金融头寸间接与碳价格挂钩的各种企业所使用。投资者可以利用碳衍生品的价格信号来评估其投资组合中的气候转型风险，然后利用流动性池来管理风险，并配置资本，从能源转型机会中获益。碳中和金融衍生品市场还通过提供有关碳的前瞻性信息，在提高透明度方面发挥着重要作用，这有助于实现长期可持续性目标，并为政策制定者提供有关碳价格监管的有用信号。

第二节　碳中和金融市场交易体系

一、碳中和金融市场的交易主体

碳中和金融市场的交易主体是市场运作的核心，它们通过各自的角色和功能共同推动市场的流动性和效率。在碳中和金融交易体系中，交易主体是最具主观能动性和创新创造力的要素。从狭义角度看，交易主体是碳排放权交易过程中享有权利和承担义务的组织和个人。依据法律地位和权利义务不同，可分为转让方、受让方、交易辅助方、交易监管方。转让方与受让方是指直接参与碳排放权交易的合同主体，是碳排放权交易的核心主体。交易辅助方是指为碳排放权交易顺利完成而提供政策、技术、金融等服务的辅助机构，如自愿减排量核证机构、碳配额认证机构、金融机构、绿色基金等。交易监管方则是指监管碳排放权交易市场、保障交易合法有序运行的机构，主要指生态资源部门、林业部门等具备监管职能的政府机构。从广义角度看，碳排放交易主体是整个碳交易体系的组织和个人，它们目标一致、分工协作、功能互补，共同组成碳交易结构图谱。哪些政府或市场主体能参与到碳中和金融交易中，以何种方式和身份参与到碳交易，根本上取决于碳中和金融交易模式的设计。[①] 在中国碳中和金融市场中，交易主体不仅包括直接参与碳排放权买卖的实体，还涵盖了一系列提供辅助服务和监管的机构。

从市场定位及其作用来看，碳中和金融起源于控排企业完成履约的需要，其根本目标是对包括技术、资金等在内的减排资源和要素进行优化调整和配置。而全国碳市场交易主体主要为电力行业的控排企业，行业特点、减排需求、减排能力、技术水平等高度

---

① 沈满洪．论碳市场建设［J］．中国人口·资源与环境，2021，31（09）：86－91．

同质化，不利于碳中和金融市场的繁荣发展。因此，交易主体是否多元化决定了市场是否有效，不同类型的交易主体因其能承受的成本、风险偏好、市场预期、专注领域、信息来源等不同，交易策略也有所不同，这样才能形成多层次、多维度、有活力的市场。碳中和金融市场的交易者包括需要碳排放权和碳汇的企业、碳减排企业和碳汇供给者、碳权和碳汇的绿色志愿者、碳权和碳汇的投资者。结合其他学者的观点，碳中和金融市场的交易主体包括需求者、供求者、投机商、中介机构及监管者和第三方机构（见表4－2）。

表4－2　　碳中和金融市场交易主体

交易主体分类	主要机构类型
需求者	按照需要实现减排目标的企业等实体单位、将碳排放权作为投资对象的金融机构、碳资产管理公司等以及进行自愿减排的企业和个人
供给者	项目开发商、减排成本较低的实体以及技术开发转让商等
投机商	利用自有资金进行碳排放权现货及其衍生品的投机交易，以期从价格波动中获利
中介机构	金融机构（商业银行、投资银行、保险机构等）以及国际性组织（如世界银行以及国际金融公司）
监管者和第三方机构	包括政府、碳排放核查机构及其他提供相关咨询服务的机构等

根据各地区碳排放权交易市场的交易规则，除北京碳排放权交易市场不允许个人参与交易外，其他地区碳排放权交易市场中碳排放配额的交易主体均包括纳入各自地区碳排放配额管理的控排企业、符合交易规则的法人机构及个人，其中，对参与交易的法人机构与个人的具体要求及标准各地区碳排放权交易市场略有差异，通常涉及参与主体的注册资本、存续时间、是否具有投资能力、有无违法违规行为等。各地区碳排放权交易市场中的国家核证自愿减排量交易主体包括纳入各自地区碳排放配额管理的控排企业、减排项目业主及其他机构，个人交易则暂未开放。

根据全国碳排放权交易市场的交易规则，全国碳排放权交易市场中碳排放配额的交易主体包括纳入全国碳排放配额管理的控排企业及符合国家有关交易规则的机构和个人。纳入全国碳排放配额管理体系的2225家电力企业，相关交易规则暂未明确机构和个人参与碳排放配额交易的标准与条件；全国碳排放权交易市场中的国家核证自愿减排量清缴主体包括纳入全国碳排放配额管理的控排企业，减排项目业主及其他机构与个人交易暂未开放。

在全国碳市场取得初步成效的同时，仍存在一些有待改进的方面。例如，交易主体和规模亟待扩大。允许参与全国碳市场的交易主体包括重点排放单位以及符合国家有关交易规则的机构和个人。但各试点市场对于交易主体的准入均设置了不同的门槛，其中，全国碳市场只允许配额在已纳入的电力行业重点排放单位间流转，石化、化工等7个高耗能行业尚未参与全国碳交易，碳汇项目也未纳入交易范围。且中国碳中和金融市场主要以现货交易为主，产品单一，碳期货、碳期权等碳中和金融衍生品虽有所涉及，但交易主体少，规模小，机制尚不完善，金融化程度偏低。

从市场化角度看，单纯依靠现货交易的市场流动性不足，参与者难以精准预测价格变动，难以对冲市场波动导致的风险，整体市场活力不足，不利于资源、资金的优化配置。在碳中和金融的二级市场中，参与碳中和金融的主体更加复杂，包括参与碳交易活动、享受权利并承担义务的组织和个人，其中，对参与交易的法人机构及个人具体要求及标准各地区碳排放权交易市场略有差异，通常涉及参与主体的注册资本、存续时间、是否具有投资能力、有无违法违规行为等，但最主要的主体是企业。控排企业超额排放会面临惩罚，中国碳中和金融的监管制度中对控排主体的惩罚机制过于宽松，应当结合各试点省市的成熟经验，取消未达履约目标的控排主体的财政扶持，制定失信惩罚等制度，实现“梯度惩罚，一处失信，处处受限”的目标。此外，更多的中间机构如碳排放交易所、碳金融机构也会成为二级市场中的主体，这部分主体也应当纳入监管范围。还应考虑的因素有，碳中和金融市场的参与主体的角色存在重叠的可能。例如，控排企业等实体单位既是配额的需求者，同时也可以成为项目开发者和减排量的供给者，其也可以根据自身的碳资产构成情况作为投机商开展交易。此外，碳中和金融市场的参与者还包括监管者和第三方机构，其中碳排放核查机构是碳中和金融市场特有的第三方组织。为推进全国碳中和金融市场机制更健全、运营更成熟，就应培育多元化的交易主体，促进碳中和金融市场的发展。

二、碳中和金融市场的交易标的

碳中和金融市场的交易标的是市场运作的核心，它们不仅代表了碳排放权的具体价值，也是全球气候变化应对策略的重要组成部分。在中国，这一市场的发展尤为关键，因为它直接影响中国实现“双碳”目标的进程。

碳中和金融市场的交易标的主要包括碳排放权配额和项目减排量等碳信用。这些标的是减缓全球气候变化的重要工具，它们使得大气温室气体排放空间从免费的公共资源转变为可以获利的能力和资产。[①] 在中国碳中和金融市场中，交易标的主要包括：核证碳减排量（Certified Emission Reduction，CER）、国家核证自愿减排量（Chinese Certified

---

① 罗晓娜，林震．低碳经济下的金融发展与金融创新［J］．经济与管理，2010，24（09）：21－25.

Emission Reduction，CCER）以及各地区/全国的碳排放配额（Chinese Emission Allowance，CEA）等。部分地区的碳排放权交易市场还可交易相应地区自行核证的自愿减排量，如北京林业碳汇抵消机制、广东碳普惠核证减排量等（见表4－3）。

表4－3 碳排放全交易市场的交易标的

碳排放权交易市场	交易标的
北京	BEA、CCER、PCER、VER、BFCER
天津	TJEA、CCER、VER
上海	SHEA、CCER、SHEAF
深圳	SZEA、CCER
广东	GDEA、CCER、PHCER
重庆	CQEA－1、CCER、CQCER
湖北	HBEA、CCER
四川	CCER、CDCER
福建	FJEA、CCER、FFCER
全国	CEA、CCER

碳排放权作为交易标的，具有独特的价值发现功能。它可以通过市场机制，使碳排放权具有商品属性，利用价格的信号传递功能引导经济主体把碳排放成本内化为经济决策的一个重要影响因素，促使外部成本内部化。受总量控制的约束，碳排放权将成为低碳经济时代最为稀缺的商品之一。随着碳中和金融市场交易规模的扩大，碳货币化程度提高，碳排放权日益衍生为具有较高流动性的金融资产。

然而，中国碳中和金融市场主要集中于国家或区域内部，交易标的范围有待拓宽。统一的国际市场尚未形成，且碳中和金融市场呈现出多样化和碎片化的态势。这些碎片化的市场大多依托于国家或地区，在制度安排上存在较大差异，比如碳排放配额的制定及分配方式等，导致不同的市场之间难以对接，跨市场交易难以达成，碳中和金融市场的一体化程度步履维艰。因此，完善以碳排放配额为交易标的的交易体系显得尤为重要。

三、碳中和金融市场的交易模式

随着全球气候变化问题的日益严峻，碳中和金融市场逐渐成为减缓气候变化的重要工具。2021年6月22日，上海环境能源交易所发布《关于全国碳排放权交易相关事项的公告》，旨在规范全国碳排放权交易及相关活动，保护各方交易主体的合法权益，维护交易市场秩序。根据公告，全国碳排放权交易机构负责组织开展全国碳排放权集中统一交易。在该机构成立前，由上海环境能源交易所股份有限公司承担全国碳排放权交易系统账户开立和运行维护等具体工作。

中国碳排放权交易产品主要为碳排放配额（CEA）和核证自愿减排量（CCER）。由于碳配额和核证自愿减排量的获取方式不同，这两类产品的交易模式各有特点，参与主体差异较大。地区碳中和金融的交易方式包括挂牌协议交易、协议转让、定价点选、定价转让等，而全国碳中和金融交易方式则包括协议转让、单向竞价等。协议转让是指交易双方在交易前已达成交易意向及协议，通过交易系统进行报价、询价并确认成交的交易方式。根据单笔交易申报的二氧化碳当量，又可区分为挂牌协议交易及大宗协议交易（见表4－4）。

表4－4　三种交易方式

<table>
<tr><th>交易方式</th><th>挂牌协议交易</th><th>大宗协议交易</th><th>单向竞价</th></tr>
<tr><td>申报数量</td><td><10万吨二氧化碳当量</td><td>>10万吨二氧化碳当量</td><td rowspan="3">交易主体向交易所提出卖出申请，后者发布竞价公告，买者按规定报价，在约定时间内成交。交易所根据主管部门委求组织开展配额有偿发放，使用单向竞价相关业务规定</td></tr>
<tr><td>成交价格</td><td>上一交易日收盘价 410%</td><td>上一交易日收盘价＋30%</td></tr>
<tr><td>交易规则</td><td>价格优先原则，对手方实时最优5个价位内以对手方价格为成交价依次选择，提交申报完成交易</td><td>交易双方就价格和数量等要素协商一致后确认成交</td></tr>
<tr><td>交易时段</td><td>每周一至周五上午9：30－11：30，下午13：00－15：00</td><td>每周一至周五
下午13：00－15：00</td><td>另行公告</td></tr>
<tr><td>交易账户</td><td colspan="3">每个交易主体只能开设一个交易账户，可根据业务申请多个操作员和相应的账户操作权限</td></tr>
<tr><td>交易场所</td><td colspan="3">全国碳排放权登记机构成立前，注册登记系统账户开立和运行维护等由湖北碳排放权交易中心有限公司承担；全国碳排放权交易机构成立前，交易系统账户开立和运行维护等工作由上海环境能源交易所股份有限公司承担</td></tr>
</table>

（一）挂牌协议交易

挂牌协议交易单笔买卖最大申报数量应小于10万吨二氧化碳当量。交易主体根据实时挂单行情，遵循价格优先原则，在对手方实时最优五个价位内以对手方价格为成交价依次选择，提交申报完成交易。开盘价为当日挂牌协议交易第一笔成交价，若当日无成交，则以上一个交易日收盘价为当日开盘价。收盘价为当日挂牌协议交易所有成交的加权平均价，若当日无成交，则以上一个交易日的收盘价为当日收盘价。挂牌协议交易的成交价格在上一个交易日收盘价的±10%之间确定。

（二）大宗协议交易

大宗协议交易单笔买卖最小申报数量应不小于10万吨二氧化碳当量。交易主体可发起买卖申报，或与已发起申报的交易对手方进行对话议价或直接与对手方成交。交易双方就交易价格与交易数量等要素协商一致后确认成交。大宗协议交易的成交价格在上一个交易日收盘价的 ±30% 之间确定。

中国石化积极参与试点碳市场和全国碳市场建设，通过建立碳排放数据核算体系和碳资产管理信息系统，有效提高碳排放量核算效率及数据准确性。2021 年 7 月 21 日，中国石化下属企业参与首日碳交易，顺利完成全国碳市场首笔大宗协议交易，从华润集团买入 10 万吨全国碳市场碳配额，成为全国碳市场正式上线以来的首笔大宗协议交易。

中信证券股份有限公司作为国内首家资产规模突破万亿的证券公司，业务范围涵盖证券、基金、期货、外汇和大宗商品等多个领域。中信证券在碳交易试点阶段就推出了碳配额回购、碳排放权场外掉期等创新业务，并获得了首家证监会碳交易牌照。2023 年 4 月，岳阳林纸与中信证券签订合作框架协议以及总价值不低于 1 亿元人民币的 CCER 大宗交易意向协议，共同探索绿色金融业务模式，加强碳资产回购、抵质押、绿色债券等绿色金融业务合作。

（三）单向竞价

单向竞价交易模式下，出让方向交易系统提交单向竞价交易挂单申报，征集意向受让方。挂单申报需提交交易标的的代码、数量、CCER 项目信息、保留价、竞价期限等信息。申报完成后对应的交易标的被冻结，并按交易系统设定时间进入竞价程序。交易机构根据主管部门要求，组织开展配额有偿发放，使用单向竞价相关业务规定。竞价的过程由自由竞价阶段和限时竞价阶段组成，最终成交价由限时竞价阶段结束时的最新有效报价确定。

在“碳达峰碳中和”国家战略的背景下，二氧化碳的潜在价值和作用逐渐被发掘。企业通过收集、提纯并液化生产过程中产生的废料二氧化碳，得到的液体二氧化碳可广泛应用于多个领域。中国液体二氧化碳需求量逐年上升，大连自贸片区与大连石油交易所把握时机，依托线上交易平台，创新引入液体二氧化碳交易新品种。相比于传统的线下交易模式，线上竞价交易模式更能体现全国统一大市场原则，减少了交易中间环节，简化了交易流程，使商品价格最大限度趋近于市场价值。2023 年 5 月，通过大连石油交易所线上交易平台专场竞价，大庆油田有限责任公司天然气分公司的 1000 吨液体二氧化碳，最终以每吨加价 210 元的理想价格成功售出，实现了全国首单液体二氧化碳线上竞价交易。这一交易模式的创新，不仅为企业提供了一个高效的交易平台，也为实现国家“双碳”目标作出了贡献。

四、碳中和金融市场的交易制度

碳市场交易制度的设立为中国碳中和金融市场交易的顺利进行提供了制度保障。碳中和金融市场是在碳排放权和项目减排量等基础性碳资产下发展起来的新型金融化工具市场。碳排放权市场交易要顺利实施，需要建立一套交易制度。只有交易制度建立了，才能确保碳排放权成为一种稀缺的有价经济资源，才能赋予碳排放权无形资产属性。这套市场交易制度有别于行政指令、财政补贴、立法等控排手段，具有交易灵活、控排成本低的优势，有更可持续的效果。①

（一）配额分配机制

配额分配是建立碳中和金融市场交易制度的基础。没有初始的碳排放配额，就谈不上碳排放配额的余缺，也就没有后续的碳排放权市场交易发生。因此，实行碳中和金融市场交易首先需要建立合理的碳排放配额分配机制。碳排放配额分配机制包括总量控制和配额分配两个阶段。所谓碳排放总量控制，是在考虑环境质量目标、经济发展水平的要求下政府为一定区域设定一定履约期限的碳排放总量，要求该区域纳入市场覆盖范围的经济主体碳排放量之和不得超过该设定总量。碳排放总量的合理设定是实现控排的关键，也是进行碳排放权配额分配的前提。政府在设定区域碳排放总量时需要考虑该区域经济特征和区域内的行业特征、环境质量目标、控排主体的承受程度等因素。

（二）配额交易机制

要使资源得到有效配置，只有配额分配一级市场是不够的，必须建立二级市场，即所谓的碳排放权交易市场，使碳排放配额可以交易流动。按照《京都议定书》的约定，碳交易机制主要有清洁发展机制、联合履约机制和国际排放贸易机制。清洁发展机制是发达国家和发展中国家建设的低碳项目合作机制，参与项目建设的发达国家利用自身的技术和资金优势，使所建设的项目达到温室气体减排目标，从而获得可以抵消国内温室气体排放额的减排额，使国内减排成本大幅降低。通过合作，发展中国家获得了资金、技术和低碳项目，从而有助于可持续发展。

（三）碳排放监管核查机制

碳中和金融市场与股票市场、债券市场相比，更需要数据支撑。没有准确的碳排放

---

① 黄绍军．“双碳”目标下我国碳排放权市场交易制度优化路径研究［J］．西南金融，2023（06）：30－41.

数据，碳中和金融市场就难以建立和运行。有了准确的碳排放数据，碳中和金融市场才可监测、可汇报和可核查。因此，政府需要建立一套碳排放监管核查机制。首先，可由碳排放主体自主申报碳排放数据；其次，选择胜任的第三方机构对碳排放数据进行独立审核；最后，由政府相关部门进行抽查核实。有效的碳排放监管核查机制可以确保碳排放数据的准确性，确保碳排放权交易可监测、可汇报、可核查。

（四）监督与保障机制

正如股票市场、债券市场一样，碳中和金融交易市场的平稳健康运行，同样离不开政府相关部门的统一监管。政府相关部门的监管不仅可以保障市场的正常运行，还有助于协调市场交易主体之间的纠纷，促使减排任务完成，达到控制碳排放的最终目的。因此，政府应当针对碳排放权交易市场建立一套监督机制，而该监督机制的建立和运行离不开具有熟悉碳排放专业的机构和人才。为了发挥市场机制对碳减排的有效作用，还需要政府提供强有力的保障机制，需要其搭建市场交易平台、制定交易规则、成立交易所、建立资金的托管及清算机制。

为了建立和运行碳中和金融市场，国家层面及各试点地方出台了一系列与之相关的制度，这些制度共同构建了中国碳中和金融市场体系。2011 年 10 月，国家发展改革委出台《关于开展碳排放权交易试点工作的通知》，提出开展碳排放权交易试点工作，试点地方为北京、天津、上海、重庆、湖北、广东及深圳。2015 年 9 月，中共中央、国务院发布《生态文明体制改革总体方案》，其中提到逐步建立全国碳排放权交易市场。2017 年 12 月，国家发展改革委发布《全国碳排放权交易市场建设方案（发电行业）》，标志着中国正式迈出了建设全国统一碳排放权交易市场的第一步。2021 年 2 月至 5 月，生态环境部相继出台《碳排放权交易管理办法（试行）》《碳排放权结算管理规则（试行）》《碳排放权交易管理规则（试行）》及《碳排放权登记管理规则（试行）》，旨在规范全国的碳交易及相关活动，包括碳排放配额的分配和履约，碳排放权的登记、交易、结算，以及排放数据的报告、监督、核查等。2021 年 6 月，作为负责管理全国统一碳排放权交易的机构，上海环境能源交易所发布《关于全国碳排放权交易相关事项的公告》，明确了全国碳排放配额（CEA）交易的场所、方式、时段等事项。2022 年 8 月，国家发展改革委、统计局和生态环境部联合印发《关于加快建立统一规范的碳排放统计核算体系实施方案》，系统部署中国碳排放统计核算体系建设的重点任务。此外，各个试点省市还出台了一系列地方性法规。这些国家及试点地方性法规整体上形成了中国碳排放权交易制度框架，内容包括碳排放配额总量控制、覆盖行业、纳入标准、配额分配、交易规则、碳排放核查、履约等事项及环节的规范要求。

第三节　碳中和金融市场体系建设的路径

一、完善配额分配机制

完善配额分配机制是确保碳中和金融市场稳定运行的基石，其科学性和合理性对市场的有效性具有决定性作用。

一是科学设定碳排放总量。政府在设定区域碳排放总量时，需要综合考虑区域经济特征、行业特征、环境质量目标及控排主体的承受程度等因素，以确保总量控制的科学性和合理性。这要求政府在决策过程中充分调研，听取各方意见，确保设定的总量既能满足经济发展需要，又能达到减排目标。例如，根据《全国碳市场发展报告》所述，中国政府将持续完善全国碳排放权交易市场相关政策配套制度，综合考虑行业的碳排放水平、数据质量基础、减污降碳协同、行业高质量发展等因素，分阶段、有步骤推动碳排放权交易市场覆盖更多重点行业。

二是优化配额分配方式。结合中国实际情况，逐步从免费分配过渡到有偿分配，如拍卖等，以提高市场效率和碳排放权的稀缺性，促进碳排放权成为一种稀缺的有价经济资源。有偿分配方式如拍卖可以更好地反映市场供需关系，提高配额分配的公平性和效率。根据《关于做好 2021、2022 年度全国碳排放权交易配额分配相关工作的通知》中的描述，政府已经开始尝试通过预分配配额的方式来调整市场，以适应不断变化的减排需求和市场条件。

三是建立动态调整机制。配额分配应根据经济发展、技术进步和市场变化进行动态调整，以适应不断变化的减排需求和市场条件。动态调整机制的建立，可以使配额分配更加灵活，更好地适应市场和技术的变化，从而保持市场的活力和效率。《全国碳市场发展报告》中提到，未来全国碳市场将坚持作为推动实现“双碳”目标的重要政策工具定位，强化全国碳市场在碳定价机制中的主体作用。

二、发展多样化交易模式

发展多样化交易模式对于提升碳中和金融市场的流动性和价格发现功能至关重要。

一是推广挂牌协议交易和大宗协议交易。这两种交易方式为碳排放权交易提供了灵活性和效率，有助于提高市场的流动性和价格发现功能。挂牌协议交易和大宗协议交易可以满足不同规模市场主体的需求，提高市场的包容性。例如，通过推广这两种交易方式，可以为企业提供更多的交易机会，增加市场的活跃度，同时也为政府提供了一种有效的配额有偿发放手段。

二是探索单向竞价交易。单向竞价交易可以为市场提供更多的交易机会，增加市场的活跃度，同时也为政府提供了一种有效的配额有偿发放手段。通过单向竞价，市场参与者可以更有效地表达自己的需求和意愿，从而提高交易的透明度和公平性。《全国碳市场发展报告》中提到，未来将不断丰富交易品种、交易主体、交易方式，进一步提升市场活跃度，完善价格发现功能。

三是创新碳金融衍生品交易。发展碳期货、碳期权等金融衍生品，可以为市场参与者提供更多的风险管理工具，增强市场的稳定性和预测性。碳金融衍生品的创新，可以提高市场对冲风险的能力，吸引更多的投资者参与市场交易。《全国碳市场发展报告》中强调了积极发展具有高质量碳信用的全国温室气体自愿减排交易市场，构建科学合理、公开透明、广泛参与的制度体系的重要性。

三、强化市场监管和法律保障

强化市场监管和法律保障是确保碳中和金融市场健康运行的基石。

一是加强法律法规建设。在法律层面明确碳排放权的属性，为碳排放权的交易和融资提供法律依据，增强市场的法律确定性。法律法规的完善，可以为市场参与者提供清晰的规则和预期，降低交易的法律风险。《关于做好2021、2022年度全国碳排放权交易配额分配相关工作的通知》中提到，政府已经开始尝试通过预分配配额的方式来调整市场，这需要法律法规的支持和保障。

二是完善市场监管体系。建立和完善碳排放权交易市场的监管体系，确保市场的公平、公正和透明，防止市场操纵和欺诈行为。有效的市场监管体系，可以维护市场秩序，保护投资者的合法权益。《开启碳排放权市场交易法治新局面》中提到，将逐步推行免费分配和有偿分配相结合的方式，这需要监管体系的完善来确保公平性和有效性。

三是提升市场透明度。通过公开市场信息、加强信息披露等措施，提高市场的透明度，增强市场参与者的信心，促进市场的健康发展。市场透明度的提升，有助于投资者更好地了解市场情况，作出更为理性的投资决策。《全国碳市场发展报告》中提到，将探索采用信息化手段强化数据质量管理，推动核证自愿减排量广泛应用，这需要高度的市场透明度作为支撑。

四、培育多元化市场主体

培育多元化市场主体是碳中和金融市场体系建设的关键，有助于提升市场的活跃度和创新能力。

一是鼓励各类企业参与。不仅包括控排企业，还应鼓励非控排企业、投资者和金融机构等参与碳排放权交易，以增加市场的多样性和活力。例如，通过政策引导和激励措施，可以鼓励更多的企业参与到碳市场中来，从而提高市场的流动性和价格发现功能。

二是发展中介服务机构。培育专业的碳排放权交易中介服务机构，提供市场咨询、碳资产管理、碳交易撮合等服务，提高市场的效率和专业性。中介机构的发展可以为市场参与者提供更加专业的服务，降低交易成本，提高市场效率。

三是加强国际合作。通过国际合作，引入国际先进的碳排放权交易经验和技术，提高中国碳排放权交易市场的国际竞争力。国际合作可以帮助中国碳市场更好地融入全球碳市场，提高其国际影响力和竞争力。

五、提升市场流动性和价格发现功能

提升市场流动性和价格发现功能是碳中和金融市场体系建设的重要目标，对于实现资源的有效配置具有重要意义。

一是建立有效的价格形成机制。通过市场供求关系形成价格，反映碳排放权的真实价值，引导资源的合理配置。有效的价格形成机制可以提高市场的透明度，降低交易成本，提高市场效率。

二是发展二级市场。通过建立二级市场，提高碳排放权的流动性，促进碳排放权的交易和流通。二级市场的发展成为提高市场流动性的关键，可以为市场参与者提供更多的交易机会和风险管理工具。

三是创新交易产品和服务。开发多样化的碳金融产品和服务，满足不同市场主体的需求，增加市场的深度和广度。产品和服务的创新可以提高市场的吸引力，吸引更多的投资者参与市场交易，从而提高市场的流动性和稳定性。

第五章　碳中和金融标准体系

科学的碳中和金融标准体系有助于规范金融机构的行为，促进可持续发展，推动低碳经济的发展。同时，通过设立统一的标准，有助于提升金融市场的透明度和可比性，促进全球范围内的碳中和目标的实现。本章分别阐述了碳中和金融标准体系的界定、碳中和金融标准体系的架构、碳中和金融标准体系的制定原则。首先，深入分析碳中和金融标准体系的发展，给出碳中和金融标准体系的定义，分析国内外碳中和金融标准体系的特点；其次，阐述了碳中和金融标准体系的意义、作用以及内容；最后，剖析了碳中和金融标准体系制定过程中应当遵循的原则，创新地将过往金融领域中需要重点关注的制定原则引入碳中和金融标准体系中，可为构建结构合理、层次分明、适应经济社会高质量发展的碳中和标准体系提供理论指导和参考借鉴。

第一节　碳中和金融标准体系的界定

一、碳中和金融标准体系的发展

碳中和金融标准体系是促进碳中和金融规范、有序发展的核心工具，其构建与完善被视为实现碳中和目标的基础与首要任务。随着全球气候变化的严峻挑战，中国作为世界上最大的碳排放国之一，正积极推动碳中和金融标准体系的建设，以引导金融资源向绿色产业倾斜，推动经济结构的绿色转型。2022 年 4 月，中国证监会发布的《碳金融产品》行业标准，为中国碳中和金融产品提出了分类依据以及实施要求，这是继 2021 年 8 月中国人民银行发布首批两项绿色金融标准以来，金融监管机构在碳中和金融标准体系建设领域的又一重要实践。① 截至 2023 年，中国碳中和金融标准的制定与完善取得了一系列积极进展。②

---

① 史英哲，云祉婷．统筹构建中国绿色金融标准体系［J］．金融博览（财富），2022（05）：63－64.

② 王定祥，琚丽娟．碳金融的概念及属性［J］．经济研究参考，2013（24）：19－21.

有学者认为中国碳中和金融标准体系是通过贷款、私募投资、债券和股票发行、保险、排放权交易等金融服务将社会资金引入环保、节能、清洁能源、清洁交通等绿色产业的一系列政策、制度安排和相关基础设施建设，即“通过各类绿色金融工具和相关政策支持经济向绿色化转型的制度安排”；碳中和金融标准体系对碳中和金融具有规范与治理的双重作用，已经成为绿色金融和碳中和金融的重要支柱。[①] 虽然中国碳中和金融标准体系自 2016 年始进入发展迅速阶段，但也有学者认为国际碳中和金融标准体系的建设更加市场化[②]，其大部分是由相关金融机构或各类社会组织推动建立的，市场主体遵循自愿的原则参与各项活动、执行各类绿色金融标准。碳中和金融（及其标准）被认为是继 20 世纪 60 年代环境政策的提出、80 年代市场工具的推广以及在世纪之交企业社会责任日益受到重视的结果。2016 年以来中国碳中和金融发展迅速并取得巨大成就的一个重要的原因就是中国政府通过顶层设计、“自上而下”积极推进碳中和金融体系建设。但是中国碳中和金融标准体系到底是什么，其范围包括哪些规范性文件，现有碳中和金融标准体系并未形成明确共识。在中国《金融业标准化体系建设发展规划（2016—2020 年）》《金融标准化“十四五”发展规划（2022 年 1 月）》以及细分的各类绿色金融专项标准或政策文件中，也未对碳中和金融标准及体系进行明确、统一的界定。[③] 识别国内碳中和金融标准属性，对于科学、全面地构建中国碳中和金融标准体系具有重要意义，也有助于加快建设高效规范、公平竞争、充分开放的绿色金融全国统一大市场。

基于 2016 年中国人民银行等七部门发布的《关于构建绿色金融体系的指导意见》，首次从政府层面对绿色金融和绿色金融体系进行了权威界定[④]，其中绿色金融体系则是指通过绿色信贷、绿色债券、绿色股票指数和相关产品、绿色发展基金、绿色保险、碳中和金融等金融工具和相关政策支持经济向绿色化转型的制度安排。因此，根据绿色金融作为一项金融服务，是实现碳中和的重要途径，碳中和金融是支持环境改善与应对气候变化的金融活动，属于碳中和的一个分支的逻辑，并鉴于政府和业界学者的共同研究成果下，可以将碳中和金融市场理解为金融化的碳市场，碳中和金融标准体系定义为所有服务于限制温室气体排放的金融活动，包括直接投融资、碳指标交易和银行贷款等，使温室气体排放具有了商品属性。即运用金融资本去驱动环境权益的改良，以法律法规作支撑，利用金融手段和方式在市场化的平台上使得相关碳中和金融产品及其衍生品得以交易或者流通，最终实现低碳发展、绿色发展、可持续发展的目的。中国碳中和金融

① 马骏．论构建中国绿色金融体系［J］．金融论坛，2015，20（05）：18－27.
② 杜娟．国内外绿色金融标准体系发展对比［J］．河北金融，2020（10）：10－13，31.
③ 唐颖媛，陈波．我国绿色金融标准识别与体系构建［J］．标准科学，2023（02）：33－38.
④ 管晓明．绿色金融体系的构建与中国经验［J］．浙江金融，2017（09）：13－19.

领域的研究和实践正在快速发展，已成为全球碳中和金融领域重要的参与者和标准制定者、碳中和金融体系构建的引领者和重要力量，碳中和金融体系逐步成为全球各国学习的“中国范本”。

碳中和金融通过货币流通和金融交易将货币资金更多地配置于支持环境改善和应对气候变化等领域，助推经济的绿色低碳转型发展。在“双碳”目标下，碳中和金融标准体系助推“双碳”目标实现的基本机制是运用有效的金融政策支持手段，引导货币资金借助于金融体系流向促进碳减排、增加碳清除的低碳投资项目和低碳技术创新领域，推动低碳经济发展。要对低碳经济发展起到推动作用就需要借助于包含多种形式金融产品和服务的碳中和金融体系完成（见图5－1）。碳中和金融标准体系通过有别于传统金融发展的新服务、新工具和新模式，促进碳减排和增加碳清除，提升低碳经济发展效率。

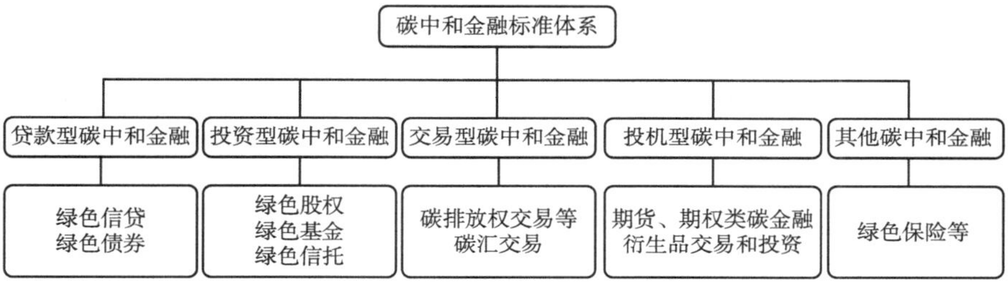

图5－1　碳中和金融标准体系

综上所述，碳中和金融标准体系是指在《京都议定书》等国际协议框架下，为温室气体减排项目提供资金支持的一系列制度安排和标准规范。这一概念超越了简单的减排量购买，涵盖了碳交易与金融属性的深度融合，通过金融创新活动促进产业结构的升级和经济增长方式的转变。

二、国际碳中和金融标准体系的特点

为了应对全球气候变化以及推动相应政策的实施，碳中和金融应运而生。纵观碳中和金融市场的发展，截至2023年，国际市场上并无统一的碳中和金融标准体系，但是欧盟、美国和日本等国际组织和国家经过多年的发展，已积累了丰富的经验，多个经济体、多边开发银行、行业组织对于碳中和金融的标准构建形成了丰富的实践基础。国际碳中和金融标准体系的发展具有以下几个特点。[①]

① 葛春尧，李强，王梅婷．统筹建立我国绿色金融标准体系［J］．中国金融，2023（03）：59－61.

一是国际组织和金融机构是碳中和金融标准制定的参与主体。国际碳中和标准体系构建更加市场化，现有标准多是由国际 NGO 组织、大型金融机构推动建立的，其为金融机构加强环境和社会风险管理提供了参考依据，从而不断吸引金融机构自愿加入。

二是国际碳中和金融标准实践已全面展开，带动相关标准不断更新。以赤道原则为例，自 2003 年公布实施以来，加入的金融机构数量不断增长，截至 2022 年 7 月，自愿采纳赤道原则的金融机构达到 138 家，涉及全球 38 个国家。同时，赤道原则协会基于实践中的反馈对赤道原则不断完善。例如，2019 年 6 月赤道原则 4.0 草案发布，更新了适用范围、社会与人权、生物多样性等方面的内容。

三是国际碳中和金融标准体系具有新生性和阶段性。国际碳中和金融标准体系的新生性一方面是指关于碳信用的交易工具及其衍生产品是新生事物，另一方面是指进行碳中和金融产品交易的交易所在逐渐建立中。芝加哥气候交易所建于 2000 年，是世界上第一个也是北美唯一温室气体减排和交易系统，是自愿排放权交易市场的主要参与者之一。该气候交易所从 2007 年 8 月开始提供 CER 期货交易。而欧洲气候交易所是世界上最大的交易所，也是唯一完全符合《京都议定书》标准的气候交易所，该气候交易所是芝加哥气候交易所下设的子公司。从 2005 年 4 月开始，在欧洲气候交易所可以交易 EUA 和 CER；在 2008 年引入了 CER 的期货和期权交易；2008 年 10 月，引入了 EUA—CER 的价差交易；2009 年，引入了两种新的即期合约，即 EUA 和 CER 的每日期货合约。①

国际碳中和金融标准体系的阶段性主要指其实施过程的阶段性以及减排目标的阶段性，具体体现在自愿排放权交易市场、欧盟排放权交易体系、新西兰排放权交易体系实施的阶段性。在自愿排放权交易市场中，减排期根据减排目标的不同划分为两个阶段。第一个阶段（2003—2006 年）中，成员国的排放量每年都要低于基线 1 个百分点（基线为 1998 年、2001 年的年均排放量），到 2006 年总的排放量都要低于基线 4 个百分点。第二个阶段（2007—2010 年）要求所有成员承诺到 2010 年总的排放量都要低于基线 6 个百分点。第二阶段的基线与第一阶段的基线一样，也可以选择 2000 年的全年的排放量作为基线。②

欧盟排放权交易体系是全球最大的排放权交易机制，其实际减排量数全球第一。欧盟排放权交易体系于 2005 年 1 月 1 日开始实施，第一阶段时间为 2005 年 1 月 1 日至 2007 年 12 月 31 日；第二阶段与《京都议定书》承诺期一致，即 2008 年 1 月 1 日至 2012 年 12 月 31 日；第三阶段时间为 2013 年 1 月 1 日至 2020 年，即后《京都议定书》

---

① Mizrach B. Integration of the Global Emissions Trading Markets [J/OL]. SSRN Electronic Journal, 2009.

② Gray E. Private Landowner Participation in the Carbon Market: Opportunities in North Carolina [J]. Inorganic Chemistry, 2008, 41 (04): 659-668.

时期。欧盟排放权交易体系是欧盟达到《京都议定书》规定的减排目标中最重要的机制，是第一部重要的二氧化碳排放交易体系。

新西兰排放权交易体系到2015年会逐步管理经济体中所有部门中6种《京都议定书》界定的温室气体的排放。2010年7月1日，新西兰排放权交易体系管理着固定能源、工业生产过程和液体化石燃料，总共将近占全国2008年排放量的一半。到2013年1月1日，体系将会纳入加工地点、化肥进口和化肥生产方面管制农业中温室气体的排放。新西兰政府仍将持续修改其分配规则。

四是国际碳中和金融标准体系具有分散性。由于国际碳中和金融体系的新生性，该体系的建立并不完善，也没有形成一个真正意义上的完整体系，因此空间上的分散性仍是其主要特征之一。在2009年12月的哥本哈根气候大会上，美国在最后一刻虽然同意签署协议，但是并没有作出具体的减排承诺，也没有同意加入《京都议定书》。美国国内的减排机制主要是部分州政府建立的区域性排放权交易体系以及美国芝加哥气候交易所组建的自愿交易机制。在这个自愿交易机制中，公司和私人部门通过交易芝加哥气候交易所碳金融工具合约来达到减排目标。CFI包括温室气体排放配额、核证减排碳补偿、核证早期行动碳信用。如果成员的减排量超过了减排目标，该部门可以储存或售卖自愿碳排放信用。如果成员没有达到减排目标就可以运用前期的碳储存或是购买CFI合约。在欧洲，主要交易体系是欧盟排放权交易体系。在欧盟排放权交易体系中，每个成员国都有各自的登记簿，记载每个公司配额的余额。在2008年之前，这些登记簿都与欧盟独立交易日志相关联。在2008年10月16日，欧盟委员会、成员国和《联合国气候变化框架公约》秘书处完成欧盟独立交易日志、《联合国气候变化框架公约》国际交易日志（ITL）的成员国登记簿的对接，欧盟国家可以通过JI和CDM产生的信用达到减排目标。①

2009年11月25日，新西兰议会通过了《2009年应对气候变化修正案》，新西兰碳市场的未来形势日趋明朗。新西兰排放权交易体系是第一个欧盟之外的管制型经济性排放权交易机制。新西兰政府申明，在其他发达国家建立类似交易机制之前，将不会充分运行新西兰排放权交易体系。新西兰排放权交易体系与欧盟排放权交易体系相关联，但是双方是否可以接受对方的减排工具还有待商讨。在相互接受之前还有一系列的问题需要考虑：在国内价格下降时，哪方会最终受益？交易体系中包含哪些部门？适应怎样的配额配给方式？设置价格干预机制，通过系统之间的联结来相互传导是什么？核准哪种

① Mansanet - Bataller M, Pardo Á. What You Should Know About Carbon Markets [J/OL]. Energies, 2008, 1 (03): 120 - 153.

类型的碳信用？等等。

五是国际碳中和金融标准体系具有重塑性。国际碳中和金融标准体系作为一个新兴体系无疑重塑了国际格局，无论从市场主导力量或市场份额来看，都有别于以往由美国主导的国际金融体系（布雷顿森林体系、牙买加体系）。国际碳中和金融标准体系改变了国际经济力量对比，并会随着体系的进一步发展和完善，从某种程度上改变国际政治格局。

依据市场份额，在众多卖家中中国保持着最大卖家的地位，是最具活力的核证减排信用创造市场，总共占市场72%的份额。但是，从2008年开始，中国市场份额开始下降，非洲和中亚的市场份额分别在2009年上升为7%（1500万吨）和5%（1000万吨）。从买方看，作为世界上最大的气候交易所，欧洲气候交易所主要进行以EUA和CER为基础资产的交易。2008年，在欧洲气候交易所有8.25亿吨的二氧化碳当量在EUA期货市场完成交易，有1.70亿吨的二氧化碳当量在CER期货市场完成交易，占全球CER期货市场的61%。2009年，在欧盟排放权交易体系中，私人部门购买了绝大部分CDM和JI项目，共计2.37亿吨。由于在交易体系中大部分金融参与者在英国活动，因此英国为最大的CDM买家，接近总购买量的40%。

随着全球范围内减少碳排放行动的不断推进，各国（经济体）根据自身发展阶段和发展需求，建立了适合各自特点的碳中和金融标准体系。

三、中国碳中和金融标准体系的特点

中国碳中和金融市场是在国际碳中和金融市场的基础上发展起来的，而国际碳中和金融市场可以追溯至1997年签订的《京都议定书》，其为全球碳中和金融市场的建立奠定了基础。随后，世界上首个强制性碳中和金融市场——欧盟EU—ETS于2005年成立，已进入第三阶段。其碳交易市场建设经历了诸多曲折，积累了丰富的经验，同时也有深刻的教训。2015年，《巴黎协定》提出将全球平均气温升幅控制在工业化前水平以上2°C之内、努力限制在1.5°C之内的目标，推动国际碳中和金融市场加速发展。中国作为全球碳排放市场的重要参与者，虽然起步较晚但发展迅速，经过6年酝酿、7地试点后，中国全国碳排放交易体系建设已于2017年12月正式启动。

2020年9月，习近平主席宣布了中国碳达峰、碳中和的“双碳”目标，为中国碳中和金融市场发展带来新的契机①，中国作为发展中国家，相对于部分发达国家而言，

① 中国工商银行香港外汇资金交易中心研究团队，许璐．关于国际碳金融市场的比较研究与相关思考［J］．现代金融导刊，2022（12）：39－45.

碳中和金融发展起步相对滞后[1]，随着国际环境变化与经济发展的矛盾不断激化，碳减排与碳中和金融再度成为全球焦点话题，中国面对自身发展实际，转变经济发展方式，并且中国人民银行也在不断地开展国际合作，比如在2022年11月牵头制定了《G20转型金融框架》。2022年6月，国际可持续金融平台（IPSF）发布《可持续金融共同分类目录》，中国和欧盟的绿色金融共同分类目录趋同率达到了80%。该目录提升了中欧双方标准的兼容性，有助于将中国可持续发展与全球资本市场联结起来，为中国经济向低碳转型提供更多资金支持，同时也有利于从国际合作层面促进可持续金融一体化发展，帮助投资者识别和抓住可持续投资机遇。[2] 中国和欧盟协作推进可持续金融共同分类目录相关工作，为在不同经济结构、发展阶段及技术、法律和监管环境下构建与各经济体绿色低碳发展目标相一致的绿色投融资政策工具提供了宝贵经验。因此中国碳中和金融标准体系的发展历程具有以下几方面的特点[3]：碳中和金融标准体系框架逐步建立；绿色信贷加快投放；绿色债券发展迅速；绿色产业基金稳步增长；绿色金融产品服务不断创新；全国性碳排放交易市场建设逐步推进。

碳中和金融标准体系的发展可分为“自上而下”和“自下而上”两种模式。“自下而上”的发展模式源于发达市场经济国家，主要依靠内生的融资支持，以碳中和金融体系下层的金融需求促进多元化的外部碳中和金融创新；而“自上而下”的发展模式主要用于发展中国家，其碳中和金融标准体系发展呈现明显的外生性特征，以上层结构引导下层结构需求为基本规则。碳中和金融标准体系两种发展模式的比较（见表5-1）。

表5-1　碳中和金融标准体系两种发展模式比较

项目	自下而上模式	自上而下模式
模式的成因	受利益驱动自发	环境压力倒逼
模式的适用	发达国家	发展中国家
模式的优势	环境法律健全、执法力度强、环境压力小	政府主导、方向准、效率高
模式的劣势	缺乏引导、进展缓慢	市场动力不足

结合中国碳中和金融标准体系的发展历程以及中国与国际碳中和金融市场发展存在的差距，中国碳中和金融标准体系的特点可以概括为以下三点：

---

① 乔录生，仇婷，赵阳．“双碳”目标下碳金融发展现状、问题及对策研究［J］．投资与创业，2021，32（17）：1-3.

② 李昕．中欧《可持续金融共同分类目录》解读与应用［J］．可持续发展经济导刊，2022（11）：25-30.

③ 张娜．碳中和背景下的中国绿色金融机制研究［J］．节能与环保，2021（07）：34-35.

（一）碳中和金融标准体系的顶层设计

由表5－1可以看出，中国碳中和金融发展模式与发达国家存在明显差异，国内碳中和金融体系主要强调政府的主导性和转型的强制性，而西方国家重视市场机制的力量。

中国碳中和金融体系的发展程度决定了经济绿色转型的深浅，与发达国家不同。中国碳中和金融体系基础薄弱，粗放式的经济发展模式为经济绿色转型带来了巨大的负担，因此，国内碳中和金融标准体系的前期发展应该着重于转变粗放式经济发展模式，通过污染处罚和环境改善，强力约束破坏型和污染型经济发展方式，逐步提升金融机构或企业的绿色投资意识，将污染的负外部性转化为企业融资成本，促使资金由灰色高污染项目流向绿色经济项目，达到由粗放式经济发展向“浅绿”经济转型的目的。因此，党的十八届五中全会提出“创新、协调、绿色、开放、共享”的新发展理念，以持续推进生态文明建设。新发展理念强调人与自然和谐共生，以节约资源和保护环境为基本国策，以为人民创造良好生产生活环境为落脚点，努力建设人与自然和谐共生的现代化。为了深入贯彻习近平总书记系列重要讲话精神，落实绿色发展理念，促进绿色消费，加快生态文明建设，推动经济社会绿色发展，2015年9月，中共中央、国务院印发《生态文明体制改革总体方案》，从市场化机制角度出发、侧重于环境权益交易的视角，明确提出碳中和金融标准体系发展的一系列举措；于2016年2月17日，发展改革委、中宣部、科技部等十部门联合出台了《关于促进绿色消费的指导意见》，自2016年3月1日起实施，从生产供应侧、消费需求侧倡导绿色生活方式和消费模式，推进全面、系统化的绿色低碳转型；同年8月，中央深改领导小组审议通过《关于构建绿色金融体系的指导意见》，将构建碳中和金融标准体系上升到国家高度，从碳中和金融的内涵、激励机制建设、碳中和金融产品和服务创新、配套制度、国际合作、风险防范等方面，构建起全球首个相对完整的、政府推动与社会资本共同参与的碳中和金融政策框架体系。与此同时，中国还将碳达峰碳中和纳入生态文明建设整体布局，2020年9月，习近平总书记在联合国大会一般性辩论会上向全世界作出“二氧化碳排放力争于2030年前达到峰值，努力争取2060年前实现碳中和”的庄严承诺，建立了碳达峰碳中和“1＋N”政策体系，其中，“1”为着眼顶层设计的《中共中央 国务院关于完整准确全面贯彻新发展理念做好碳达峰碳中和工作的意见》，“N”则代表《2030年前碳达峰行动方案》及能源、钢铁、有色金属、石油化工、建材、交通、建筑等重点行业和领域的碳达峰行动方[1]，由此形成了实现“双碳”目标的行动路线图。

---

① 陆文钦．强化绿色金融标准与“双碳”目标协同［J］．中国金融，2022（11）：27－28.

由此可见，中国“浅绿”经济转型离不开政府政策对碳中和金融标准体系发展的引导和约束，也体现出中国碳中和金融标准体系发展初期区别于西方发达国家的显著特征，中央层面对碳中和金融发展进行顶层设计和政策支持。碳中和金融标准体系日趋完善，绿色信贷政策、绿色债券政策以及部分激励政策也相继出台，发展绿色信贷业务的银行从最初的21家发展至全国4000多家。

（二）部委层面出台支持碳中和金融标准体系发展

中国相关部委已出台多个专项支持政策和配套措施，推动碳中和以及绿色金融政策落地。在绿色信贷领域，建立并不断完善绿色信贷框架，实现绿色信贷政策、监管政策与产业政策的密切结合。先后发布《节能减排授信工作指导意见》《绿色信贷指引》《能效信贷指引》《绿色信贷统计制度》《绿色信贷实施情况关键评价指标》等规定，形成较为完善的绿色信贷制度框架体系、统计监测体系和综合考核评价体系，通过对银行业金融机构开展节能环保授信、管理方式、考核评价等作出明确规定，引导信贷资金投向环保低碳领域，不断提升金融机构自身环境和社会表现。中国人民银行正研究将符合条件的绿色债券纳入货币政策工具合格抵押品范围，通过再贷款、宏观审慎评估等机制和安排支持绿色信贷发展。

不断完善各类绿色债券和绿色债务融资工具，形成“自上而下”的绿色债券标准和多部门“齐头并进”的管理体系。2015年中国人民银行发布公告在银行间债券市场推出绿色金融债券，正式启动中国绿色债券市场。中国金融学会绿色金融专业委员会发布《绿色债券支持项目目录（2015年版）》，为绿色债券发行管理提供依据。中国人民银行指导交易商协会完善绿色债务融资工具发行管理制度，《非金融企业绿色债务融资工具业务指引（2017年版）》使绿色项目界定与分类更加科学严谨，《绿色债券评估认证行为指引（暂行）》在绿色债券评估认证和后续监督管理相关制度等方面进行了完善。在绿色企业债方面，发展改革委印发《绿色债券发行指引（2015年版）》积极支持绿色企业债券发行。在绿色公司债方面，证监会指导上交所、深交所发布《关于开展绿色公司债券试点的通知》《关于开展绿色公司债券业务试点的通知（2016版）》，开启绿色公司债券试点。《中国证监会关于支持绿色债券发展的指导意见（2017版）》进一步明确支持绿色公司债券发展的保障措施。

积极推动绿色保险市场发展。环保部和保监会先后联合印发《关于环境污染责任保险工作的指导意见》《关于开展环境污染强制责任保险试点工作的指导意见》，指导在高环境风险行业开展环境污染责任保险试点。2017年，环保部、保监会制定《环境污染强制责任保险管理办法（征求意见稿）》，首次从国家层面提出推行环境责任强制保险。

加快建立企业环境信息披露制度。2014 年修订的《环境保护法》对企业环境信息公开作出明确规定，环保部专门出台《企业事业单位环境信息公开办法》。证监会积极推动上市公司环境信息披露工作，并在公开发行证券的公司信息披露内容与格式准则中予以明确，有效降低了相关机构开展绿色金融业务的不确定性和风险成本。

2016 年，为深入推进环境权益交易市场建设，发展改革委印发《全国碳排放权交易市场启动重点工作的通知》，先后批复深圳、湖北、北京、广东、重庆、上海、成都 7 个全国碳市场能力建设中心，通过开展一系列碳交易能力建设活动为建立全国性碳市场、开展碳中和金融产品创新开启准备。截至 2016 年末，七省市试点碳市场累计成交量 1.6 亿吨，累计成交额近 25 亿元。积极构建政府和市场相结合的二元化绿色金融风险补偿机制，除了引导和鼓励完善绿色金融各类市场化风险补偿机制外，中国人民银行、国家发展改革委、财政部、银监会等部门先后出台配套和激励措施，兼顾公平和风险可控原则，降低金融机构发展绿色金融和碳中和金融的风险。财政部等部门正积极研究国家绿色发展基金的设立方案，更好地发挥绿色发展基金的风险分担作用。

（三）中央有效推动与地方积极创新的有机结合

中国“自上而下”的碳中和金融标准体系不单单是由上到下的单向推动，而是中央有效推动与地方积极创新的有机结合。2017 年 6 月，中国人民银行、发展改革委、财政部等七部委印发五省（区）《建设绿色金融改革创新试验区总体方案》，决定在浙江、江西、广东、贵州、新疆 5 省（区）选择部分地方建设碳中和金融改革试验区，五大试验区主动出台碳中和金融实施方案和行动计划，积极探索碳中和金融的发展模式和路径，各有侧重、各具特色。例如，湖州市在探索碳中和金融体系中，设立了首家环境信息披露试点金融机构和中国首家绿色专营支行，在国内首创“保险 + 服务 + 监管 + 信贷”模式。衢州市则侧重于传统产业绿色转型，在全国率先将财政资金竞争性存放指标与银行绿色信贷业务挂钩，首创了安全生产和环境污染综合保险，并设立了绿色产业引导基金。五地政府根据建设绿色金融改革创新试验区总体方案的要求，已陆续出台各具特色的构建碳中和金融服务体系的实施细则，为有序开展碳中和金融提供制度化、法制化保障。

第二节 碳中和金融标准体系的架构

一、碳中和金融标准体系的意义

在当今全球气候变化日益严峻的背景下，碳中和已成为各国发展的共同目标。中国作为全球最大的碳排放国，在实现“碳达峰、碳中和”目标的征途中，碳中和金融标准体系建设显得尤为重要。这不仅是中国市场长期高质量发展的重要基础，更是推动经济结构绿色转型、实现可持续发展的关键路径。

根据《中华人民共和国标准化法》（以下简称《标准化法》）的规定，标准体系涵盖了国家标准、行业标准、地方标准、团体标准和企业标准。中国在碳中和金融标准体系建设方面已取得初步进展。已出台的行业标准和地方标准正在逐步发挥作用，为碳中和金融市场的规范运行提供了重要依据。然而，国家标准仍处于征求意见阶段，团体标准和企业标准尚须进一步培育和发展。① 这表明，中国在碳中和金融标准体系建设方面仍需不断努力，以完善和优化标准体系，更好地服务于经济的高质量发展。

与发达国家相比，中国在碳中和金融标准体系建设方面虽然起步较晚，但发展速度迅猛。发达国家在碳中和金融相关的制度安排和绿色金融产品发展方面已有丰富经验，这些经验为中国提供了宝贵的借鉴。通过学习和吸收国际先进经验，并结合中国国情，中国正加快构建具有中国特色的碳中和金融标准体系。

碳中和金融标准体系是指“通过各类碳中和金融工具和相关政策支持经济向绿色化转型的制度安排”。这一体系被视为碳中和金融可持续发展的重要支柱，其积极意义主要体现在规范和治理两个方面。

在规范方面：（1）有利于明确术语与边界。标准体系对碳中和金融的相关术语进行了清晰界定，避免了市场参与者在概念理解上的混淆和歧义。同时，通过确定碳中和金融的边界，为市场参与者提供了明确的行动指南，确保了投融资行为的针对性和有效性。（2）有利于消除认知差异。在碳中和金融领域，由于信息不对称和认知差异的存在，市场参与者往往难以形成一致预期，导致交易成本上升和市场效率下降。而标准体系的建立，通过提供统一的认知框架和评价标准，有助于消除这些认知差异，降低交易成本，提高市场效率。（3）有利于奠定互信基础。标准体系的建立还为交易双方奠定了互信基础。在明确的规则和框架下，市场参与者可以更加清晰地了解对方的意图和行为模式，从而建立起更加稳固的合作关系。这种互信关系的建立，对于促进碳中和金融市场的长期健康发展具有重要意义。

在治理方面：（1）有利于涵盖基础交易对象和评价指标。标准体系涵盖了碳中和金融的基础交易对象和评价指标，为市场参与者提供了明确的参考依据。这些基础交易对象和评价指标的确定，有助于市场参与者更加准确地把握市场动态和趋势，从而作出更加合理的决策。（2）有利于细化原则性规定和基本制度。标准体系还细化了碳中和

---

① 史英哲，云祉婷．统筹构建中国绿色金融标准体系［J］．金融博览（财富），2022（05）：63－64.

金融的原则性规定和基本制度，为市场参与者提供了更加具体的操作指南。这些原则性规定和基本制度的细化，有助于增强政策支持的可操作性，提升监管的有效性。(3) 有利于防范金融风险。通过标准的引导和约束，标准体系可以确保碳中和金融市场的规范运行，有效防范金融风险。例如，通过设定严格的准入门槛和监管要求，可以防止不良资产进入市场，从而维护市场的稳定和安全。(4) 有利于保护投资者利益：标准体系还致力于保护投资者的合法权益。通过明确信息披露要求、建立投资者保护机制等方式，标准体系可以确保投资者在碳中和金融市场中获得公平、公正的交易机会和待遇。

二、碳中和金融标准体系的作用

在发达国家，碳中和金融标准体系相关的制度安排与碳中和金融产品的发展对经济结构转型和启动新经济增长点起到了积极作用。同理，中国建立碳中和金融标准体系也将会在稳增长和调结构两方面起到重要作用，并将有助于改善中国财政可持续性和维护负责任大国的国际形象。

中国碳中和金融标准体系的构建始终以“支持资源节约、环境改善与应对气候变化”可持续发展为核心，以金融、财政、环保等政策和相关法律法规为基础，在政府和监管机构的引导和监督下，通过不断创新的金融工具和服务手段，动员和激励更多的社会资金投入清洁能源、清洁交通以及节能、环保等绿色产业，以此助力中国经济向绿色化转型，支持生态文明建设，促进环保、新能源、节能等领域的技术进步，加快培育新的经济增长点，提升经济增长潜力。

中国碳中和金融标准体系的作用机理如图 5－2 所示，具体分为需求层、引导层、功能层以及展现层。体系的需求层包含问题层和约束层。长期以来中国经济发展以粗放式模式为主，缺乏足够的激励机制来促进金融市场的绿色转型，缺乏强力的约束机制保护环境。在这种“先污染、再治理”发展模式下，政府能够得到短期的经济绩效，但由此带来的资源浪费、环境污染将长期束缚经济高质量发展。中国粗放式经济增长模式与资源环境约束之间的矛盾日趋显著，倒逼政府采取强制性的绿色经济转型。中国碳中和金融的发展以政府、监管部门和金融机构为主体，包含引导层和功能层。在经济绿色转型背景下，首先，需要政府有效的激励和制约政策的引导，通过倡导绿色发展理念、不断完善法律法规，激励和监督碳中和金融市场的健康发展。其次，通过碳中和金融工具的不断创新、服务的持续改善以及绿色产业融资规模的不断扩大，逐渐形成资金导向，提高碳中和金融效率和环境效益，降低碳中和金融绿色发展成本，有效抑制污染项目投资，促进绿色产业升级，推动产业的绿色转型。最后，通过绿色金融的可持续发展，改善中国粗放式经济发展模式，满足资源节约、环境友好的需求，在展现层面表现为实现经济、环境效益的最优化，实现绿色经济发展。详见图 5－2。

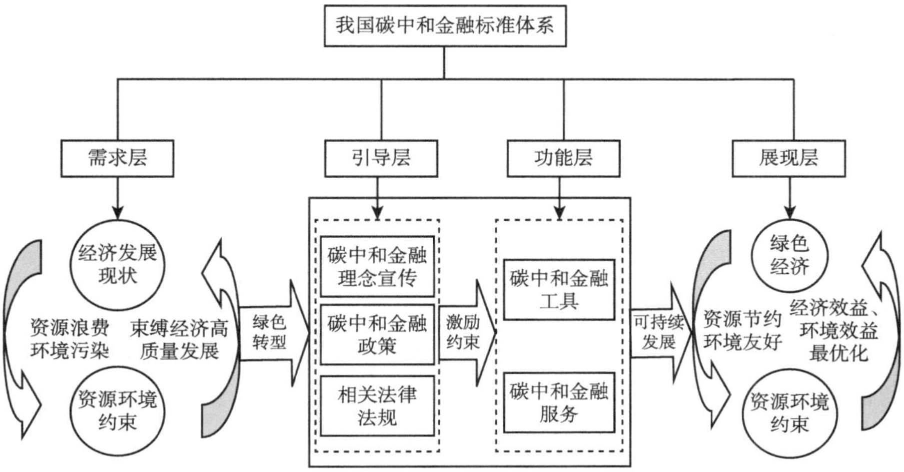

图 5－2　中国碳中和金融标准体系的作用机理

绿色金融助推中国经济可持续发展。传统的高耗能、高污染产业使自然资源供需矛盾日益明显，并且对生态环境的破坏也造成了一定程度的不可逆转的恶劣影响①，因此推动产业绿色转型尤为重要，而碳中和金融标准体系的建设，对区域经济绿色发展起到了驱动作用。

（一）带动区域产业升级，加快绿色发展

碳中和金融标准体系对于区域经济可持续发展的驱动作用，关键在于优化产业结构，利用创新科技来带动产品的营销，使更多产业向着资源保护方向发展，并使更多产业用户提升自身的绿色观念，在社会中形成带动性的发展形态。首先，在碳中和金融政策的推动下，社会中的优秀资源逐步流向绿色产业，促进行业创新、技术创新应用的同时，还可通过可持续性发展，保障绿色产业的收益，获得全新的发展潜能，实现新环境下的产业转型。同时，产业的升级也会促进绿色资源在不同产业的流动，使绿色产业不断扩大输出范围，在更大的市场中实现资源有效配置。其次，碳中和金融标准体系能够为区域发展提供资金保障，降低区域内产业资金的筹集资本。在中国大力发展碳中和金融的背景下，中国在信贷行业规定针对绿色产业的贷款需求，应坚持绿色发展的理念，

① 张曼琦．绿色金融助推我国经济可持续发展研究［J］．中国商论，2023（06）：98－101.

着重考虑对低污染的产业给予资金上的支持。最后，碳中和金融能够强化区域产业风险防控能力。在发展碳中和金融的环境下，对于资源的重新配置会带来风险的二次分配。而区域经济的绿色发展，会使得更多风险管控技术进入产业运行中，对产业绿色发展所面临的风险展开识别和评估，并利用分散资金配置方式，降低风险的发生概率，为区域经济绿色发展保驾护航。

（二）带动区域经济发展，加快工具手段升级

传统经济的发展使得大部分产业的发展模式仍主要以牺牲生态环境为主要代价，过于追求效益上的提升，并且存在一定的盲目性和片面性，导致中国生态环境的日趋恶劣。对于这类问题，中国推行碳中和金融标准体系建设，并发挥其对区域经济的驱动作用。促进区域经济的转型发展。一方面，碳中和金融标准体系可在区域经济绿色发展中发挥其资源配置的功能。区域经济绿色发展的关键在于在保障经济收益的同时，实现环境效益的最大化发展，并且碳中和金融标准体系利用产业调控方式，对区域内各项经济规定进行引导和监督，并有效利用其政策，控制高污染产业的过度发展，实现经济效益和环境效益协同提升的目标。另一方面，碳中和金融标准体系在区域经济绿色发展中发挥其管理功能。构建绿色金融发展新模式，可利用行业准入标准和评价管理方式，优化区域内产业的发展形态，转变企业经营生产的方法；利用改变消费者的消费观念，引导更多用户具备绿色环保意识，使得区域产业将更多精力和资金投入经营管理，构建全新的绿色发展模式。

（三）带动区域生态文明建设，加快解决资源过剩问题

传统金融的发展主要集中在煤炭、钢铁、石油等传统产业中，存在资源分配和使用不合理的问题。而碳中和金融标准体系的构建，使区域内传统产业转变发展机制，消除煤炭等传统产业对资源过于的依赖，为其提供全新的发展区间，使其能够完成产业机构的转型、解决资源分配不公的问题。另外，依据可持续发展的要求，区域经济相关金融机构在完成自身发展目标的同时，应强化自身社会责任感，推动区域生态文明的建设，而碳中和金融标准体系的落实能够协调产业责任和利益之间的关系，在渗透绿色发展原则与产业活动中，增强产业的自身责任意识，在竞争中获得更多的优势。

在世界经济快速发展的同时，对化石能源进行过量开采使用，导致全球自然生态环境遭到严重破坏，气候问题的治理刻不容缓。中国为了彰显大国应有的责任和担当，积极采取措施应对全球气候变暖等问题，同时，还指出在2030年前实现“碳达峰”，2060年前实现“碳中和”。要想实现“双碳”的目标，就必须对消费结构、产业结构、能源结构等方面进行革新，加快绿色转型发展步伐，促进中国的现代化社会和经济的高质

量、高效率的发展。

"双碳"目标是世界各国应对全球气候变化，实现经济绿色复苏的应然选择，也是中国加快生态文明建设、实现经济发展绿色转型的必由之路。"双碳"目标的提出，既是党中央经过深思熟虑作出的重大战略部署，也是中国作出的有世界意义的应对气候变化的庄严承诺。"双碳"目标的核心要义是实现低碳经济发展，而低碳经济发展是碳中和发展的重要组成部分，是碳中和发展理念、可持续发展观的具体呈现。实现经济低碳发展的关键在于从生产到消费的经济活动全过程减少碳排放、增加碳清除。而碳中和金融作为支持环境改善和应对气候变化的金融活动，一方面可以为"双碳"目标的实现提供资金支持，另一方面也可以加速金融资源向低碳、零碳技术的研发和应用领域流动，提高资源配置效率，促进低碳经济发展。中国"双碳"战略目标行动计划刚刚起步，碳中和金融及其体系的建设还处于探索阶段，因此从理论上探讨碳中和金融助推"双碳"目标实现的核心机制，从实践上探索碳中和金融创新发展策略，对于推动中国"双碳"目标实现，促进中国经济实现低碳发展具有重要的理论意义和现实意义。

三、碳中和金融标准体系的内容

气候变化是全人类共同面对的全球性问题，保护大气环境、控制二氧化碳排放和防止气候变暖是全人类的共同责任。[①] 自 1997 年《京都议定书》通过后，国际社会持续努力协调行动，共同应对气候变化。2018 年联合国通过了《巴黎协定》，2019 年全球气候变化履约国大会在马德里举行，围绕共同发展与可持续发展目标展开讨论，解决气候变化的治理与经济增长目标的冲突。全球很多国家和组织加入到应对气候变化的行列。随着经济快速发展，中国已然成为碳排放大国，碳减排的压力与日俱增。2009 年 11 月 25 日，中国宣布在 2020 年单位 GDP 碳强度比 2005 年降低 40%—45%。积极应对气候变化是中国实现可持续发展的内在要求，也是推动构建人类命运共同体的责任担当。2020 年 9 月 22 日，习近平主席在第七十五届联合国大会一般性辩论会上提出了"中国将提高国家自主贡献力度，采取更加有力的政策和措施，二氧化碳排放力争于 2030 年前达到峰值，努力争取 2060 年前实现碳中和"。这是中国首次向全世界明确实现碳达峰、碳中和的时间点，作出了迄今为止有关减少各国全球变暖预期的最大承诺。2021 年以来，中国积极落实《巴黎协定》，进一步提高国家自主贡献力度，围绕碳达峰碳中

① 戴铁军，周宏春. 构建人类命运共同体、应对气候变化与生态文明建设 [J]. 中国人口·资源与环境，2022，32（01）：1－8.

和目标，有力有序有效推进各项重点工作，取得显著成效。

中国已将应对气候变化作为国家战略，融入生态文明建设整体布局和经济社会发展全局，而碳中和金融又是应对气候变化的新领域，在减少碳排放的同时推动经济转型，把系统观念贯穿碳达峰碳中和工作全过程，加强顶层设计，在区域和全球范围内减少碳排放，对抗气候变化，并在社会发展和创新取得更高效的结果。因此政府从国家层面以及地方层面颁布了不同的法律以及规范性文件用以应对气候变化。

在国家层面，早在 2009 年 8 月，全国人大常委会发布的《关于积极应对气候变化的决议》就已提出要把加强应对气候变化的相关立法纳入立法工作议程。2015 年，《中共中央 国务院关于加快推进生态文明建设的意见》要求，研究制定应对气候变化等方面的法律法规。2016 年，《国务院 2016 年度立法计划》将《应对气候变化法》列入研究项目。中国开展应对气候变化立法工作已历经 10 余年，但至 2023 年仍未出台专门性的应对气候变化法或行政法规，仅有零星出台的规范性文件，如生态环境部等五部委出台的《关于促进应对气候变化投融资的指导意见》。自 2020 年 9 月中国提出“双碳”目标后，国务院有关部门在各自领域发布了诸多规范性文件，如财政部发布的《财政支持做好碳达峰碳中和工作的意见》、国务院国有资产监督管理委员会发布的《关于推进中央企业高质量发展做好碳达峰碳中和工作的指导意见》等。2021 年，为强化对碳达峰碳中和各项工作的组织领导和统筹协调，中国成立了碳达峰碳中和工作领导小组。各省（区、市）成立碳达峰碳中和工作领导小组，加强地方碳达峰碳中和工作统筹，上下联动、统筹有序的工作机制已经建立。2021 年 10 月，二十国集团领导人第十六次峰会上，中方提出构建碳达峰碳中和“1 + N”政策体系。同时，各省（区、市）均已制定了本地区碳达峰实施方案。总体上看，系列文件已构建起目标明确、分工合理、措施有力、衔接有序的碳达峰碳中和政策体系，形成各方面共同推进的良好格局，将为实现“双碳”目标提供源源不断的工作动能。2021 年 10 月，中国正式提交《中国落实国家自主贡献成效和新目标新举措》和《中国本世纪中叶长期温室气体低排放发展战略》。这是中国履行《巴黎协定》的具体举措，体现了中国推动碳中和金融标准体系的构建、绿色低碳发展、积极应对全球气候变化的决心和努力。2022 年 6 月，生态环境部等 17 部门联合发布《国家适应气候变化战略 2035》，提出新时期中国适应气候变化工作的指导思想、主要目标和基本原则，依据各领域、区域对气候变化不利影响和风险的暴露度和脆弱性，划分自然生态系统和经济社会系统两个维度，明确了水资源、陆地生态系统、海洋与海岸带、农业与粮食安全、健康与公共卫生、基础设施与重大工程、城市人居环境、敏感二三产业等重点领域，多层面构建适应气候变化区域格局，将适应气候变化与国土空间规划结合，提出覆盖全国八大区域和京津冀、长江经济带、粤港澳大湾区、长三角、黄河流域等重大战略区域的适应气候变化行动，并进一步健全保障措施，为适应气候变化工作提供了重要指导和依据。

温室气体减排是应对气候变化的核心环节。中国温室气体排放总量大、全球占比高的现状在短期内很难改变，面临较大的国际压力，亟须通过立法加强规制。国务院及相关政府部门针对清洁发展机制项目、温室气体减排等已出台了一系列政府规章及规范性文件，尤其是2020年“双碳”目标提出以来，全国碳市场建设进一步提速，为《应对气候变化法》的制定做了铺垫。

在地方层面，不少地方政府出台了本地区应对气候变化相关的地方政府规章及规范性文件。2016年，石家庄市出台了《石家庄市低碳发展促进条例》，是全国第一部专门规范城市低碳发展的地方性立法。2021年，天津市人大（含常委会）发布《天津市碳达峰碳中和促进条例》。上海、广东、江苏、青海、海南等地在2021年省（市）“两会”上提出力争实现碳达峰的目标，上海还提出了明确的碳达峰时间表。一些企业如国家电网有限公司、中国海油、中国石化等还着手开展了碳达峰和碳中和相关战略或方案的编制或研究工作。这些来自地方政府和企业的行动，为《应对气候变化法》涉及的地方政府、企事业等主体责任设计奠定了履行基础。地方应对气候变化立法主要结合本地区实际情况，体现地域特色。例如，《山西省应对气候变化办法》主要基于山西煤炭资源禀赋和低碳转型压力，注重提高煤的清洁开发利用技术；《青海省应对气候变化办法（2020修订）》凸显框架性特点，主要起宣示和引导作用。2022年，围绕“双碳”目标，江苏省人大（含常委会）发布《关于推进碳达峰碳中和的决定》。早期开展碳排放权交易试点的北京、上海、天津、重庆、广东和湖北，以及参与碳排放权交易的四川、福建等地区几乎都发布了碳排放权交易相关的地方政府规章或规范性文件。这些行政法规、部门规章及地方性立法，规范和推动了国内应对气候变化工作，也为《应对气候变化法》的出台奠定了充分的下位法基础。

但是上述的立法以及规范性文件仍然存在一些问题：一是缺乏国家层面的专门性或综合性立法。虽然国务院已经出台了一系列应对气候变化、实施“双碳”战略以及碳排放交易的具体政策，但尚无专门性的应对气候变化法或综合性的碳中和促进立法。仅靠国家层面政策以及部委规章难以统领国内各部门、各行业以及各层级主体有效应对气候变化并实现“双碳”目标。二是地方性立法存在局限。在立法效力和规制内容方面，地方应对气候变化相关立法或条例层级不高，管辖范围也仅限于地区范围，在碳交易相关的罚则设置、碳配额管理等问题上很难将行政手段与市场激励措施有机结合起来，导致约束力和强制性不足。在出台时间方面，国内开展碳排放权交易的地方政府在全国碳市场启动前大多出台了本地区的相关立法，这些地方性立法往往具有专项性、低位阶和阶段性，稳定性不足且覆盖面较小，容易随着国家立法的出台或者形势变化而失效。

第三节　碳中和金融标准体系的制定原则

一、碳中和金融标准体系的覆盖范围

中国碳中和金融标准体系的产生与发展，是党中央、国务院的一系列重大决策推动的重要成果。自 2016 年《关于构建绿色金融体系的指导意见》发布以来，碳中和金融标准体系充分发挥市场功能①，积极支持实体经济绿色低碳转型，覆盖范围逐渐扩大，已取得积极进展。

（一）覆盖碳中和金融产业，支持经济快速发展

碳中和金融市场积极发挥市场资源配置功能，引导和撬动金融资源向绿色低碳企业或项目倾斜。“十三五”期间，新能源、节能环保等绿色低碳产业通过资本市场首发、再融资、挂牌、发行公司债券等方式累计募集资金约 2 万亿元。截至 2020 年底，新能源、新材料、节能环保等绿色低碳产业上市公司数量和总市值分别约为钢铁、水泥、电解铝等高耗能行业上市公司的 6 倍和 3 倍。截至 2023 年底，中国本外币绿色贷款余额超过 30.08 万亿元，同比增长 36.5%，比各项贷款增速高 26.4 个百分点，规模位居世界第一。② 绿色交通、可再生能源和节能环保项目的贷款余额及增幅规模均位居前列，为支持低碳转型发挥了积极作用。

（二）覆盖碳中和金融机构，支持绿色金融产品创新

中国绿色金融产品日益丰富，绿色信贷、绿色债券、绿色保险、绿色基金等产品逐渐成熟。据国家绿色发展基金官网显示，2020 年 7 月 14 日，国家绿色发展基金成立，注册资本达 885 亿元。截至 2021 年上半年，中国境内外绿色债券累计发行规模超过 1.73 万亿元。其中，碳中和债券作为最新的绿色金融创新品种，自 2021 年 2 月启动碳中和债券发行以来，其规模快速增长，达到 1397 亿元，占绿色债券市场的比重达到 45.4%，为碳减排效益显著的绿色项目建设提供了有力的支持。截至 2021 年 6 月末，中国含 ESG 主题概念类基金和使用 ESG 投资策略构成投资组合的基金合计 270 多只，

---

① 马险峰．碳达峰碳中和目标下的中国绿色金融发展［J］．环境经济研究，2021，6（04）：1－7.

② 中华人民共和国中央人民政府．中国绿色贷款余额超 30 万亿元［EB/OL］．（2024－01－07）．https：//www. gov. cn/lianbo/bumen/202401/content_6928561. htm.

规模约 3500 亿元。[①] 整体来看，中国碳中和金融资产质量良好，绿色贷款不良率远低于全国商业银行平均不良贷款率，绿色债券尚无违约案例。

（三）覆盖碳中和金融市场，支持绿色债券发展

2016 年，中国人民银行、国家发展改革委、中国证监会纷纷发布支持绿色债券市场发展的政策文件。2021 年 4 月 21 日，三部委联合发布《绿色债券支持项目目录（2021 年版）》，统一了国内绿色债券标准，将传统化石能源的生产、消费类项目移出支持范围，增加气候友好型项目，彰显中国坚定履行减排承诺的担当和决心，向与国际绿色债券标准趋同迈出了重要一步。据中国人民银行数据统计，截至 10 月中旬，中国绿色贷款余额接近 14 万亿元，绿色债券存量规模接近 1 万亿元。

（四）覆盖上市公司，支持健全环境信息披露制度

中国证监会于 2016 年和 2017 年修订定期报告格式与准则，建立了面向部分上市公司的强制性环境信息披露制度。2021 年 6 月 28 日，中国银保监会再次修订上市公司的定期报告格式与准则，进一步完善上市公司环境信息披露制度。修订后的准则将有关环境、社会责任、公司治理的内容，整合至“环境和社会责任”、“公司治理”两个新设章节中，新增“因环境问题受到的行政处罚的情况”“公司减少碳排放所采取的措施及效果”两个披露要求，进一步压实上市公司应对气候变化、绿色低碳发展的主体责任。

（五）覆盖绿色金融改革创新试验区，支持碳中和金融服务供给功能

中国是全球唯一设立碳中和金融改革创新试验区的国家。2017 年以来，国务院批准了“六省（区）九地”建立碳中和金融改革创新试验区，支持试验区在绿色金融政策架构、绿色金融产品服务创新、激励约束机制等方面积极探索，已取得了一系列可复制、可推广的经验，有力提升了试验区的碳中和金融服务供给能力，支持了地方绿色产业发展和经济转型升级。多项碳中和金融标准的试行，在试验区改革发展中也发挥了突出作用。据中国人民银行发布的《中国区域金融运行报告（2021）》显示，2020 年末，“六省（区）九地”碳中和金融改革创新试验区绿色贷款余额达 2368. 3 亿元，占全部贷款余额的 15. 1%；绿色债券余额 1350. 5 亿元，同比增长 66%。同时，国家级碳中和金融综合改革试验区推进力度持续提升。例如，北京在全国率先打造“模型驱动的嵌入式金融服务模式”，建设“创信融”企业融资综合信用服务平台，打通企业融资痛点堵点；山东青岛成功发行全球首单非金融企业蓝色债券。

---

① 汇丰银行，21 世纪资本研究院．中国绿色金融发展报告暨中国金融业推动碳达峰碳中和目标路线研究（2021）［R］．北京：汇丰银行和 21 世纪资本研究院，2022.

（六）覆盖国际市场，支持碳中和金融国际合作

积极利用各类多边双边平台及合作机制推动碳中和金融国际交流，提升国际社会对中国绿色金融政策、标准、产品、市场的认可和参与程度。2016 年，中国利用担任 G20 主席国契机，首次将绿色金融引入 G20 议题，牵头成立 G20 绿色金融研究小组。研究小组连续三年提出政策建议，纳入 G20 峰会成果。2021 年，中国人民银行担任 G20 可持续金融工作组联合主席，持续推进 G20 绿色金融议程。2017 年 12 月，中国人民银行与荷兰央行、法国央行和宏观审慎与处置委员会、英格兰银行、德国央行、瑞典金融管理局、新加坡金管局以及墨西哥央行等八家央行和监管机构共同发起了央行与监管机构绿色金融网络（NGFS）。该组织聚焦于气候变化对宏观金融稳定、微观审慎监管的影响，旨在强化金融体系风险管理，动员资本进行绿色低碳投资，目前已成为央行和金融监管机构开展绿色金融研究合作的重要平台。截至 2023 年三季度末，其正式成员已扩展为 127 家机构。2018 年，中国绿金委与伦敦金融城共同发布《“一带一路”绿色投资原则》，鼓励金融机构在参与“一带一路”建设中充分了解 ESG 风险、做好环境信息披露、运用绿色金融工具等，截至 2021 年 4 月 20 日已有 39 家中外金融机构加入。2018 年以来，中国证监会积极参与国际证监会组织（IOSCO）可持续金融工作组研究工作，努力推动全球可持续发展报告、ESG 投资和评级等方面的衔接与趋同。2019 年 10 月，中国人民银行代表中国与欧盟、阿根廷、加拿大、智利、印度、肯尼亚、摩洛哥等经济体的相关部门共同启动了可持续金融国际平台（IPSF）。该平台旨在为成员国间的绿色金融标准化提供协作平台，促进全球绿色金融标准的对接、信息的共享和市场的互联互通。此后，中国人民银行积极推动相关工作，与欧盟等经济体在该平台下，围绕碳中和金融标准国际趋同展开深入合作。在 2021 年 11 月 4 日，于联合国气候变化大会（COP26）期间召开的 IPSF 年会上，发布了《可持续金融共同分类目录报告——减缓气候变化》。这些举措必将有效推动更多国家和地区的绿色低碳发展。

二、构建碳中和金融标准体系的基本原则

中国的碳中和金融得到各方推进，碳中和金融标准体系为全球在绿色投资方面提供了有价值的战略框架和政策指引。中国人民银行遵循“国内统一、国际接轨、清晰可执行”原则，不断完善碳中和金融标准体系，取得显著进展，有力促进了中国碳中和金融标准体系的快速发展。同时，任何标准体系的构建都要遵循目标明确、全面成套、层次适当以及划分清楚这四项原则。目标明确即构建标准体系前应首先明确标准化目标；全

面成套即标准体系建设应围绕着标准体系的目标展开，体现体系的整体性；层次适当即标准明细表中的每项标准在标准体系结构图中应有相应的层次，个性标准应提取共性要求作为上一层的共性标准，为了便于理解、减少复杂性，标准体系的层次不宜太多，同一标准不应列入两个或两个以上子体系中；划分清楚即标准体系表内的子体系或类别的划分，各子体系的范围和边界的确定，主要应按行业、专业或门类等标准化活动性质的同一性，而不宜按行政机构的管辖范围而划分。

基于标准体系构建的原则，中国碳中和金融标准体系的构建原则，要基于可靠性、权威性、时效性、可比性、一致性、稳健性、实用性这七项。

（一）一致性

碳中和金融标准体系的一致性原则是指虽然各国以及各区域在部分经济活动的分类归属上存在差异，但是分类原则、分类层次基本一致，类型也应高度重合。制定统一的碳中和金融标准口径是碳中和金融标准体系的重要原则，统一的标准有利于全国大市场的建立，有利于接轨国际。

经过不断发展，包括碳中和信贷标准、碳中和债券标准、碳中和保险等各项碳中和金融产品标准与统计标准不断更新完善，逐步实现国内统一、国际接轨。以碳中和金融债券标准为例，2021 年 4 月发布的《绿色债券支持项目目录（2021 年版）》统一了碳排放和国家温室气体自愿减排交易有关数据统计核算、碳配额注册登记及变更、碳交易法律服务、碳减排方案咨询、碳中和金融、碳信息管理服务等碳排放权交易相关服务的国家统一标准。2022 年 7 月发布的《中国绿色债券原则》通过了国内碳中和金融债券发行规范，并与国际《绿色债券原则》实现接轨。

然而，中国的碳中和信贷标准之间、碳中和信贷与碳中和债券标准之间仍然存在不统一的情况。例如，对于绿色信贷中的碳中和金融信贷，银保监会和中国人民银行统计范围不同，主要包括涵盖范围、统计口径等方面。未来仍需要强化顶层规划，不断地优化碳中和金融法规系统，结合全球上比较成熟的经验，确定碳中和金融界定、认证与评定准则系统。

（二）可比性

可比性包括两层含义：一是同一地区不同时间上的可比性，二是同一时间不同地区间的可比性。同一地区不同时间上的可比性指对于碳中和金融标准体系的制定来说，要求同一地区不同时期制定的标准，应当采用一致的政策，不得随意变更，比较同一地区在不同时期的标准制定信息，有助于全面、客观地评价过去、预测未来，从而作出更加合适的标准制定决策。同一时间不同地区间的可比性指对于碳中和金融标准体系的制定来说，为了便于标准制定者、其他参与者、投资者等不同碳中和金融标准体系的相关者了解不同地区之间的标准制定现状与发展情况，应当在制定碳中和金融标准的过程中，确保标准一致、互相可比。

从地域层面来看，中国不同区域的优势产业与劣势产业的布设存在区别，如北部区域具备较多的煤炭、钢铁、电力与水泥企业，东南区域沿海城市第三产业发展较快，高碳单位相对偏少，不过全国试验区域碳交易重点布设在东部沿海城市，中部区域只有湖北省拥有一个碳交易市场，从而造成有关城市碳配额分配准则各不相同，控排单位的权利与义务出现矛盾。因此有必要统一不同地区之间标准制定的口径，对比各地区碳中和金融市场发展的现状。①

从时间层面来看，碳中和金融尚处于起步阶段，以往可以参考的标准体系制定较少，加之碳中和金融发展迅速，必须明确相同统一标准，便于对比碳中和金融体系的发展历程、发展情况，从而制定出更顺应时代发展的标准体系。

（三）权威性

国家统一制定执行的碳中和金融标准制度是各地政府制定碳中和金融标准制度的前提，是必须遵守的碳中和金融市场公共管理规章制度。②

现阶段，许多企业缺乏对碳中和金融标准制度的全面认识，导致碳中和金融标准制度在执行过程中出现偏差，时常出现违法违规的行为。

碳中和金融标准制度的权威性意义在于：首先，使国家各级政府财政部门管理和监督碳中和金融市场活动及行为有法可依，提供了制度衡量标准，并且也为各类企业实现公平享受国家财政支持，构建了联系与交流的制度平台，畅通了沟通渠道；其次，碳中和金融标准制度对企业的减排行为进行规范，提供了制度参考标准，有利于营造良好的碳中和金融市场环境。

中国现行碳排放配额分配的立法层级较低，且缺少与之对应的国家一级立法。除此以外，碳交易缺乏有效法律保证。虽然《民法典》明确了遵守绿色原则的履行契约，但却没有明确指出在碳融资市场中应该如何通过减少二氧化碳的排放量来实现绿色发展的理念。中国的碳融资监管法律体系尚不健全。在碳中和金融这个市场上，参与各方都追求风险与收益之间的平衡，如果不加强监管，鱼龙混杂的投资对象和错综复杂的市场环境将使投资者的风险大幅增加。

《碳金融产品》（JR/T0244—2022）的发布，为碳中和金融标准体系的权威性原则建设提供了良好的示范，作为国内首个碳中和金融领域的行业标准，该标准填补了该领

① 吴青．“双碳”目标背景下碳金融制度建设的分析［J/OL］．环渤海经济瞭望，2022（04）：19－21.

② 姜红，徐菲菲．浅谈财务标准制度的权威性［J］．财经界，2011，243（08）：126.

域的空白，其制定体现了应对气候变化和加快生态文明建设的现实需要，同时也是中国发展绿色金融的重要环节。该标准在碳中和金融产品分类的基础上，给出了具体的碳中和金融产品实施要求，为金融机构开发、实施碳中和金融产品提供指引，有利于有序发展各种碳中和金融产品，促进各界加深对碳中和金融的认识，帮助机构识别、运用和管理碳中和金融产品，引导金融资源进入绿色领域，支持绿色低碳发展。

（四）实用性

标准的实用性，指综合考虑标准应用各方的差异性和需求，对机构在开发、实施碳中和金融产品过程中提出规范性指引，同时符合国家法律法规、产业政策的规定，避免与法律法规、国家政策之间出现矛盾，确保标准切实可行，适用于国内相关机构开发、实施、应用。

标准的实用性既应当具备可实施性，又要具备有益性，这要求碳中和金融标准的制定的适用范围必须较大，并且能够促进各个主体对于碳中和金融市场各产品的研发与应用。应当将标准宣贯实施作为碳中和金融标准化的工作目的，加强碳中和金融标准的宣贯力度，提高标准实施能力，加强标准实施的信息反馈、效果评估和监督管理，着力提升碳中和金融标准的实用性和应用水平。

中国人民银行制定的《金融机构环境信息披露指南》引导和规范金融机构环境披露工作、创设和推广环境权益融资产品引导金融资源更加精准向绿色、低碳领域配置，助力金融机构和利益相关方识别、量化、管理环境相关金融风险，助力中国经济社会低碳转型，提供了强有力的标准支撑，具有强有力的实用性及针对性。

（五）时效性

标准的“有效性、先进性和适用性水平”即为标准的时效性，也就是标准适应科学、技术发展水平，满足生产实践需求的程度。①

时效性有两方面含义：一方面是指内容的时效性，内容时效性与创新性是有直接关系的，一项标准要想具备时效性，就意味着标准的制定要走在发展前沿才行，具有一定超前性；另一方面是指标准发布的时效性，在碳中和金融市场发展迅速的当下，只有现有发布的标准是具有意义的。碳中和金融标准体系在不同的时间具有很大的性质上的差异，就中国碳中和金融发展来看，标准制定滞后于技术发展与产品开发，碳中和金融市场产品形式众多，然而随着新产品的开发，新的标准难以跟进，这在一定程度上对碳中和金融的发展造成了负面的影响。根据《中华人民共和国标准化法实施条例》规定，

---

① 陈蕾．农业机械标准引用网络的标准时效性评价［D］．武汉：中南财经政法大学，2020.

对于已经发布的现有标准，经过一定时期的实施后，各主管部门或标准化技术委员会应对其内容再次审查，以确保其有效性、先进性和适用性，并且标准实施后的复审周期一般不超过5年。在制定碳中和金融标准体系的过程中，应紧紧把握其时效性特点，充分发挥其时效性的功能，与时俱进，了解国内、国际外部环境的变化并相应调整决策。

（六）可靠性

标准的可靠性是指标准体系中各标准之间相互衔接、彼此一致，不会出现相互矛盾、不相关的情况。可靠性高就意味着具有较高的重置或再测信度。也就是说，即使不同的主体或在不同时间利用标准体系进行生产等活动，其所得结果都应具有高度一致性。

可靠性原则要求碳中和标准金融的制定必须是客观可验证的。只有那些可以验证的要求才应包括在内。不应使用“足够”或“适宜”等用语，因为它们是主观的说法。在碳中和金融标准的编制中，一是“确保”之类的用语不是技术性的内容，不应出现在技术标准中；二是对于不能验证的稳定性、可靠性或寿命，则不应给出技术指标。可靠性要求碳中和金融标准应如实反映符合确认和计量要求的各项标准要素及其他相关信息，保证内容真实可靠，内容完整。

可靠性标准是可靠性工程与可靠性管理的基础之一，是指导开展各项可靠性工作使其规范化、最优化的依据和保障，采取可靠性国际标准和国际先进标准是迅速提高中国可靠性工程与管理水平的重要途径。可靠性标准是在严密的理论指导下通过总结工程与管理的实践经验而制定的，随着理论研究、工程技术的发展和经验的积累，可靠性标准不断修订补充和完善，有高度的科学性、实用性和指令（指导）性。

（七）稳健性

稳健性原则是保守意识的重要变现，其是针对碳中和金融活动中不确定因素所设计，保持谨慎的态度开展碳中和金融活动，尽可能降低企业的风险与损失，为企业赢得更高的经济效益。稳健性原则是一种精神和意识，在实际开展各项工作的过程中应该做好较为全面的分析，并根据现实经济的一系列问题进行优化，主要目的就是减少不确定信息所带来的影响。稳健性原则的起源来源于会计活动中会计估计和不确定性，同样适用于碳中和金融活动。

参照《金融稳健指标（FSI）的修订：编制指南》，碳中和金融标准体系应当加入稳健性的指标，IMF确定了评估金融体系稳健性和脆弱性的核心金融稳健指标，并支持各国编制和公布这些指标的工作。IMF的“金融服务可得性调查”有助于更广泛地编制普惠金融数据，其中包括了碳中和金融标准制定。

因此，在碳中和金融标准体系中加入稳健性指标，将有利于碳中和金融市场的发展，防范系统性风险，量化碳中和金融市场的稳健程度。

三、构建碳中和金融标准体系的一般方法

根据前文的框架以及国际经验，并基于中国的实际情况，中国碳中和金融标准体系构建的一般方法可以遵循以下做法。

首先，全面了解碳中和金融标准化的业务战略与体系建设，包括愿景、目标、方针、策略、原则、范围和边界的确定。一是全面了解掌握碳中和金融标准化所支撑的业务战略；二是明确碳中和金融标准体系建设的愿景、近期拟达到的目标；三是确定实现标准化方针或实施策略、指导思想和基本原则；四是确定碳中和金融标准体系的范围和边界。中国已于2023年成为全球首个由中央政府推动构建碳中和金融标准体系的国家，实现碳达峰、碳中和目标，意味着中国的产业结构、能源结构、投资结构、生活方式等都将发生转变，“十四五”期间是中国经济发展转型期，绿色发展有望成为更为重要的新动力，因此要更进一步完善绿色金融市场体系，推动碳中和金融工具创新，推动碳达峰碳中和目标愿景早日实现，为碳中和金融标准发展带来可持续的重要推动力。

其次，深入分析碳中和金融标准体系建设的国内外现状与需求。一是开展碳中和金融标准体系调查研究以及其建设的国内外情况；二是现有的标准化基础，包括已制定的标准和已开展的相关标准化研究项目和工作项目、存在的标准化相关问题、对标准体系的建设需求。资金瓶颈仍是碳中和金融发展的一大挑战，中国应推进政府和社会资本合作，加快建立统一规范的多层次绿色金融市场体系，包括银行绿色化转型、绿色信贷、绿色债券、绿色基金、绿色保险、绿色担保体系、碳中和金融的构建，细化财政、金融支持政策，推动碳中和金融的地方试点工作，满足绿色证券投融资需求，提高市场整体竞争力，让市场在资源配置中起决定性作用。建立强制性的环境信息披露制度、完善金融支持绿色低碳投融资和气候变化的顶层设计和激励机制。同时，通过绿色基金方式联合全球合作伙伴，在“一带一路”沿线进行绿色投资和绿色低碳技术研发的落地，利用丝路基金、世界银行、亚开行、亚投行等机构和国际资本实现“一带一路”绿色化发展。鼓励设立中外合作的绿色基金，发展政府引导基金、金融机构、国内外资本共同参与的多元化投资主体，有效发挥引导作用，对境内外机构参与绿色低碳技术市场予以支持，鼓励绿色技术创新和企业海外投资、自贸区（自贸港）发展有效衔接，推动绿色投资、绿色技术推广及国际合作的进程，推动碳中和金融在海外投资中开展环境影响评估及相关工作。

再次，根据标准体系建设的方针、目标以及具体的标准化需求，借鉴国内外现有的标准体系的结构框架，从标准的类型、专业领域、级别、功能、业务的生命周期等若干

不同标准化对象的角度，对标准体系进行分析，从而确定标准体系的结构关系。在2019年底出台的《欧洲绿色新政》中，欧委会提出了行动路线图及所需的投资和可用的融资工具，涵盖所有经济领域，尤其是交通、农业、能源、建筑以及钢铁、水泥、信息和通信技术、纺织和化工等行业。随着绿色新政的推行，欧盟将增大清洁能源投资和碳排放交易，还会大力推动循环经济并保护欧洲的生物多样性。2050年德国有望实现零排放，而北欧五国一直重视环境保护，将发展低碳、高效资源、社会兼容的绿色经济作为发展重点，在UNIPCC的框架、欧洲议会及欧盟的倡导下，依靠技术创新，探索出适合各自国情的绿色发展道路，中国也陆续发布了许多政策，如2022年国务院发布的《"十四五"节能减排综合工作方案》健全碳中和金融标准体系，大力发展绿色信贷，支持重点行业领域节能减排，用好碳减排支持工具和支持煤炭清洁高效利用专项再贷款，加强环境和社会风险管理；同时各省市也在积极推动碳中和金融标准体系的发展，比如福建省发布的《福建省推进绿色经济发展行动计划（2022—2025年）》强化绿色金融支持，完善碳中和金融标准体系。

最后，在研究工作完成后，开展标准体系表建设工作，标准体系表通常包括：标准体系结构图、标准明细表、标准统计表和标准体系表编制说明。

毋庸置疑，中国碳达峰碳中和目标给中国经济转型设定了一个远期目标，由此产生的政策约束和产业变迁都会对金融市场形成重大影响，对于气候投融资、生态环保也带来机遇与挑战，会有效推动国家现代化气候治理体系和治理能力的建设，地区发展和金融机构也可以在中国2060年碳中和目标中挖掘巨大的机会。

"十四五"期间，为推进碳达峰碳中和目标，中国将继续推进经济结构、能源结构、产业结构转型升级，建立绿色低碳循环发展的经济体系。推动包括雄安新区的京津冀一体化、长三角生态绿色一体化发展示范区、粤港澳大湾区的绿色协调发展，落实深圳中国特色社会主义先行示范区建设等重大国家战略，有效发挥绿色低碳技术创新在碳中和实现路线图中的作用，推动区域经济合作和产业结构绿色转型。协助国内外绿色技术落地以及国内外创新企业独资或合资落地国家级经开区或者高新技术产业园区，推动绿色技术创新支撑生态环境保护，建立绿色低碳技术项目库，为科技创新引导绿色发展明确路线图，促进绿色专利转移转化，推动产业绿色化发展。出台支持绿色技术转移转化众创空间、绿色科技孵化器、可持续发展创新示范区、生态文明建设示范区的政策。从可持续发展承诺、政府投资拉动、ESG评价指标体系、创新激励机制、法规的完善等多层面推动更多机构投资者参与绿色环保产业，探索符合地方特点的碳中和金融标准体系支持绿色低碳技术创新的系列政策，加强创新人才培养和能力建设，制定和遵守绿色投资理念和投资战略，有效发挥碳中和金融标准体系在推动绿色低碳可持续发展进程中的作用。

第六章　碳中和金融监管体系

健全的碳中和金融监管体系有利于监管机构、金融机构和企业更好地识别、评估和管理与碳排放和气候变化相关的风险，促进绿色金融发展，推动经济向低碳、循环和资源高效型发展，实现经济增长与生态环境保护的良性循环。本章主要围绕碳中和金融监管体系展开研究分析，具体包括碳中和金融风险的内涵特征、碳中和金融风险的识别与计量、碳中和金融风险的监管等内容。首先对碳中和金融风险的来源、碳中和金融风险的分类、碳中和金融风险的特点等进行梳理分析，其次对碳中和金融风险的识别、碳中和金融风险的计量等深入剖析，最后对碳中和金融风险的规避、碳中和金融风险的转移、碳中和金融风险的管理等进行探讨，以探清碳中和金融监管中的风险来源问题、计量问题以及管理问题，为中国实现碳中和目标中的金融高质量服务提供金融监管的理论指导和参考借鉴。

第一节　碳中和金融风险的内涵特征

一、碳中和金融风险的来源

金融在实现碳中和过程中既是推动力量也是关键环节。一方面，金融机构通过为低碳项目提供融资、开发绿色金融产品等方式支持减排行动。例如，银行向可再生能源项目发放贷款，资本市场为清洁能源企业提供上市融资机会。另一方面，金融市场通过碳定价机制（如碳排放交易）引导资源向低碳领域配置。但在这个过程中，由于碳中和金融市场的初衷是为了应对气候变化引起的环境问题，其相较于传统金融领域具有独特的专业性、复杂性和特殊性，金融体系也深度嵌入碳中和转型的复杂进程中，面临各种不确定性。“双碳”政策又是政府工作的重心之一，因此碳中和金融风险问题不仅无法回避，而且还要积极面对。

碳中和金融风险是指在经济向碳中和转型过程中，由于政策、技术、市场和自然环境等多种因素的变化，导致金融机构的资产、负债、收益以及整个金融体系的稳定性受到负面影响的可能性。它既包括传统金融风险在碳中和情境下的新表现形式，也包括因碳中和行动引发的特殊风险。这些风险可能会导致金融机构的信用损失、市场波动加剧、流动性紧张等问题，进而影响金融稳定和经济增长。

在气候变化这一全球性议题面前，国际社会通过《京都议定书》《巴黎协定》等条约对各国碳排放进行了限制，并致力于合作构建绿色地球村。欧洲碳排放交易体系（EU ETS）作为先锋，成功将 30 余个国家的碳排放交易联结起来，实现了多方共赢的减碳目标。自《巴黎协定》生效以来，EU ETS 的碳价稳步提升，于 2020 年开始飙升，并在 2022 年初突破百美元/吨的里程碑。然而，这一进程中并非没有波折与挑战。

首先，国际合作的不确定性。尽管国际合作在推动碳中和方面取得了显著进展，但美国先后退出《京都议定书》和《巴黎协定》的自私行为，无疑给国际合作蒙上了一层阴影。这些举动不仅暴露了部分国家对低碳发展的不确定性态度，更可能在未来进一步打击碳中和金融市场参与者的投资信心。国际合作的脆弱性在碳价波动中得到了体现，显示出全球在应对气候变化时的复杂性和挑战。

其次，政治局势对碳价的影响。国际政治局势时刻影响着碳中和交易市场的价格波动。以 2022 年初为例，正当碳价达到顶峰之际，俄乌战争的爆发导致国际能源价格飙升，而碳价却意外猛跌。在短短两周内，EU ETS 的碳价从破百美元/吨的高位跌落近半。这一反常现象背后的原因是多方面的：一方面，战争导致能源供应紧张，欧洲被迫加大使用成本较低的煤炭发电，从而增加了对碳排放配额的需求；另一方面，碳排放权配额的持有者（如俄罗斯的投资者）因担忧碳资产风险而愿意低价出让配额。这一事件凸显了政治局势对碳价波动的直接影响，以及碳中和金融市场对地缘政治变化的敏感性。

根据最新数据，尽管短期内政治局势等因素可能导致碳价波动，但长期来看碳中和金融市场的发展趋势仍然向好。严格有力的环境规制会推动碳价上涨，促进碳市场良好发展。① 例如，对低碳经济发展的持续政策支持能让个体投资者以及各大金融机构对碳中和交易市场充满信心，稳定的资金注入也反馈给碳中和金融交易市场使其得以稳定发展。例如，截至 2024 年 9 月末，EU ETS 的碳价虽然较上月末有所下降，但仍维持在 65.03 欧元/吨的较高水平。同时，中国碳市场在 2024 年 9 月也表现出强劲的增长势头，CEA 总成交量和总成交额分别环比上涨了 33.66% 和 49.92% ②。这些数据表明，尽管面

---

① 高红贵，许莹莹，朱于珂．命令控制型环境规制对碳市场价格的影响——来自中央环保督察的准自然实验［J］．中国地质大学学报（社会科学版），2022，22（03）：54－66.

② 兴业研究．碳市场金融月报（2024 年 9 月）［EB/OL］．（2024－10－09）．https：//business.sohu.com/a/814803452_122014422.

临诸多挑战，碳中和金融市场仍在不断发展壮大。

中国坚定不移地秉持“绿水青山就是金山银山”的发展理念，从粗放型经济向低碳经济转型，并提出“双碳”目标，将碳中和金融作为节能减排的重要手段。然而，在推进碳中和金融的过程中，中国面临着多重风险挑战①，这些风险不仅源于国际形势的不确定性，还涉及国家政策、法律法规、信息不对称、人才匮乏以及气候变化等方面。

一是国际形势的不确定性带来的风险。碳中和金融是金融与环保领域交叉渗透的产物，其成功实施依赖于国际合作与共赢。然而，国际形势的不确定性给碳中和金融带来了显著风险。例如，美国先后退出《京都议定书》和《巴黎协定》，这种违约行为不仅影响了自身国内的碳排放需求，也对签署公约的其他成员国的碳排放权交易造成了波动。此外，国家的政局动荡也会加速碳中和金融风险的传导和形成。因此，国际矛盾冲突和政局变动都可能导致碳中和金融市场产生不可预估的波动及风险。

二是国家政策的不连续性带来的风险。中国碳中和金融市场是典型的政策市场，政策导向对市场影响极大。政策的不连续性可能导致市场出现剧烈波动，增加碳中和金融市场的崩盘风险。例如，中央或地方的政策偏向可能导致市场资金流动方向的变化，进而影响碳中和金融市场的稳定发展。此外，中国碳中和金融市场起步较晚，相关配套制度、平台和机制建设尚不完善②，这也增加了市场的风险。③

三是法律法规的不完善带来的风险。与欧美等发达国家相比，中国在碳中和金融领域的法律法规建设相对滞后。法律法规的不完善为投机者提供了可乘之机，他们可能利用法律漏洞进行违法操作，谋取不正当利益，从而损害其他交易主体的经济利益。例如，一些企业或个人可能通过虚假交易、操纵市场等手段获取高额利润，导致市场秩序混乱。④

四是信息不对称与人才匮乏带来的风险。信息不对称是金融市场普遍存在的问题，而在碳中和金融领域尤为突出。由于碳中和金融涉及的专业性强、数据复杂，信息不对称问题更加严重，这不仅增加了交易成本，还可能引发道德风险和逆向选择问

① 刘志峰，张子洐，戴鹏飞，等．碳市场与股票市场间的崩盘风险溢出效应研究：新冠疫情、投资者情绪与经济政策不确定性［J］．系统工程理论与实践，2023，43（03）：740－754.

② 王颖，张昕，刘海燕，等．碳金融风险的识别和管理［J］．西南金融，2019（02）：41－48.

③ 宋敏，辛强，贺易楠．碳金融交易市场风险的 VaR 度量与防控——基于中国五所碳排放权交易所的分析［J］．西安财经大学学报，2020，33（03）：120－128.

④ 高令．碳金融交易风险形成的原因与管控研究——以欧盟为例［J］．宏观经济研究，2018，231（02）：104－111＋125.

题。此外，中国碳中和金融领域缺乏既懂金融又懂环境的复合型人才，这限制了市场的创新和发展。人才匮乏导致市场容易出现人为失误和决策偏差，进一步加剧了市场风险。

五是企业低碳转型带来的风险。企业在向低碳经济转型过程中可能面临的技术、市场和政策等方面的挑战，这些挑战可能导致企业盈利能力下降，进而增加金融机构的信贷风险。特别，随着清洁能源技术的不断进步，传统能源企业的投资项目可能迅速变得不再经济。例如，太阳能和风能发电成本的快速下降，使得传统化石燃料发电项目面临严峻的竞争压力。这种技术替代效应可能导致传统能源企业的资产价值大幅贬值，进而影响其偿债能力。此外，企业在转型过程中可能需要投入大量资金进行技术研发和设备升级，这也增加了企业的财务负担和风险。同时，低碳经济转型将带来市场格局的深刻变化。一方面，随着消费者对绿色、低碳产品的需求增加，传统高碳产品可能面临市场需求萎缩的风险；另一方面，新兴的低碳产业和市场领域将不断涌现，但市场接受度和成熟度的不确定性也可能给企业带来市场风险。例如，新能源汽车市场的快速发展虽然为汽车产业带来了新的增长点，但市场竞争的加剧和技术路线的不确定性也可能导致部分企业陷入困境。

六是气候变化等物理现象的不可预估性带来的风险。一方面，随着全球气候变暖的加剧，极端天气事件的频率和强度都在不断增加。这些事件可能包括飓风、洪水、干旱、热浪等，它们对企业的生产运营和基础设施造成直接破坏。例如，洪水可能导致工厂停产、设备损坏和供应链中断；而干旱则可能影响农业生产和水资源供应。这些物理损害不仅直接影响企业的盈利能力，还可能通过供应链传导机制对整个经济系统产生冲击。另一方面，除了极端天气事件外，气候变化还可能引发其他类型的自然灾害，如地震、海啸等。这些灾害对企业和基础设施的破坏力往往更大，可能导致长期停产和巨额损失。例如，地震可能导致厂房倒塌、设备损毁和人员伤亡；而海啸则可能冲毁沿海地区的工厂和设施。这些自然灾害不仅给企业带来直接的经济损失，还可能影响企业的声誉和信誉，进而影响其融资能力和市场地位。据世界银行估计，到2050年，气候变化可能导致全球经济损失高达7.9万亿美元。[①] 这一数字不仅揭示了气候变化对全球经济造成的潜在威胁，也凸显了物理风险在碳中和金融中的重要性。金融机构在评估企业的信用风险和制定投资策略时，必须充分考虑气候变化可能带来的物理风险，以避免潜在的损失。

---

① 经济学人智库（EIU）. 解锁自然的力量 | 基于自然的解决方案［EB/OL］.（2020－07－30）. https://www.163.com/dy/article/FIQ0HRS90514F74Q.html.

二、碳中和金融风险的分类

在全球气候变化和碳中和目标推进的背景下，碳中和金融业务面临着复杂多变的风险挑战。这些风险不仅来源于国际政治形势的不确定性、政策调整的多变性，还涉及信用风险、投资风险和市场风险等多个层面。因此，本书将碳中和金融风险分为政治风险、政策风险、信用风险、投资风险和市场风险五类。

（一）政治风险

政治风险是碳中和金融业务面临的主要风险之一，主要源于国际政治形势的不确定性和国家间政策冲突。随着全球气候治理的深入，各国在碳减排和碳中和目标上的立场和行动差异日益显著，这种差异可能导致碳市场和碳中和金融业务的波动和不确定性。例如，美国退出《京都议定书》和《巴黎协定》的行为，不仅对其自身的碳排放需求产生了重大影响，也对签署公约的其他成员国的碳排放权交易造成了波动。这种国际矛盾冲突可能导致双方或多方的碳排放交易及其市场产生不可预估的波动及风险。此外，国家政局动荡也可能加速碳中和金融风险的传导和形成，如不同国家领导人或政党上台后，对经济与环保的侧重程度差异，可能导致碳中和金融市场的剧烈波动。

（二）政策风险

政策风险是碳中和金融业务的另一大风险。由于碳中和金融市场是典型的政策性市场，其对政策的依附程度和依存程度较高。政策的稳定性、连续性和可预测性对碳中和金融市场的健康发展至关重要。

从欧盟碳排放交易体系可深刻看到政策对碳中和金融的影响。欧盟的碳市场发展可分为四个阶段。

第一阶段（2005—2007 年）：该阶段是欧盟碳市场推出的起始阶段。于 2005 年开始，碳排放交易体系覆盖欧盟 28 个成员国，包括能源行业和工业部门。在这个阶段，碳排放配额主要由政府免费分配给企业，并允许企业之间进行交易。由于初始配额分配存在一定问题，加之需求预期不准确，碳价波动较大。

第二阶段（2008—2012 年）：在第二阶段，碳市场的范围扩大到欧盟 27 个成员国，并增加了更多的工业部门和温室气体排放源的覆盖范围。该阶段引入了拍卖环节，部分碳排放配额通过拍卖进行分配。此外，也有一些规则和机制改进，旨在提高碳市场的效率和透明度。然而，由于经济危机和配额过剩等原因，碳价较为低迷。

第三阶段（2013—2020 年）：第三阶段标志着碳市场的进一步改革。在这个阶段，欧盟设定了更为清晰的碳减排目标，并对碳市场的设计和管理进行了修正和优化。拍卖配额的比例逐渐增加，而免费分配的比例逐渐减少。此外，对碳市场的监管和执行也更加严格，以减少操纵市场和欺诈行为的风险。

第四阶段（2021—2030 年）：第四阶段是欧盟碳排放交易体系的最新阶段，也是在《巴黎协定》框架下应对气候变化的新目标下运行的。该阶段设定了清晰的碳减排目标，以实现欧盟 2050 年碳中和的目标。在第四阶段，拍卖碳配额的比例进一步增加，以推动碳价上升和减排措施的实施。然而，即使如此，政策的变化仍然对碳市场产生了显著影响。如 2008 年金融危机和欧债危机期间，EUA 价格大幅下跌，暴露了碳中和金融市场的政策风险。整体而言，该体系经历了四个阶段的发展，每个阶段都伴随着政策的调整和市场的波动。此外，碳市场还引入了一些新的机制，如市场稳定储备来帮助调节市场供求关系。这些阶段的发展表明欧盟碳市场在通过不断改进和完善制度来推动减排和碳中和目标的实现，而不成熟和消极的碳中和金融政策则会对市场参与者产生巨大的政策风险。

在中国，政策风险同样显著。以上海碳交易试点为例，在第一阶段试点期临近结束时，上海市并未就第一阶段配额结转出台明确的政策，对部分市场参与者的预期造成了消极影响，引发集中抛售第一阶段配额的行为，导致 2016 年上海碳配额价格在 4 个月内从年初的 10 元/吨跌落至 5 元/吨左右，反映出了极大的政策风险。

（三）信用风险

信用风险，在传统金融方面是指交易对方不履行到期债务的风险。信用风险又称违约风险，是指借款人、证券发行人或交易对方因种种原因，不愿或无力履行合同条件而构成违约，致使银行、投资者或交易对方遭受损失的可能性。

信用风险是碳中和金融领域特有的风险之一。由于碳中和金融交易涉及的项目复杂、周期长、参与方众多，且存在信息不对称和披露不完善的问题，信用风险尤为突出。

在碳中和金融交易中，项目减排量的买家违约风险是信用风险的重要表现。例如，上海东海大桥海上风电项目的 CER 买家英国碳资源管理有限公司因欧洲碳市场萧条而违约，该项目投资额度为 23.65 亿元人民币，其中 18.92 亿元由以浦发银行牵头的银团提供。2012 年该项目进入还贷高压阶段，但其 CER 买家英国碳资源管理有限公司（CRM）受到欧洲碳市场萧条等方面的影响突然宣布违约，无法按照合同约定的 12.66 欧元/吨购入项目 CER，导致项目收入大幅缩水，给贷款机构带来严重的信用风险。此外，由于碳中和金融交易具有跨区域性和信息不透明的特点，欺诈行为也时有发生，进一步加剧了信用风险。

（四）投资风险

投资风险是碳中和金融业务的另一大风险。由于碳中和金融市场发展时间尚短，市场规则尚不完善，投资者对市场的熟悉程度有限，因此投资风险较高。

投资风险主要体现在操作风险和流动性风险两个方面。操作风险是指由于投资者对市场规则不熟悉或误判市场趋势而导致的损失。流动性风险则是指由于市场缺乏流动性而导致的资产变现困难或成本增加。在碳中和金融市场中，由于市场规模相对较小、交易品种有限且参与者较少，流动性风险尤为显著。如碳价的大幅波动可能导致投资者难以在合适的时间以合适的价格卖出资产，从而遭受损失。

（五）市场风险

市场风险是碳中和金融业务不可忽视的风险之一。由于碳中和金融市场受到全球宏观经济趋势、气候变化情况和各国气候政策等多种因素的影响，市场风险较高。

市场风险主要体现在市场规模的变动和碳排放权价格的波动两个方面。随着全球气候治理的深入和碳中和目标的推进，市场对绿色金融产品的需求增加，而对高碳资产的需求减少，这可能导致某些资产的流动性下降和价格波动加剧。此外，全球气候变化和各国气候政策的调整也可能对碳中和金融市场产生显著影响。如 2008 年金融危机和欧债危机期间，2008 年 7 月至 2013 年 4 月，EUA 价格从 28.73 欧元/吨降至 3.81 欧元/吨，下跌近 90%，成为金融危机以来贬值幅度最大的大宗交易商品，而 CER 和 ERU 的价格更是大幅缩水，价格低至 0.5 欧元/吨附近，暴露出了碳中和金融也存在严重的市场风险。

三、碳中和金融风险的特点

碳中和金融作为金融领域与气候科学交叉融合的新生产物，不仅继承了传统金融的风险特性，还展现出一系列独特的风险特征。这些特征包括传染性、不确定性、主观性以及时长时短性，共同构成了碳中和金融风险的复杂图景。

（一）传染性

传染性是碳中和金融风险的一个显著特点，它体现在一个金融冲击能够迅速从一个实体传播到其他相关联的实体，导致多国间同时或相继发生金融危机。这种传染性的根源在于国家间和区域间的紧密合作，使得世界各地的碳中和金融市场紧密相连。当某一市场发生波动时，这种波动会迅速传导至其他市场，引发连锁反应。

以 2007 年爆发的美国次贷危机为例，这场危机迅速蔓延至全球金融市场，导致全球经济步入衰退，无一国家幸免。① 同样地，在碳中和金融领域，一个国家或地区的政策调整、市场波动或极端气候事件都可能对其他国家和地区产生深远影响。因此，各国在推进碳中和金融的过程中，必须高度关注国际市场的动态，加强国际合作，共同应对潜在的风险挑战。

（二）不确定性

不确定性是碳中和金融风险的另一个重要特征。这种不确定性不仅来源于传统的资产价格、投资收益等方面，还涉及资源和要素配置、产业转型等多个层面。自然灾害、气候变化等极端环境事件的发生时间、类型及其对经济金融的冲击程度均难以预测，增加了碳中和金融风险的复杂性。

此外，产业链中各个层级的绿色转型效果也难以充分判断。在转型过程中，政策变动、行为主体偏好改变等因素都可能对绿色投融资收益产生不确定性影响。这种不确定性使得企业在制定战略和投资决策时面临巨大挑战，同时也增加了金融机构的风险管理难度。

（三）主观性

碳中和金融风险的主观性主要体现在政策不确定性、市场预期波动以及投资评估的复杂性等方面。政府的碳减排目标、减排政策和支持措施可能随时发生变化，导致企业在制定战略时面临不确定性风险。同时，碳中和金融市场受到投资者和参与者预期和情绪的影响，市场参与者的不确定预期可能导致碳价格的剧烈波动，增加投资和交易的风险。

在评估碳减排项目和可持续投资收益和风险时，涉及对碳市场发展、政策变化、技术创新和市场需求等众多因素的主观判断。不同的投资者可能对这些因素有不同的看法，导致投资评估的主观性。此外，社会对减排和可持续发展的认可和接受度也存在差异，这进一步增加了碳中和金融风险的主观性。

由于人们主观认识能力的局限，对碳中和金融风险的规律、来源、影响等问题认识不全面，也可能导致金融行为的失误与偏差，进而引发主观性风险。例如，对某些绿色产业过度投资而忽视其上游产业链可能存在的隐患与风险，就是主观性风险的一种表现。

（四）时长时短性

碳中和金融风险在短期和长期的表现形式不尽相同，呈现时长时短性的特点。对于

---

① 曹源芳，蔡则祥．基于 VAR 模型的区域金融风险传染效应与实证分析——以金融危机前后数据为例［J］．经济问题，2013（10）：59－64.

企业而言，部分绿色项目在短期内需要付出巨大的成本，导致经济受损，引发金融风险。例如，降低碳排放的经济活动电气化、从利用传统能源转为利用可再生能源等措施，都会增加企业的成本压力，容易引发碳中和金融风险。然而，这些项目在长期内有助于减缓绿色金融风险，实现可持续发展。

对于金融机构而言，碳中和金融风险的时长时短性则体现在资产负债表的错配问题上。银行在资产端持有大量绿色信贷或绿色债券，而在负债端则主要是储户的存款。由于绿色金融产品的偿付期限远长于储蓄的平均期限，因此在长期内容易形成“借短贷长”的流动性风险。这种流动性风险是金融机构在推进碳中和金融过程中必须高度关注的问题。

综上所述，碳中和金融风险具有传染性、不确定性、主观性以及时长时短性等独特特点。这些特点使碳中和金融风险的管理和应对变得更加复杂和困难。因此，各国在推进碳中和金融的过程中，必须充分认识到这些风险的存在和特性，加强国际合作、完善政策法规、提高信息披露质量、培养复合型人才、增强市场流动性以及应对气候变化等措施，以有效应对潜在的风险挑战，推动碳中和金融的健康发展。

第二节 碳中和金融风险的识别与计量

一、碳中和金融风险的识别

在防范碳中和金融风险的过程中，准确识别风险是有效管理和应对风险的前提。碳中和金融风险涉及多个维度，包括政治风险、政策风险、信用风险、投资风险和市场风险等。

（一）政治风险的识别

一是国际政治形势的变化。密切关注国际政治形势的发展变化，特别是主要碳排放国家之间的政治关系。例如，美国退出《京都议定书》和《巴黎协定》的行为，直接影响了全球碳市场的稳定性，增加了碳中和金融的政治风险。因此，需要持续跟踪国际政治动态，评估其对碳中和金融市场的潜在影响。

二是国家间政策冲突。分析不同国家在碳减排和碳中和目标上的立场和行动差异以及这些差异可能导致的政策冲突。政策冲突可能导致碳市场和碳中和金融业务的波动和不确定性增加。例如，欧盟和中国在碳排放权交易体系上的不同做法，可能引发市场参与者的担忧和不确定性。

三是国家政局动荡。评估目标国家或地区的政局稳定性，包括政府更迭、政策连续性以及社会稳定性等因素。政局动荡可能导致政策变化频繁、市场预期不稳定，进而增加碳中和金融的政治风险。

（二）政策风险的识别

一是政策调整的频率和幅度。分析目标国家或地区在碳中和相关政策上的调整频率和幅度。频繁的政策调整可能导致市场预期不稳定，增加碳中和金融的政策风险。例如，中国在推进碳交易试点过程中，政策的不断调整和完善对市场产生了显著影响。

二是政策的不确定性。评估政策制定和执行过程中的不确定性，包括政策目标、政策措施以及政策执行效果等方面的不确定性。政策不确定性可能导致市场参与者对未来预期的不确定性增加，进而引发市场波动和风险。例如，在碳交易试点初期，由于政策不明确，市场参与者预期消极，导致碳价大幅下跌。

三是政策执行的效果。分析政策执行的效果以及政策执行过程中可能存在的问题。政策执行不力或存在漏洞可能导致市场参与者对政策有效性的质疑，进而增加碳中和金融的政策风险。例如，在碳排放权交易过程中，如果监管不力或存在市场操纵行为，将严重影响市场的公平性和有效性。

四是政策的法律和经济基础。政策的法律支持和经济可行性也需要被考虑。政策是否具有明确的法律基础和能够在经济上支持碳中和目标的可行性，将在很大程度上影响市场参与者对政策的信心和投资决策。缺乏法律支持或经济可行性的政策可能会增加风险。

五是利益相关者的参与和立场。利益相关者在政策制定和实施中发挥着重要作用。他们的参与和立场对政策的成败有着重要影响。因此，了解利益相关者对碳中和政策的立场、行动和影响力是识别政策风险的关键。利益相关者的反对或不配合可能导致政策难以实施，从而增加风险。

（三）信用风险的识别

一是债务人的信用质量。在碳中和项目中，债务人通常是企业或政府。评估债务人的信用质量是识别信用风险的关键。这包括债务人的财务状况、偿债能力、信用评级等。如果债务人的信用质量较低，那么可能会增加信用风险。

二是碳中和项目的盈利能力。碳中和项目的盈利能力直接影响债务人的偿债能力。如果碳中和项目无法产生足够的收入来偿还债务，那么可能会增加信用风险。因此，需要评估碳中和项目的盈利模式、预期收入、成本结构等。

三是碳市场的稳定性。碳市场的稳定性也会影响信用风险。如果碳市场价格波动较大，那么可能会影响碳中和项目的盈利能力，从而增加信用风险。因此，需要评估碳市场的供需关系、价格预测、政策风险等。

四是碳中和项目的技术和执行风险。碳中和项目的技术和执行风险也会影响信用风险。如果碳中和项目的技术不成熟，或者执行过程中出现问题，那么可能会影响项目的盈利能力，从而增加信用风险。因此，需要评估碳中和项目的技术可行性、执行计划、风险管理等。

（四）投资风险的识别

一是碳定价风险对其投资组合的影响。碳中和政策可能会导致碳定价的波动，这可能会影响碳中和相关资产的价值。例如，碳价格的上升可能会增加碳中和成本，从而影响企业的盈利能力和资产价值。

二是技术风险对其投资组合的影响。碳中和目标可能需要企业采用新的低碳技术和方法，这可能会增加技术风险。[①] 例如，新的碳捕获和储存技术可能需要大量的投资和研发，而这些技术的商业可行性和效率可能存在不确定性。

三是市场风险对其投资组合的影响。碳中和政策可能会影响市场需求和供应，从而影响产品和服务的价格和销售。例如，碳定价可能会影响能源价格，从而影响能源密集型行业的盈利能力。

四是政策风险对其投资组合的影响。碳中和政策可能会受到政治和法律环境的影响，这可能会增加政策风险。例如，政府可能会改变碳中和政策，或者政策可能会受到法律挑战。

五是声誉风险对其投资组合的影响。企业的碳中和行为可能会影响其声誉，从而影响其品牌价值和市场地位。例如，企业的碳排放数据可能会影响消费者和投资者对其产品和服务的看法。

（五）市场风险的识别

一是碳中和政策对碳定价的影响。这包括政策的稳定性、碳价格的预期变化以及碳价格对企业盈利能力的影响。这可以通过研究碳中和政策的历史变化、分析碳价格的市场预期以及评估碳价格对企业盈利能力的影响来进行。

二是碳中和目标对企业的技术需求。这包括新的低碳技术和方法的商业可行性、技术的成熟度以及技术的市场接受度。这可以通过研究新的低碳技术和方法的商业可行

---

① 闫贵壮，何畅．碳金融风险管理的数字化策略［J］．中国金融，2022，977（11）：29－30.

性、评估技术的成熟度以及分析技术的市场接受度来进行。

三是碳中和政策对市场需求和供应的影响。这包括碳中和政策对产品和服务的价格和销售的影响、碳中和政策对市场竞争的影响以及碳中和政策对市场份额的影响。这可以通过研究碳中和政策的市场影响、分析碳中和政策的市场份额以及评估碳中和政策的市场竞争性来进行。

四是碳中和政策的政治和法律环境。这包括政府的稳定性、法律的稳定性以及政策的预期变化。这可以通过研究政府的稳定性、评估法律的稳定性以及分析政策的预期变化来进行。

五是企业的碳中和行为对其声誉的影响。这包括企业的碳排放数据、企业的碳中和目标以及企业的碳中和行为。这可以通过研究企业的碳排放数据、评估企业的碳中和目标以及分析企业的碳中和行为来进行。

二、碳中和金融风险的计量

在碳中和金融领域，风险的计量是风险管理和决策制定的关键步骤。虽然政治风险和政策风险难以通过定量方法直接计量，但市场风险、投资风险以及信用风险则可以通过定性和定量的方法进行综合计量。以下是对这些风险计量方法、步骤及注意事项的详细讨论。

（一）政治风险的计量

政治风险涉及国际政治形势的演变、国家间的政策冲突以及国内政局动荡等多重因素，其复杂性和动态性使得单一定量指标难以全面捕捉其本质。因此，政治风险的计量须以定性分析为主，结合专家意见、历史案例分析及政治稳定性指数等多维度工具进行综合评估。例如，通过分析国家间的政治关系紧张程度、政策导向的差异以及国内政局的稳定性，可以初步判断政治风险的高低。

计量步骤：

（1）广泛搜集信息。须全面搜集国际政治形势的最新动态，包括主要碳排放国家间的外交关系、贸易政策、地缘政治冲突等；同时，关注目标国家或地区的政治稳定性，如政府更迭频率、政策连续性、社会稳定性指标等。这些信息可通过国际新闻、政府公告、专业研究机构报告等多种渠道获取。

（2）专家综合评估。邀请政治、经济、金融等领域的权威专家，基于搜集到的信息进行深入分析。专家应利用自身的专业知识和经验，对政治风险进行等级划分或概率评估。例如，专家可能根据历史案例和现有形势，判断某国政策变动的可能性及其对碳中和金融市场的影响程度。

（3）综合判断与影响评估。结合专家意见和历史案例，对政治风险进行综合判断。在此基础上，进一步评估政治风险对碳中和金融市场的潜在影响，包括市场波动、投资者信心变化、资金流动等方面。这有助于金融机构提前制定应对措施，降低政治风险带来的潜在损失。

特别指出，政治风险识别中比较有效的方法是案例分析方法亦称为个案分析方法或典型分析方法，即对有代表性的事物（现象）深入地进行周密而仔细的研究从而获得总体认识的一种科学分析方法。在判断国家间政治合作是否可靠便可以选取过往历史案例，如美国 2001 年退出《京都议定书》、2020 年正式退出《巴黎协定》；再如英国是第一个制定到 2050 年实现净零排放目标的 G7 国家，英国在 2010—2019 年减排了 29%，仅在 2019 年，他们就将 GHG（Greenhouse Gas，温室气体）的排放量减少了 2.9%[①]，连续七年每年都在减少，这是一个创纪录的数字。该分析法具有代表性、系统性、深刻性、具体性等特点。

在大多数情况下，尽管案例研究以某个或某几个个体案例作为研究的对象，但这并不排除将研究结果推广到一般情况，也不排除在案例之间作比较后在实际中加以应用。对案例研究结果的推广和应用属于判断范畴，而非分析范畴，案例研究的任务就是为这种判断提供经过整理的经验报告，并为判断提供依据。

案例分析法的具体步骤：①依据分析目的，选择有代表性的事件作为分析研究对象；②全面搜集有关被选对象的资料，包括直接资料和间接资料。可以搜集他人对该对象所研究的间接资料，但是，主要搜集的是第一手资料（直接资料），包括事件参与者亲自写的实验记录、学术报告、著作、论文及笔记等，尤其重视搜集系统的数据资料；③系统地整理搜集到的资料，依据分析研究的项目和内容进行分类；④对所要求分析的内容（如特征、属性、关系等）进行逐项分析研究；⑤对各项分析结果进行综合分析，探求反映总体的规律性认识。该方法既可被用来为某种假说作论证，又可把得到的研究成果作为进行更广泛研究的基础。在从个别到一般或从一般到个别的认识过程中均能发挥作用。该方法也有一定的局限性，个别不等于一般，而且在选取研究对象时有一定的主观随意性等。

需要注意的是，不管采用上述何种方法，在政治风险识别过程中，都要持续关注国

① CarbobBrief. UK's CO_2 emissions have fallen 29% over the past decade [EB/OL]. (2020-03-03). https://www.carbonbrief.org/analysis-uks-co_2-emissions-have-fallen-29-per-cent-over-the-past-decade/.

际政治动态。政治风险具有高度的动态性，需持续关注国际政治形势的变化，及时更新相关信息，确保评估结果的时效性和准确性。同时也要确保专家评估的权威性和代表性。专家评估是政治风险计量的关键环节，应确保所选专家具有深厚的专业背景和丰富的实践经验，以提高评估结果的权威性和可信度。

（二）政策风险的计量

政策风险，尽管伴随着一定的不确定性，但其计量并非无迹可寻。通过深入分析政策调整的频率、幅度以及政策执行的实际效果等定量指标，并结合定性分析，我们可以对政策风险进行全面而综合的评估。这种计量方法旨在揭示政策变动对碳中和金融市场可能产生的潜在影响，为金融机构的风险管理提供科学依据。

政策风险的计量步骤：

（1）政策梳理与解析。需要对目标国家或地区在碳中和领域的相关政策进行全面梳理。这包括但不限于政策目标、具体措施、实施时间表以及政策间的关联性等。例如，中国在碳中和方面出台了一系列政策，如《关于进一步强化金融支持绿色低碳发展的指导意见》等，这些政策构成了中国碳中和政策体系的重要组成部分。其次，在梳理政策的基础上，我们还需要对这些政策进行深入解析，理解其背后的政策意图、预期效果以及可能的市场反应。

（2）定量分析。需要统计政策调整的频率和幅度。这可以通过对比不同时间段内政策的出台数量、修订次数以及政策内容的变动程度来实现。例如，如果某国在短时间内连续出台多项碳中和相关政策，且政策内容变化较大，那么可以认为该国的政策风险较高。同时，还需要评估政策的执行效果。这可以通过观察碳价波动、市场成交量、投资者情绪等敏感指标的变化来实现。例如，政策实施后碳价出现大幅波动，或市场成交量显著下降，都可能表明政策执行效果不佳，从而增加政策风险。

（3）定性分析。在定量分析的基础上，还需要结合定性分析对政策风险作进一步评估。这主要包括分析政策不确定性对市场参与者预期的影响，以及政策变动可能引发的市场稳定性问题。例如，政策目标不明确或政策执行力度不足可能导致市场参与者对未来预期的不确定性增加，进而引发市场波动和投资者信心下降。此外，还需要考虑政策调整可能带来的其他潜在风险，如合规风险、法律风险等。这些风险虽然难以直接量化，但同样对金融机构的风险管理具有重要意义。

（4）综合计量与评估。需要将定量分析与定性评估的结果相结合，给出政策风险的综合计量结果。这可以通过构建风险评估模型、设定风险阈值等方式来实现。例如，可以根据政策调整的频率、幅度以及执行效果等指标设定不同的权重，通过加权计算得出综合风险评分；同时，还可以结合市场参与者的预期和反应情况对评分进行调整，以更准确地反映政策风险的实际水平。

在政策风险识别过程中，需要注意的是：

1）要关注政策制定的背景与目的：在计量政策风险时，我们需要深入理解政策制定的背景与目的，以更准确地把握政策变动的方向和趋势。这有助于我们提前预判政策风险，并制定相应的风险管理措施。

2）要选取具有代表性和敏感性的指标：在进行定量分析时，我们需要选取具有代表性和敏感性的指标来反映政策执行效果和市场反应情况。这些指标应能够客观、准确地反映政策变动的实际影响，并具有一定的前瞻性和预警作用。

3）要充分考虑市场参与者的心理预期和行为反应：市场参与者的心理预期和行为反应对政策风险具有重要影响。因此，在进行定性分析时，我们需要充分考虑市场参与者的预期变化和行为调整情况，以更全面地评估政策风险可能带来的市场影响。

（三）信用风险的计量

在碳中和金融领域，信用风险的计量是确保金融稳定和市场信心的关键。信用风险不仅关乎借款人的还款能力，更涉及整个金融体系的稳健运行。从传统到现代，信用风险计量方法经历了显著的演变，从依赖专家判断的定性方法到基于复杂模型的定量方法，每一步都体现了对风险理解的深化和技术的进步。

1. 传统信用风险计量方法

传统信用风险计量方法主要包括专家法和信用评分法。专家法通过评估借款人的品德（Character）、经营能力（Capacity）、资本（Capital）、资产抵押（Collateral）和经济环境（Condition）等五个维度（即5C）来判断信用风险。此外，还有基于借款人（Who）、借款用途（Why）、还款期限（When）、担保物（What）及如何还款（How）的5W分析，以及考虑个人因素（Personal Factor）、资金用途因素（Purpose Factor）、还款财源因素（Payment Factor）、债权保障因素（Protection Factor）和企业前景因素（Perspective Factor）的5P分析。这些方法虽然依赖于专家的主观判断，但在信息不透明或数据稀缺的情况下，仍能有效发挥作用，为金融机构提供初步的信用风险评估。

信用评分法则进一步将信用风险量化，通过对企业主要财务指标的分析和模拟，预测企业破产的可能性，从而评估信用风险。这种方法基于历史数据，通过统计模型计算出信用评分，为金融机构提供更为客观的信用风险评估依据。

2. 现代信用风险度量模型

相较于传统方法，现代信用风险度量模型在准确性和前瞻性方面取得了显著进步。

主流的现代信用风险度量模型包括 Credit Metrics 模型、Credit Risk + 模型、KMV 模型和 CPV 模型。

（1）Credit Metrics 模型：由 J. P. 摩根银行于 1997 年提出，该模型通过历史数据求出信用等级矩阵、远期折现率和违约回收率，进而计算未来信用资产的价值变化，并利用 VaR 方法评估整个组合的风险暴露。Credit Metrics 模型首次将信用等级转移、违约率、违约相关性和回收率集成在一个框架内，为金融机构提供了全面的信用风险评估工具。

（2）Credit Risk + 模型：由瑞士信贷银行开发，该模型受财产保险思想和精算方法启发，仅考虑违约或不违约两种状态，通过历史违约数据和模拟违约数据计算违约概率。Credit Risk + 模型以随机的违约率为前提，度量预期损失和未预期损失，但其假设条件较强[①]，且未考虑市场风险，因此在一定程度上降低了使用价值。

（3）KMV 模型：由 KMV 公司于 1993 年开发，该模型以期权定价理论为基础，通过企业股权价值变动反映资产情况，并计算预期违约率。KMV 模型利用股票市场数据而非企业历史数据，因此更具前瞻性和准确性。然而，该模型的使用范围有限，特别适用于上市公司，对非上市公司的应用需要借助其他指标替代重要变量，可能影响计算准确性。

KMV 模型计算的过程为：首先，建立上市公司股权价值与资产价值的估计模型，通过公司股权、负债的价值以及波动率等变量估计公司资产的市场价值及波动率；其次，以公司一年以内短期负债加上公司长期负债的一半来计算公司的违约实施点；最后，公司资产价值的期望值减去违约实施点则表示该公司的违约距离，违约距离数值越大，则表示公司距离违约的可能性越小，反之违约距离数值越小，则表示公司距违约实施点越近，公司违约的可能性越大。对违约概率的度量分三步进行：首先，根据历史数据建立模型估计公司总资产的市场价值及波动率；其次，建立模型估计公司的违约距离，违约距离的大小反映了公司违约可能性的大小，是公司还贷风险的一种指标显示；最后，对违约距离的估计模型进行统计检验，得出相应上市公司的信用风险情况。[②]

（4）CPV 模型：由麦肯锡咨询公司于 1997 年开发，该模型通过宏观经济周期波动和经济发展态势的分析来评价信用风险。CPV 模型将宏观经济因子与违约概率、信用转移概率相结合，适用于投机型债务人，不太适合于投资型债务人。因为投资型债务人的违约率相对稳定，而投机型债务人的违约率会受周期性宏观经济因素的影响而剧烈变

---

① 彭建刚，吕志华．基于行业特性的多元系统风险因子 Credit Risk + 模型［J］．中国管理科学，2009，17（03）：56 - 64.

② 方军武．基于 KMV 模型的上市公司信用风险评价［J］．财会通讯，2012（17）：117 - 118.

动，所以要根据宏观经济状况适时调整违约概率及其对应的信用等级转移矩阵。

该模型也存在着一些局限性。一是要求每个国家、甚至每个国家内的每个产业部门都要有完备可靠的违约数据，条件较为苛刻，即使能够实现，但如果模型中所包含的行业越多，关于违约事件的信息就会相对变得越少，这也将不利于条件违约概率的确定，并影响模型的应用效果。二是模型没有考虑诸如债务的剩余期限及其对债务偿还情况等微观经济因素的影响，而是完全依赖宏观经济因素来决定信用等级转移概率，这有点过于武断和片面。三是模型对企业信用等级变化所进行的调整，容易受银行在信贷方面积累的经验和对信贷周期的主观认识等人为因素的影响，从而有可能降低调整后模型的客观性、可信性。四是模型有可能受到调整信用等级转移矩阵的特定程序的限制，而且也无法判定在实践中是否一定比简单的贝叶斯模型表现更好。

综上所述，信用风险计量的演变体现了对风险理解的深化和技术的进步。从传统方法到现代模型，信用风险计量逐渐从依赖专家判断转向基于数据的量化分析，从单一维度扩展到多维度综合评估。未来，随着大数据、人工智能等技术的不断发展，信用风险计量将更加精准、高效和智能化。在碳中和金融领域，这将有助于金融机构更好地识别、评估和管理信用风险，推动金融市场的稳定健康发展。同时，金融机构也应持续关注信用风险计量的最新进展，不断优化和完善自身的风险管理体系，以应对日益复杂多变的金融环境。

（四）投资风险的计量

在碳中和金融领域，投资风险的计量尤为关键，而流动性风险作为投资风险的重要组成部分，其有效计量对于确保金融市场的稳定至关重要。流动性风险不仅关乎资产的快速变现能力，还与市场的整体稳定性和参与者的信心紧密相连。因此，对碳中和金融的流动性风险进行准确计量，需要综合运用多种分析方法，并结合市场风险进行综合评估。

流动性风险的计量方法主要有：

（1）流动性缺口法：流动性缺口法通过计算未来各时间段到期的表内外资产与负债的差额来评估流动性风险。当到期资产小于到期负债时，表明存在流动性缺口，即存在流动性风险。然而，该方法在划分资产负债期限时往往依赖主观判断，可能导致结果的不准确。

（2）净流动资产法：净流动资产法通过计算流动资产与流动负债的差额来评估流动性风险。当流动资产小于流动负债时，表明存在流动性风险。该方法简单直观，但可能忽略了资产和负债的流动性差异。

（3）现金流量法：现金流量法根据合同性质将未来现金流量划分为实际现金流量和潜在现金流量，通过控制现金流来预测流动性风险。当无法及时填补现金流出时，将出现流动性风险。该方法能更好地反映企业的偿债能力，但难以揭示非现金交易的状况。

（4）融资缺口法：融资缺口法通过计算资金总需求量与资金来源的差额来评估流动性风险。融资缺口越大，流动性风险越高。该方法考虑了资金需求和来源的不匹配情况，但可能忽略了市场变化对融资条件的影响。

上述方法虽能在一定程度上计量流动性风险，但均存在局限性。为了更准确地量化分析碳中和金融的流动性风险，需要建立合适的计量指标，并运用 VaR（风险价值）等模型进行综合分析。同时，考虑到市场风险和流动性风险之间的联动性，单独计量流动性风险并不科学，应采用综合评估方法。

La_VaR（流动性调整风险价值）方法是一种综合评估市场风险和流动性风险的有效工具。以碳期货市场为例①，La_VaR 的构造过程如下：

首先，根据碳期货合约的最高、最低报价和中间价格计算价差 S_t：

$$S_t = \frac{P_t^H - P_t^L}{P_t} \tag{6-1}$$

式中，P_t^H、P_t^L 代表 t 时刻碳期货合约的最高、最低报价，P_t 代表中间价格。

其次，考虑资产变现引起的额外价差损失，即流动性损失（COL）：

$$COL = \frac{1}{2} P_t S_t \tag{6-2}$$

假设价差 S_t 服从一阶距、二阶距为 $\overline{S}$、$\widetilde{\sigma}$ 的概率分布，则给定置信水平下价差波动导致的最大损失为：

$$COL = \frac{1}{2} P_t (\overline{S} + a\widetilde{\sigma}) \tag{6-3}$$

最后，结合市场风险价值（VaR）和流动性损失（COL），得到流动性调整风险值（La_VaR）：

$$La\_VaR = VaR + COL = W_0 \alpha\sigma \sqrt{\Delta t} + \frac{1}{2} W_0 P_t (\overline{S} + a\widetilde{\sigma}) \tag{6-4}$$

通过 La_VaR 方法，可以全面评估碳中和金融投资中面临的流动性风险和市场风险，为金融机构提供更为准确的风险管理依据。

总之，通过综合运用多种流动性分析方法，并结合市场风险进行综合评估，可以更

① 杜莉，王利，张云．碳金融交易风险：度量与防控［J］．经济管理，2014，36（04）：106－116.

全面地揭示碳中和金融的流动性风险。未来，随着金融市场的不断发展和金融工具的不断创新，对流动性风险的计量和评估方法也将不断完善和优化。金融机构应持续关注流动性风险的最新研究成果和实践经验，不断提升自身的风险管理水平，以应对日益复杂多变的金融环境。

（五）市场风险的计量

在碳中和金融领域，市场风险的计量是确保金融稳定和风险管理有效性的关键。在众多市场风险计量方法中，VaR（风险价值）因其科学性、直观性和简洁性而被广泛运用。VaR 是指在给定置信区间内，由于金融市场价格波动在下一个持有期内可能造成的最大损失。这一方法不仅为金融机构提供了量化的风险指标，还为其风险管理决策提供了科学依据。

VaR 模型可以表示为公式（6－5），其中 ΔP 代表持有期内可能造成的损失，c 代表置信区间。从公式中可以看出，VaR 值受到置信区间和持有期这两个关键因素的影响。置信区间的选择反映了金融机构对风险的容忍度，而持有期的设定则决定了评估风险的时间范围。[①]

$$Prob(\Delta P > VaR) = 1 - c \tag{6-5}$$

式中，ΔP 代表了持有期内造成的损失，c 代表置信区间。根据公式（6－5）可以看出 VaR 值会受到置信区间和持有期这两者因素的影响。

计算 VaR 值的方法主要有三种：历史模拟法、蒙特卡罗模拟法和方差—协方差法。

（1）历史模拟法：历史模拟法通过计算过去一段时间内资产组合的风险收益频率分布，来推算给定置信水平下的 VaR 值。该方法的优点在于其不依赖于正态分布等假设，具有简洁、直观、易于操作的特点。然而，历史模拟法可能无法准确反映未来市场价格的波动情况，因为其仅基于历史数据进行分析。

（2）蒙特卡罗模拟法：蒙特卡罗模拟法基于历史数据或既定分布假定下的参数特征，通过随机模拟生成大量资产组合的数值，进而推算 VaR 值。这种方法被认为是计算 VaR 值的最佳途径之一，因为它能够更全面地考虑市场价格的波动性和不确定性。借助计算机技术，蒙特卡罗模拟法实现了计算过程的简化和加速，使得其在实际应用中更加广泛。

（3）方差—协方差法：方差—协方差法是一种参数法，通过对资产报酬的方差—协方差矩阵进行估计来计算 VaR 值。该方法基于两个重要假设：一是给定持有期内资

---

① 宋敏，辛强，贺易楠．碳金融交易市场风险的 VaR 度量与防控——基于中国五所碳排放权交易所的分析［J］．西安财经大学学报，2020，33（03）：120－128.

产价值变化与风险因素报酬呈线性关系；二是风险因素报酬服从正态分布。方差—协方差法的优点在于原理简单、计算快捷，但过于依赖历史数据，可能无法准确预测未来市场价格的波动情况。

在碳中和金融领域，VaR 模型的应用有助于金融机构准确评估市场风险，制定有效的风险管理策略。然而，VaR 模型也面临一些挑战，如历史数据的局限性、市场价格的波动性以及置信区间和持有期的选择等。此外，VaR 模型主要关注市场价格的波动风险，而忽略了其他可能的市场风险来源，如信用风险、流动性风险等。因此，在实际应用中，金融机构需要综合考虑多种风险因素，采用综合风险管理方法。

总之，VaR 模型作为市场风险计量的核心工具，在碳中和金融领域发挥着重要作用。通过深入分析 VaR 模型的基本原理、计算方法以及应用挑战，可以更好地理解市场风险计量的复杂性和重要性。未来，随着金融市场的不断发展和创新，VaR 模型也将得到不断完善和优化，以更好地适应碳中和金融领域的需求。同时，金融机构应持续关注市场风险的最新研究成果和实践经验，不断提升自身的风险管理水平，以应对日益复杂多变的金融环境。

第三节　碳中和金融风险的监管

一、碳中和金融风险的规避

风险规避是合理投资决策的关键步骤，尤其在碳中和金融领域，由于收益与风险的正相关性，过高的风险往往导致投资失败。因此，合理把控风险，进行风险规避，对于推动中国碳中和金融市场的健康发展至关重要。面对中国碳中和金融发展中存在的标准不统一、信息披露不足、低碳技术滞后、金融支持力度不足等问题，政府、中小企业及金融机构须采取一系列有效措施来规避风险。

（一）设计碳中和金融风险预警体系

建立有效的风险预警体系是规避碳中和金融风险的首要步骤。该体系应能够及时了解碳中和金融交易的风险信息，通过大数据分析、信用评估等手段，对风险进行实时监测和预警。同时，应充分发挥信用在金融风险识别、监测、管理、处置等环节的作用，建立健全“早发现、早预警、早处置”的风险防范化解机制。支持金融机构和征信、评级等机构运用大数据、人工智能等技术加强跟踪监测预警，提升风险防控的智能化水平。此外，依托互联网、大数据等科技手段加强对借款人资质的调查，确保交易对手方的信用状况良好，从而降低信用风险。

（二）强化信息披露机制的建设

信息披露是降低信用风险的关键。通过完善信息披露机制，可以大幅降低因信息不对称而产生的碳中和金融风险。借鉴 CDP 碳信息披露项目的经验，设计碳中和金融相关信息的披露方法和具体要求，确保信息披露的及时性、准确性和完整性。商业银行等金融机构应加强碳信贷的贷前调查，及时发现项目可能存在的风险点，并通过信息披露机制向市场传递清晰、透明的信号，增强市场信心。

（三）建立政策评估机制

政策的不确定性是碳中和金融风险的重要来源之一。因此，建立政策评估机制对于规避政策风险具有重要意义。碳交易主管部门应联合金融机构、绿色转型企业等共同构建一套针对碳中和金融相关领域政策的评分机制，从宏观经济、金融、环境保护等多角度对政府即将推行的政策进行有效评估。确保政策的合理性、有效性和连续性，以应对政策变更可能带来的风险。同时，有关部门应及时关注政策的执行情况，根据政策执行效果及市场反应及时调整政策，确保政策的有效落地。投资者及金融机构也应时刻关注政策的发布和变动，根据政策调整自身的投资计划和风险管理策略。

（四）设计配额柔性机制

市场风险是碳中和金融风险的另一重要组成部分。通过设计配额柔性机制或建立配额调节池，可以提高市场的自我调节功能，降低突发性价格失衡的可能性。例如，可以借鉴欧盟的配额跨期存储机制，允许企业在不同交易期内灵活调整配额，以应对市场供需的不平衡。此外，还可以设定交易大户报告制度和持仓限额，防止配额大户进行过量大宗交易引发市场价格波动。① 通过这些措施，可以有效降低市场风险，维护市场的稳定和健康发展。

综上所述，规避碳中和金融风险需要政府、中小企业及金融机构共同努力，通过设计风险预警体系、强化信息披露机制、建立政策评估机制和设计配额柔性机制等一系列有效措施，降低信用风险、政策风险和市场风险，推动中国碳中和金融市场的健康发展。同时，这些措施的实施也需要依托科技手段的支持和创新，不断提升风险管理的智能化水平，以适应日益复杂多变的金融环境。

---

① 王颖，张昕，刘海燕，等．碳金融风险的识别和管理［J］．西南金融，2019（02）：41－48.

二、碳中和金融风险的转移

在碳中和金融风险的管控中，风险规避是首要步骤，但并非所有风险都能被有效规避。因此，当部分碳中和金融风险未能被规避时，有效的风险转移成为管控的下一步，以防止这些风险对碳交易市场参与主体造成巨额经济损失。风险转移是指通过签订契约等方式，将风险从一方转移给另一方的行为。在碳中和金融领域，合理运用金融工具进行风险转移是关键策略之一。

（一）合理运用碳市场交易工具

碳期货、碳期权等碳市场交易工具在风险转移中发挥着重要作用。这些工具不仅盘活了碳现货和期货市场，推动了碳中和金融市场的流动性，还为投资者提供了对冲价格波动风险、实现套期保值的手段。通过碳期货交易，投资者可以在未来某个约定日期以约定价格买卖碳排放权，从而锁定成本或收益，有效规避市场价格波动带来的风险。碳期权则赋予投资者在未来某个时间点以约定价格买入或卖出碳排放权的权利，进一步增加了风险管理的灵活性。

例如，在碳期货市场中，投资者可以通过买入或卖出期货合约来对冲现货市场的风险。当市场预期碳排放权价格上涨时，投资者可以买入期货合约，锁定未来的购买成本；反之，当市场预期价格下跌时，投资者可以卖出期货合约，规避价格下跌带来的损失。这种风险转移机制有助于稳定市场预期，减少市场波动。

（二）运用碳市场支持工具

碳保险等碳市场支持工具也是风险转移的重要手段。碳保险可以为投资者在减排项目开发过程中可能遭遇的风险提供保障，如项目延期、技术失败、政策变动等。通过购买碳保险，投资者可以将部分无法承担的风险转移给保险公司，从而降低自身的风险暴露。

碳保险产品的设计应充分考虑碳中和金融市场的特点和需求，为投资者提供定制化的风险解决方案。例如，保险公司可以推出针对特定减排项目的保险产品，覆盖项目全生命周期内的各种风险。同时，保险公司还可以与金融机构合作，共同开发综合性的风险管理产品，为投资者提供更全面的风险保障。

（三）金融机构加大投入研发

金融机构在碳中和金融风险的转移中扮演着重要角色。除了合理运用现有的碳市场交易工具和碳市场支持工具外，金融机构还应加大对各类碳中和金融工具的投入研发，不断丰富和完善碳中和金融市场工具。通过创新金融工具，金融机构可以更好地满足投资者对多元化投资的需求，同时降低自身的风险暴露。

金融机构可以加强与科研机构、高校等的合作，共同研发新的碳中和金融工具。例如，可以探索开发基于区块链技术的碳交易系统，提高交易的透明度和安全性；还可以研究碳资产证券化等新型融资方式，为投资者提供更多元化的投资选择。此外，金融机构还可以加强对国际碳中和金融市场的研究和学习，借鉴国际先进经验和技术，提升自身的风险管理能力。

综上所述，合理运用碳市场交易工具和碳市场支持工具、加大金融机构对碳中和金融工具的投入研发是有效转移碳中和金融风险的关键策略。这些措施不仅有助于降低投资者的风险暴露，还能促进碳中和金融市场的健康发展。同时，这些策略的实施也需要政府、监管机构、金融机构和投资者等多方面的共同努力和协作。

三、碳中和金融风险的管理

碳中和金融在中国仍处于新生期，其复杂性和不确定性使得风险管理成为市场参与主体必须面对的重要课题。为确保碳市场的平稳运行和可持续发展，各大市场参与主体需要从多个维度出发，全面提升风险管理能力。

（一）提升碳中和金融交易主体的风险识别及防范能力

碳中和金融交易主体需要构建全方位、全流程的风险管理体系。在事前阶段，应完善组织内人员配置、治理结构及内部控制能力，建立科学的投资项目评价标准，全面搜集项目数据并进行统计分析，准确识别潜在风险，计算投资风险收益比，以决定是否进行投资。在事中阶段，应学会风险转移，通过保险、合同等形式将部分超额风险转嫁给市场或具有更强风险承受能力的主体，同时合理运用碳期货、碳期权等金融工具进行风险管理。在事后阶段，应对碳交易活动进行回顾与复盘，总结经验教训，不断完善交易策略和方法。

（二）完善法律法规及相关政策制度

法律法规是保障碳市场平稳运行的重要基石。中国政府应加快出台和完善碳中和金融相关的法律法规，明确碳排放配额分配机制，健全碳市场管理层级，确保企业能够合理分配额度。[1] 同时，监管机构应不断健全和优化监管体系，建立严格的责任问责及惩

---

① 李竹薇，卢雪姣，杨倩倩，等．我国碳期权产品研发设计——以碳排放配额为基础标的［J］．投资研究，2022，41（05）：53－68.

罚机制，对违规行为进行严厉打击，并将其记录于征信档案中，严重者追究法律责任。此外，政府还应加强对碳市场的政策引导和支持，为碳中和金融的发展创造良好的政策环境。

（三）培养专业人才及打造完整人才培养体系

人才是碳中和金融发展的关键。面对国内碳中和金融专业人才匮乏的现状，各传统金融机构应重视人才培养和转型，打造一支深耕于碳中和金融领域的专业复合型人才队伍。同时，国家发展改革委应联合教育部，在各农科类、财经类及综合型研究类院校中引入碳中和金融的本硕博全面培养方案，建立从学术到实践相结合的培养体系，为中国碳中和金融领域输送更多高素质人才。

（四）建立健全碳中和金融市场相关机制

中国碳中和金融市场缺乏完善的定价机制，易受外界因素影响导致价格波动。因此，应借鉴西方成功经验，结合中国国情建立一套科学合理的碳中和金融定价机制。同时，还应制定相应的风险防范机制，如防止碳资产过度证券化等，以避免金融泡沫和价格剧烈波动。此外，还应加强市场基础设施建设，提高市场透明度和效率，为碳中和金融的发展提供有力保障。

（五）打造信用市场环境及诚信评价系统

诚信是市场经济的基石。在碳中和金融领域，应大力弘扬诚信文化，传播诚信理念，引导各参与主体加强诚信自律。同时，应加快构建以信用为基础的新型监管机制，完善信用承诺和履约践诺制度，健全多层次、全方位的综合信用评价体系。通过对各大市场参与主体进行信用评级和限制低级别参与者的行为，不仅可以降低其他参与者遭受违约风险的可能性，还能时刻警醒自身避免出现违规操作。这将有助于打造一个健康、有序、可持续发展的碳中和金融市场环境。

综上所述，碳中和金融风险的管理需要政府、金融机构、企业以及社会各界共同努力。通过提升交易主体的风险识别及防范能力、完善法律法规及政策制度、积极培养专业人才、建立健全市场相关机制以及打造信用市场环境等措施，可以有效降低碳中和金融风险，推动中国碳中和金融市场的健康发展。

第七章　碳中和金融政策体系

碳中和金融政策体系的构建是推动经济由高碳发展向低碳经济转型的重要制度保证，也是实现“30·60”碳达峰、碳中和目标的重要核心政策工具。本章主要围绕碳中和金融政策体系展开研究分析，具体包括碳中和金融政策的保障体系、碳中和金融政策的激励体系以及碳中和金融政策的惩罚体系等内容。分别涉及：对国内外碳中和保障政策评析、碳中和保障政策体系存在的问题、碳中和金融政策保障体系的构建；国内外碳中和激励政策评析、碳中和激励政策体系存在的问题、碳中和金融政策激励体系的构建；国内外碳中和金融惩罚政策评析、碳中和惩罚政策体系存在的问题、碳中和惩罚体系的构建等。以期为建立健全中国碳中和金融政策体系提供理论指导和参考借鉴。

第一节　碳中和金融政策的保障体系

一、碳中和保障政策评析

在全球气候变暖的严峻挑战下，碳中和已成为国际社会的共同目标。截至 2021 年 12 月，全球已有超过 130 个国家和地区设定了碳中和目标，绿色发展已成为国际共识。然而，由于经济水平、政治环境等条件的差异，全球碳中和工作的进度并不统一。中国作为碳中和领域的后来者，积极借鉴国际经验，不断完善自身的碳中和保障政策体系。

（一）国外碳中和保障政策评析

1. 欧盟

欧盟在绿色金融领域具有显著的制度先行优势，通过一系列政策文件的发布，正加快打造以自身规则为核心和模板的全球绿色金融规则。例如，2018 年 3 月发布的《可持续发展融资行动计划》为欧盟绿色金融政策的落地提供了时间表和路线图；2019 年 12 月的《欧洲绿色协议》提出了 2050 年欧盟温室气体达到净零排放的目标，并致力于实现经济增长与资源消耗的脱钩；2020 年 3 月的《欧盟可持续金融分类法》提供了关于可持续经济活动的技术筛选标准。此外，2021 年 6 月的《欧洲气候法案》在法律层面上为欧洲国家政策的制定和实行设定了目标，加快了欧洲应对气候变化的步伐。2022 年 11 月 18 日，《企业可持续发展报告指令》的发布进一步提高了企业可持续发展报告的透明度，加强了问责制，并鼓励企业制定战略以提高可持续性。

2. 亚太经济合作组织（APEC）

APEC 主要通过发布有关气候变化的立场、决议文件等形式，推动国际气候治理体系的发展。虽然 APEC 的治理机制较少发展成为具有普遍约束力的“治理规则”，但其会议议题广泛涉及降低能源强度、气候敏感技术开发、高碳行业转型以及扩大转型金融规模等多个方面。例如，2023 年 5 月 15 日的亚太经济社会委员会第七十九届会议敦促亚太地区各国履行其国家自主贡献承诺，加紧开发对气候敏感的技术，并增加对可再生能源基础设施的投资。

3. 北美自由贸易区

北美自由贸易区的成员国在政治、经济、文化方面存在巨大差异，因此其碳中和相关工作大多由美国与加拿大牵头开展。美国通过区域合作备忘录和州法律法规等方式，建立统一规则体系，形成强制履约的制度保障。例如，加州通过《全球应对变暖法案》（AB32 法案）等法律法规，为控制温室气体排放确立了坚实的法律基础。加拿大则提出了 2030 年实现清洁能源发电①、2050 年实现碳中和的整体计划，并实施了以寻求扩大清洁能源利用为目标的“能源创新计划”。

（二）中国碳中和保障政策评析

中国在加强宏观调控与深化改革的过程中，一直积极应对气候变暖、促进低碳发展。从“八五”计划到“十四五”规划，每一次国民经济和社会发展五年规划都明确提出了控制温室气体排放的目标要求。

“十二五”规划以来，中国不断完善节能减排激励约束机制，健全节能减排法律法规和标准，强化节能减排目标责任考核。同时，探索建立低碳产品标准、标识和认证制度，建立完善温室气体排放统计核算制度，并逐步建立碳排放交易市场。“十三五”规划强调在计划年限内有效控制碳排放总量和主要污染物排放总量，推动低碳循环发展，推进能源革命，提高非化石能源比重，并加强高能耗行业能耗管控。“十四五”规划和《2035 年远景目标纲要》则进一步提出加快推动绿色低碳发展，强化绿色发展的法律和

---

① 张锐，于宏源. 碳中和背景下的北极能源开发：进展、阻碍与影响 [J]. 中国软科学，2023 (07)：1－13＋22.

政策保障，发展绿色金融，支持绿色技术创新，推进清洁生产和发展环保产业。同时，明确支持有条件的地方率先达到碳排放峰值，并制订 2030 年前碳排放达峰行动方案。特别是在 2021 年，中国的碳中和工作全面开启。一系列围绕能源、产业、交通、建筑等多个领域的绿色低碳转型行动加速推进（见表 7－1）。《中共中央 国务院关于完整准确全面贯彻新发展理念做好碳达峰碳中和工作的意见》与《2030 年前碳达峰行动方案》等重要政策文件的陆续发布，标志着碳达峰碳中和“1＋N”政策体系正在加快形成。

进入 2023 年，中国的碳中和保障政策体系继续深化和完善。例如，政府继续加大对绿色金融的支持力度，推动绿色信贷和绿色债券的发展；同时，加强碳排放交易市场的建设和管理，提高市场透明度和效率。此外，政府还积极推动绿色技术创新和产业升级，为碳中和目标的实现提供有力支撑。

表 7－1　部分国家级碳中和政策文件

发布时间	发布单位	政策文件	主要财政金融政策
2007 年 7 月	国家环境保护总局、中国人民银行等	《关于落实环保政策法规防范信贷风险的意见》（环发〔2007〕108 号）	加强环保和信贷管理工作的协调配合，强化环境监督管理，严格信贷环保要求，促进污染减排，防范信贷风险，首次提出绿色信贷的概念
2012 年 2 月	银监会	《绿色信贷指引》	银行业金融机构应当从战略高度推进绿色信贷
2015 年 12 月	中国人民银行	《绿色金融债券公告》（〔2015〕第 39 号）	绿色金融债券是指金融机构法人依法发行的、募集资金用于支持绿色产业并按约定还本付息的有价证券
2015 年 12 月	国家发展改革委	《绿色债券发行指引》（发改办财金〔2015〕3504 号）	制定绿色债券适用范围、审核要求和相关政策
2016 年 8 月	中国人民银行、财政部等	《关于构建绿色金融体系的指导意见》	明确中国绿色金融发展的总体思路，提出发展绿色信贷、推动证券市场支持绿色投资、设立绿色发展基金和 PPP、发展绿色保险、完善碳金融产品和环境权益交易市场、支持地方发展绿色金融等一系列措施
2017 年 6 月	中国人民银行等	《金融业标准化体系建设发展规划（2016—2020）》	将绿色金融标准化工程作为重点工程
2017 年 12 月	中国银行业协会	《中国银行业绿色银行评价实施方案（试行）》	规范银行机构绿色信贷工作，制定绿色银行评价方案
2018 年 1 月	中国人民银行	《中国人民银行关于建立绿色贷款专项统计制度的通知》（银发〔2018〕10 号）	正式建立管理校准式绿色贷款专项统计制度，自 2018 年 3 月起首次实施绿色贷款专项统计。2019 年根据工作需要对绿色贷款专项统计制度做了较大修订

续表

发布时间	发布单位	政策文件	主要财政金融政策
2018年7月	中国人民银行	《关于开展银行业存款类金融机构绿色信贷业绩评价的通知》	分两级对全国银行业存款类金融机构开展绿色信贷业绩评价，并将评价结果纳入宏观审慎评估（MPA）
2020年5月	中国人民银行、国家发展改革委等	《关于印发〈绿色债券支持项目目录（2020年版）〉的通知（征求意见稿）》	对《绿色产业指导目录（2019年版）》三级分类进行了细化
2020年7月	中国人民银行	《关于印发〈银行业存款类金融机构绿色金融业绩评价方案〉的通知（征求意见稿）》	除绿色贷款外，将绿色债券也纳入银行绿色金融业务的考核范围
2021年1月	生态环境部	《关于统筹和加强应对气候变化与生态环境保护相关工作的指导意见》	从战略规划、政策法规、制度体系、试点示范、国际合作等方面提出了重点任务安排，推进统一政策规划标准制定、统一监测评估、统一监督执法、统一督察问责
2021年2月	国务院	《关于加快建立健全绿色低碳循环发展经济体系的指导意见》	加大财税扶持力度：利用财政资金和预算内投资，做好资源税征收和水资源费改税试点工作。大力发展绿色金融：发展绿色信贷和绿色直接融资，统一绿色债券标准，建立绿色债券评级标准
2021年10月	国务院	《国务院关于印发2030年前碳达峰行动方案的通知》《关于完整准确全面贯彻新发展理念做好碳达峰碳中和工作的意见》	积极发展绿色金融：设立碳减排货币政策工具，将绿色信贷纳入宏观审慎评估框架，扩大绿色债券规模，研究设立国家低碳转型基金等。完善财税价格政策：加大财政支持力度，完善政府绿色采购标准，研究碳减排相关税收政策等
2021年11月	国务院	《关于鼓励和支持社会资本参与生态保护修复的意见》	财税支持：发挥政府投入的带动作用，探索PPP等模式，实施税收优惠政策。金融扶持：推动绿色债券、绿色信贷等，加大对生态保护修复的投资力度
2021年12月	国务院	《“十四五”节能减排综合工作方案》	重点行业绿色升级工程。各省（自治区、直辖市）“十四五”能耗强度降低实行基本目标和激励目标双目标管理，由各省（自治区、直辖市）分解到每年，完善能源消费总量指标确定方式

资料来源：中国政府网。

综上所述，国际上一些国家在碳中和政策方面的经验包括建立全面的政策框架、实施严格的法律约束、推行碳信息强制披露、加强区域合作与州级立法、提供绿色金融激励措施、制订明确的清洁能源计划以及关注国际合作与经验分享等。[①②] 这些经验为中国完善自身的碳中和政策体系提供了有益的参考和借鉴。中国也在国际碳中和保障政策方面积极借鉴国际经验并结合自身实际情况不断完善自身政策体系。通过一系列政策文件的发布和实施，中国正逐步构建起全面、系统的碳中和保障政策体系，为实现碳达峰碳中和目标提供有力保障。

二、碳中和保障政策体系存在的问题

（一）碳中和法律框架尚未健全

2021 年 9 月 22 日，《中共中央 国务院关于完整准确全面贯彻新发展理念做好碳达峰碳中和工作的意见》中指出，要健全法律法规。[③] 全面清理现行法律法规中与碳达峰、碳中和工作不相适应的内容，加强法律法规间的衔接协调。[④]

可见，尽管中国已经出台了一系列与碳中和相关的法律法规，但法律框架尚未健全，存在顶层设计缺失和部分领域法律空缺的问题。例如，虽然《碳排放权交易管理暂行条例》《关于促进应对气候变化投融资的指导意见》和《全国碳排放权交易管理办法（试行）》等法规为碳排放权交易提供了基本规则，但其法律位阶较低，涉及事项范围有限[⑤]，难以全面支撑全国"双碳"目标的实现。此外，随着碳中和工作的深入推进，现有法律法规中的一些条款可能与实际需求不相适应，需要进行全面清理和修订。具体表现为：

一是顶层设计缺失。中国尚未形成一套完整的碳中和法律体系，缺乏具有统领性的法律文件来明确碳中和的总体目标、基本原则和实施路径。这导致在具体政策制定和执行过程中，缺乏统一的法律指导和规范。

---

① Zhao X. Ma X, Chen B. et al. Challenges Toward Carbon Neutrality in China: Strategies and Countermeasures [J]. Resources, Conservation and Recycling, 2022, 176: 105959.

② Steffen B. A Comparative Analysis of Green Financial Policy Output in OECD Countries [J]. Environmental Research Letters, 2021, 16 (07): 074031.

③ 张晓娣. 正确认识把握我国碳达峰碳中和的系统谋划和总体部署——新发展阶段党中央双碳相关精神及思路的阐释 [J]. 上海经济研究, 2022 (02): 14 - 33.

④ 王玉明. 粤港澳创建国家"碳达峰碳中和"引领示范区的构想 [J]. 哈尔滨工业大学学报（社会科学版）, 2022, 24 (02): 121 - 130.

⑤ 刘志仁. 论"双碳"背景下中国碳排放管理的法治化路径 [J]. 法律科学（西北政法大学学报）, 2022, 40 (03): 94 - 104.

二是法律位阶较低。现有与碳中和相关的法规，如《碳排放权交易管理暂行条例》和《全国碳排放权交易管理办法（试行）》等，多属于部门规章或地方性法规，法律位阶较低，权威性和执行力有限。这些法规难以全面支撑全国“双碳”目标的实现。

三是法规更新滞后。随着碳中和工作的深入推进，现有法律法规中的一些条款可能与实际需求不相适应，需要进行全面清理和修订。然而，由于立法程序复杂、利益协调难度大等原因，法规更新往往滞后于实际需求。

（二）管理制度尚未完善

中国碳中和信息披露制度在披露主体、披露内容以及披露时限等方面都在不断细化，但仍存在缺陷。例如，《碳排放权交易管理暂行规定（征求意见稿）》仅对信息公开作了原则性规定（见图7-1），缺乏强制约束力；而《金融机构环境信息披露指南》虽然提供了披露的原则和要求，但同样不具有强制约束力。这种信息披露制度的不完善导致市场上环境信息披露水平较低，绿色金融和ESG评价指标体系尚存在较多困难。数据匮乏、缺乏统一的指标体系和评价标准等问题使得投资者难以识别优质碳项目，增加了市场风险。具体表现为：

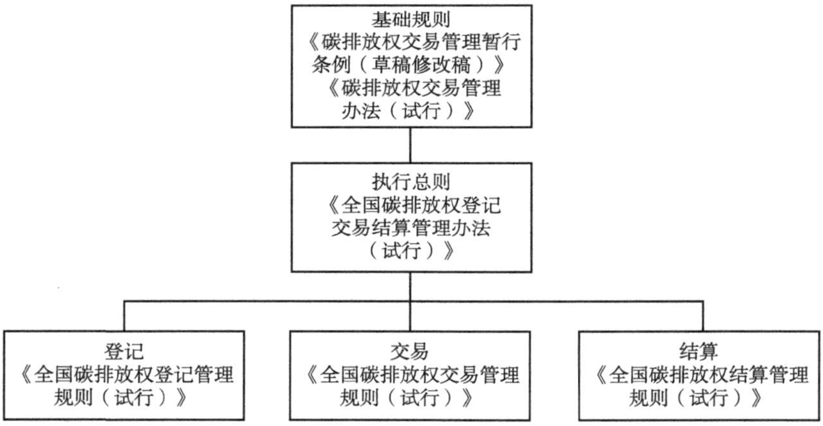

图7-1 中国碳排放权交易管理体系

一是监管力度较弱。虽然《碳排放权交易管理办法（试行）》出台了“罚则”，但是相关法规对违规行为的惩治力度相对较轻；虽然相关草案对重点排放单位的碳排放责任进行了规定，但是该种规定更倾向于“企业自证”的责任设定，需要企业独立承担排放报告真实性、完整性、准确性的责任。这可能导致一些企业存在瞒报、虚报碳排放数据的行为，进而可能影响碳市场的公平性和有效性。

二是碳统计、碳检测制度不健全。鉴于碳排放权这一标的物的独特性，核算过程中若处理不当极易产生显著误差。然而，中国在统计方法层面尚未形成统一且规范的核算体系，这进一步加剧了数据不准确的问题。在碳监测领域，中国对政府管理部门的职责与权限划分尚不明晰。这种模糊性导致了监测过程中可能出现漏洞，进而引发地区间碳价差异显著，严重阻碍了碳排放权交易制度的顺畅运行。从信息化管理的角度来看，中国仍缺乏一个科学高效的碳监测管理平台。企业仍依赖于传统的年度碳核查来评估碳排放状况，但这种方法在及时性、时效性和准确性方面存在明显不足。这不仅限制了政府对企业碳排放行为的有效监管，也使得相关部门难以实时掌握碳排放的分布与动态变化，从而影响了整体碳中和战略的实施效果。

三是协同管理机制不完善。碳排放管理是一项跨部门的复杂任务，涉及林业部门、生态环境部门、自然资源部门等多个领域。然而，在实际操作中，各部门在制定相关方案时以关注本部门的可行性和考核目标为主，可能会弱化与其他部门的协同合作。这种现象可能会导致政策执行过程中的重复建设、资源浪费以及整体效率低下等问题。因此，在构建碳中和保障政策体系时，加强部门间的协同管理，形成合力，是提升政策执行效果的关键所在。

（三）信息披露机制尚未完善

中国碳中和信息披露制度在披露主体、披露内容以及披露时限等方面虽然正在不断细化（见表 7 - 2），但仍存在显著缺陷，这些缺陷制约了碳中和目标的实现和绿色金融的发展。具体表现为：

表 7 - 2　　中国碳中和信息披露政策

发布时间	政策文件	相关规定
2018 年 11 月	《大气污染防治法》	规定企业事业单位和其他生产经营者应当按照国家有关规定和监测规范安装、使用大气污染物排放自动监测设备，并与生态环境主管部门的监控设备联网，保证依法公开排放信息
2019 年 4 月	《碳排放权交易管理暂行规定（征求意见稿）》	国务院生态环境主管部门应当组织定期公布碳排放权交易信息和各年度重点排放单位的碳排放配额提交完成情况
2021 年 7 月	《金融机构环境信息披露指南》	提供了金融机构在环境信息披露过程中遵循的原则、披露的形式、内容要素以及各要素的原则要求
2021 年 12 月	《企业环境信息依法披露管理办法》	对环境信息依法披露主体、披露内容和时限、监督管理等基本内容进行了规定。其中第十二条对于企业应当披露的环境信息内容进行扩充

资料来源：中国政府网。

一是缺乏强制约束力。中国碳中和信息披露政策多属于原则性规定或推荐性行业标准，缺乏强制约束力。例如，《碳排放权交易管理暂行规定（征求意见稿）》仅对信息公开作了原则性规定，对于市场交易主体而言并无强制效力，且公开项目有限，仅包括碳排放权交易信息和各年度重点排放单位的碳排放配额提交情况。同样，2021 年 7 月出台的《金融机构环境信息披露指南》虽然提供了金融机构在环境信息披露过程中应遵循的原则、形式、内容要素等，但作为推荐性行业标准，并不具备强制执行力。这种缺乏强制约束力的信息披露制度导致一些企业出于自身利益考虑，不愿意或不愿意充分披露环境信息，从而增加了市场的不透明度和风险。

二是数据匮乏和缺乏统一标准。由于信息披露制度的不完善，市场上缺乏统一、准确、可比的碳中和数据。这使得投资者在评估碳项目质量和进行投资决策时面临巨大困难。数据匮乏不仅增加了市场风险和不确定性，还阻碍了绿色金融和 ESG 评价指标体系的发展。此外，由于缺乏统一的指标体系和评价标准，即使研究机构自建数据库，也将耗费巨大的社会成本，且结论缺乏可比性，进一步加剧了数据利用的难度。

三是公开义务范围有限。信息公开的主体范围较小，且逃避信息公开责任需要承担的风险过低，这也是信息披露制度的一大缺陷。例如，在《企业环境信息依法披露管理办法》中，虽然对环境信息依法披露的主体、内容、时限及监督管理等基本内容进行了规定，但信息公开的主体范围仍显有限，且对于逃避信息公开责任的企业，其所需承担的风险成本相对较低。这导致一些企业存在逃避信息公开责任的行为，不仅影响了市场的公平性和透明度，还阻碍了碳中和目标的实现。

综上所述，中国碳中和信息披露制度在强制约束力、数据统一标准、公开义务范围等方面存在显著缺陷。这些缺陷不仅增加了市场的不透明度和风险，还阻碍了绿色金融和 ESG 评价指标体系的发展。因此，加强底层建设，建立健全具有强制约束力的信息披露制度，扩大信息公开主体范围，提高逃避信息公开责任的风险成本，对于推动中国碳中和目标的实现和绿色金融的发展具有重要意义。

（四）风险管理机制尚未健全

一是市场预期不稳定。中国领导人在联合国大会上作出“30·60”承诺后，在碳中和政策的实施路线图尚未明确时，市场会出现对高碳行业未来发展的悲观预期。不少市场机构认为高碳行业面临“过时”风险，贷款等金融资产价值不确定性增大，“坏账”和“违约”风险也随之升高。这种非理性的“羊群效应”加剧了煤炭、钢铁、火电、建材等高碳行业的融资难度，导致相关行业信用风险上升，资产负债规模庞大。尽管 2021 年 10 月 24 日中共中央、国务院发布了《关于完整准确全面贯彻新发展理念做好碳达峰碳中和工作的意见》，澄清了之前的“误读”，但高碳行业所遭受的重大冲击难以在短时间内消除，给后续低碳转型工作带来了巨大压力。

二是风险管理工具缺乏。中国尚未建立起完善的风险管理机制和工具来有效应对碳中和政策带来的经济风险。投资者在面对市场波动时，缺乏有效的风险管理手段，难以准确评估和控制投资风险。这不仅增加了市场的不确定性，也制约了绿色金融和碳中和目标的实现。

三是政策协调不足。在推进碳中和政策时，各部门之间缺乏有效的协调和沟通机制。各部门在制定和实施政策时往往局限于各自的利益和目标，导致在政策执行过程中存在重复建设、资源浪费和效率低下等问题。这种政策协调不足不仅增加了市场风险，还影响了碳中和政策的整体效果。

因此，中国在推进碳中和政策时，必须加强风险管理机制建设，稳定市场预期，防止市场形成“羊群效应”。同时，应加快完善风险管理工具和政策协调机制，提高政策执行效率和效果，为碳中和目标的实现提供有力保障。

三、碳中和金融政策保障体系的构建

根据中国政府网公布的中共中央、国务院及有关部门出台的一系列政策文件，中国已经构建了门类齐全、覆盖广泛的气候政策体系。这些政策不仅包括具有中国特色的行政指令性政策（如目标责任考核制度）和“由点及面”的试点示范实践，还涵盖了经济激励类政策（如价格政策、总量交易政策、财税补贴政策，以及补贴退坡机制）、直接规制类政策（如法律、法规和标准）、低碳研发科技政策等。与联合国政府间气候变化专门委员会（IPCC）历次评估报告所划分的政策类型和实践相比，中国的低碳发展政策体系已经相对完整，并积累了丰富的经验做法。然而，仍存在一些不足之处，需要进一步完善。

中国通过对碳中和保障制度进行不断补充与完善，构建了比较完善的碳中和金融政策保障体系（如图 7 -2 所示）。碳中和金融政策保障体系包括规划立法、管理体制机制、约束性制度、激励性政策和科技创新政策五个方面。其中，规划立法应当强调搭建风险稳定机制、强制性的信息披露机制等；管理体制机制重在完善碳中和宏观调控，包括监测统计制度、碳定价机制等；约束性制度强调对于碳排放的总量进行控制；激励性政策包括价格政策与财税补贴政策等；科技创新政策包括强化基础研究、面向重大科技突破和产业化的相关政策。同时，还需要注重碳达峰、碳中和不同阶段的政策优化，聚焦现阶段发展的突出矛盾，突出打好适用阶段发展目标的政策“组合拳”。

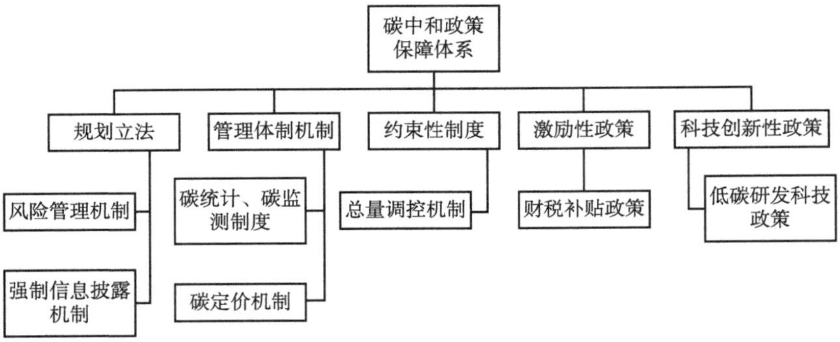

图 7－2　碳中和政策保障体系总体框架

（一）规划立法

1. 风险预防与处理机制的立法构建

为有效避免羊群效应对企业融资和金融市场稳定造成的不利影响，中国政府部门，特别是证监会，应自上而下地对碳中和金融活动的每一个环节进行实时追踪，并构建完善的风险预防与处理机制。2022 年 4 月 6 日，中国人民银行公布的《中华人民共和国金融稳定法（草案征求意见稿）》为这一机制的建立提供了法律框架。虽然该草案主要聚焦于整体金融市场的稳定，但碳中和金融领域亦可借鉴其原则与精神，形成具有针对性的风险管理制度。

具体而言，可从以下几个方面着手：一是加强宏观层面的风险监测预警：在宏观层面上，应由碳监会及“一行两会”（中国人民银行、银保监会、证监会）会同地方政府部门，联合建立自上而下的区域性碳中和金融风险监测预警机制。① 明确碳中和金融风险管理的职权与分工，确保各部门间信息畅通、协同合作。同时，建立事前尽早纠正、事中及时处理、事后明确惩罚的完整风险管理流程，形成闭环管理。二是加强执行层面的碳排放管理：在地市级碳排放管理机构的基础上，增设多个碳排放管理机构，形成碳排放管理的核心“执行层”。这些机构负责碳排放规划的具体实施，对碳排放权交易行为进行严格监督，并对下级政府的碳排放管理工作提供指导。通过强化执行层面的管理，确保碳中和政策的落地见效。三是详细制定具体实施路线图：有关部门应尽快制定碳中和金融风险管理的具体实施路线图，明确总体目标、工作措施和任务安排。这有助于各部门按照既定计划有序推进工作，确保风险管理机制的有效运行。四是设立碳中和

① 信瑶瑶，唐珏岚．碳中和目标下的我国绿色金融：政策、实践与挑战［J］．当代经济管理，2021（10）：91－97.

金融咨询委员会：由企业和公益组织代表合作建立碳中和金融咨询委员会，作为政策解读与公众沟通的“桥梁”。一方面，通过该平台自上而下地加强政策解读，及时澄清“误读”，并对非理性行为进行疏导，避免羊群效应的发生；另一方面，自下而上地搜集公众对碳排放管理的意见和建议，确保公众享有碳排放管理的知情权和参与权，增强政策的透明度和公信力。

2. 强制信息披露制度的建立与完善

真实、准确、完整的企业环境信息披露是推进环境治理体系现代化的基石。为确保企业信息披露的完备性，中国不仅应建立信息披露制度，还应确保该制度的强制性。2021 年 5 月，生态环境部公布《环境信息依法披露制度改革方案》为强制信息披露制度的建立迈出了坚实的一步。该方案对重点排污单位、实施强制性清洁生产审核的企业等提出了环境信息强制性披露的要求。

随着绿色金融交易的逐步成熟，中国应进一步完善强制信息披露制度：一是构建信息强制披露机制：建立以碳监会为主导，其他监管机构相配合的信息强制披露机制。该机制主要针对提供碳中和金融工具的金融机构，要求其披露与碳中和金融衍生品传导风险、信息不对称风险相关的信息。通过明确披露要求和范围，提高市场透明度。二是推进科技创新与信息披露的协同：发挥科技创新政策与强制信息披露政策的协同作用，利用大数据、区块链等先进技术提升信息披露的及时性与准确性。同时，建立全国特定规模以上企业碳排放监测电子数据共享平台，将碳排放管理相关信息数据进行整合，便于相关主体查阅和监管。这不仅提高了信息披露的效率，也增强了数据的可靠性和可比性。三是扩大信息披露对象范围：随着信息披露工作的逐步落实和经验的积累，中国应适时将强制信息披露的对象范围进一步扩大。这有助于更全面地掌握市场主体的碳排放情况，为碳中和政策的制定和执行提供更加准确的数据支持。

（二）建立健全有效的管理体制机制

在推动碳中和金融市场的健康发展过程中，建立健全有效的管理体制机制是不可或缺的一环。这一机制应涵盖统一碳排放统计口径、完善的碳监测制度、合理的碳中和金融定价机制、科学的约束性制度、有效的激励性政策以及创新的科技支持政策等多个方面。

1. 统一碳排放统计口径

碳中和金融市场的标的物是难以精确测量和统计的温室气体排放权，这给投资者带来了诸多风险。首先，标的物的特殊性使得统计和核算工作变得异常复杂。其次，中国绿色金融监管部门众多，各部门间统计口径不一致，导致市场信息传递效率低下，投资者难以及时调整投资策略。为解决这些问题，中国应借鉴美国“清洁电力计划”的经验，通过政策手段统一全国碳市场的碳排放统计口径，并采用权威、科学的统计方法，避免漏算和重复核算的问题。

具有而言，政府可以出台相关政策文件，明确规定全国范围内碳排放的统计方法和标准，确保各部门、各地区在统计碳排放时采用一致的方法和口径。例如，可以制定《全国碳排放统计核算指南》，明确核算范围、核算方法、数据来源等关键要素，为各级政府和企业提供统一的核算依据。

2. 完善碳监测制度

完善的碳监测制度是信息披露制度顺利开展的前提，也是实现碳中和风险管理和碳排放总量控制的基础。通过建立大气环境监测机制，碳排放管理机构及相关部门可以准确统计历史碳排放总量，合理设定下一阶段的碳排放目标，并对碳中和金融市场的突发事件进行风险预期。为此，应明确碳监测机构的权限与责任，避免职责模糊和内部控制混乱；建立健全突发事件的反馈与调查程序，确保碳监测机构内部控制的有效性；同时，监督部门应及时对碳排放管理机构及相关部门的执法情况进行监督，加强政府部门间的沟通协调，严格落实法律责任。

具体而言，通过建立全国性的碳监测网络，实时监测各地区、各行业的碳排放情况。碳监测机构负责定期收集、整理和分析碳排放数据，并向政府和相关部门报告。同时，政府可以引入第三方机构对碳监测数据进行审核和验证，确保数据的准确性和可靠性。此外，还可以利用大数据、人工智能等先进技术，提高碳监测的效率和精度。

3. 建立健全碳中和金融定价机制

合理的定价机制是碳中和金融市场健康发展的重要保障。美国与欧盟等成熟碳市场曾出现利用定价机制漏洞非法获利的行为，中国应吸取教训，建立科学的定价机制，防止“劣币驱逐良币”现象的发生。在制定定价机制时，应充分考虑中国国情，规避行业性和区域性风险。例如，中国八大行业的碳排放量长期占据全国总量的80%—90%，其中电力行业占比最高。这些行业分布呈现显著的区域性聚集特点，因此在制定定价机制时应根据主要排放企业的行业和区域特点，有针对性地开发适宜的价格机制。

同时，碳中和金融产品的定价应与国际接轨，采用科学系统的定价方式。中国碳交易价格远低于欧盟和美国，这导致发达国家常低价购入中国碳排放权再高价卖出，降低了碳交易市场的活跃性。因此，中国应根据碳交易市场数据，参考欧盟碳排放交易市场的定价机制，及时开展定性定量研究，开发合理的碳中和金融产品定价机制。

具体而言，在定价机制方面，政府可以组织专家团队，深入研究碳市场的运行规律和价格形成机制，结合国内外碳市场的实践经验，形成符合中国国情的碳中和金融定价机制。定价机制应综合考虑碳排放成本、减排效益、市场需求等因素，确保价格的合理性和稳定性。在市场机制的引入方面，通过引入市场机制，如碳交易、碳税等，引导企业和个人减少碳排放。政府可以设立碳交易所，允许企业和个人在交易所内买卖碳排放权，通过市场供求关系形成碳排放价格。同时，政府还可以对高碳排放行业征收碳税，增加碳排放成本，促使企业采取减排措施。

（三）完善约束性制度

如何科学地制定碳总量目标是碳中和工作开展的起点。中国长期以来的经济增长呈现对工业，尤其是重工业的高度依赖性。能源化工行业以及高耗能产业也常年占据中国碳排放量的绝大部分。因此，如何利用碳排放总量控制对产业结构和能源结构升级所形成的倒逼机制，逐步实现经济发展与能源碳排放的脱钩，显得尤为重要。

一方面，中国区域碳排放在空间分布上呈现强度聚集性，具体表现在省域碳排放强度具有明显的空间集中性，碳排放强度水平相似区域倾向于相邻分布。[①] 不同区域的资源禀赋、能源供需分布与消费种类存在不平衡性，如煤炭、石油、天然气的开采供应集中在西部地区。这就导致一些能源生产大省对周边地区的碳排放强度具有明显的正向辐射效应。另一方面，能源的消费又多集中在东部发达地区。各地区经济发展水平、产业结构、城市化人口密度等方面的差异较大，区域经济发展水平又存在着一定的趋同性。东部的空间集聚现象最为明显，自相关性高于全国和其他区域的水平，西部次之，中部相对不明显。这就导致一些能源消费和制造业大省对周边地区碳排放强度具有明显的负向辐射效应。[②]

综上所述，中国的碳排放总量在向下分配至各个行业、省份的时候，一定要提前模拟具体目标落实时各个行业市场的风险。中央政府制定的碳减排目标是针对全国整体而言的，该目标需要具体分配到各省份乃至更细致的行业和城市区域中才便于实现，而预测不同行业、不同省份、不同区域的未来碳排放峰值则是制定减排目标的基础之一。最后，中国碳减排目标一般是在历年碳排放总量的基础之上确定的。因此碳统计、监测机制的有效性对于碳总量目标的确定而言至关重要。

（四）建立激励性政策机制

税收作为政府宏观调控的重要工具，在应对气候变化和促进环境改善方面发挥着重要作用。碳税是通过对二氧化碳排放行为征税，来增加碳排放成本，运用价格机制引导人们的生产和消费行为，以达到碳减排的目的。

---

① 张翠菊，张宗益．中国省域碳排放强度的集聚效应和辐射效应研究［J］．环境科学学报，2017，37（03）：1178－1184.

② 张翠菊．中国碳排放强度影响因素、收敛性及溢出性研究［D］．重庆：重庆大学，2017.

在碳税征税模式上，中国可以借鉴国际已经较为成熟的模式。比如，欧盟坚持的税收中性原则，即气候变化税收专款专用，款项主要用于建立碳基金对绿色低碳项目贴息或者股权投资，此种模式采取了财政金融联动方式将从污染企业收到的税补贴到绿色企业，撬动更多的社会资金参与其中，助力绿色经济转型。

在碳税的征收范围上，应该避免对同一排放源或企业同时实施碳交易和碳税政策，防止造成企业的双重负担。当下纳入碳交易的企业排放标准是年能耗一万吨标准煤，未来还可能会逐步降低标准从而将更多的企业和碳排放量纳入调控范围。这意味着碳税的征收范围将主要是中小企业。

同时，应保持宏观税负稳定，尽可能降低碳税对经济社会发展的影响。在碳税实施初期，可选择化石能源开采和生产环节征收，未来随着征管能力的提高再将征税环节调整为消费环节。

具体而言，一是财政补贴与税收优惠并举：政府可以对采用清洁能源、实施节能减排措施的企业和个人给予财政补贴和税收优惠。例如，对购买新能源汽车的消费者给予购车补贴，对使用清洁能源的企业给予税收减免等。这些激励措施可以降低企业和个人的减排成本，提高他们参与减排行动的积极性。二是绿色采购与绿色金融同步：政府可以通过绿色采购政策，优先采购环保产品和服务，推动绿色消费市场的形成。同时，政府还可以鼓励金融机构开发绿色金融产品，如绿色信贷、绿色债券等，为企业和个人提供低成本的融资支持，促进绿色经济的发展。

（五）健全科技创新机制

碳中和为中国技术创新提供了一个跨越式发展的机遇。政府在促进绿色技术创新上具有无可替代的作用。但是，政府的作用更多的是为绿色创新提供制度条件，在绿色技术的供给侧和需求侧两端同时发力，不仅促进新技术的出现，还为新技术的推广应用开辟市场条件。

一是政府应发挥对绿色技术的引导作用。在供给侧，政府应提供财政激励以鼓励创新，提供融资机制（如无条件信贷额度）以资助早期应用，并支持碳中和产品供应链的构建。具体措施包括加大绿色技术产业战略布局，提供绿色创新企业认证，为产学研体系提供早期融资，通过公私合作促进技术的商业化，利用市场化激励机制创造新技术的早期需求，引导绿色技术产品市场发展。

二是技术替代路径应“两手抓”。一方面，对于在中国具有领先优势的风电、光伏、新能源动力电池等领域的新技术，应着重加大其市场化应用以及同现有体系的融合。另一方面，对处于新兴阶段、全新的颠覆式的绿色技术，例如氢能和燃料电池技术、大规模储能技术、碳捕捉、利用和封存技术等，应构建“技术开发—技术转移—再开发/产业化”的全链条创新体系，将产业化和应用融合到创新的每一个环节。

三是发挥数字化和智能化科技在减碳中的作用，促进数字化和绿色技术的融合发展。数字和人工智能技术的广泛应用，有助于提高碳中和技术的性能、互操作性和监测能力。数字技术通过最优化产出和生产率水平提高来减少排放（如智慧城市和智能交通），但不局限于此，数字技术还催生大量管理碳排放、促进高碳行业转型的新兴服务业。

四是采取需求拉动型政策，以支持新技术的部署。主要工具包括：税收工具、补贴、可交易许可证制度、碳排放权交易市场，以及清洁能源技术标准和可再生能源投资组合标准等规制措施。政府还可通过绿色采购政策，刺激对绿色技术的需求。

第二节 碳中和金融政策的激励体系

一、碳中和激励政策评析

（一）国外碳中和激励政策评析

1. 税收激励政策评析

（1）欧盟绿色税收改革，从“污染付费”到“环保受益”的制度创新。欧盟以绿色税收改革作为碳中和核心财政工具，通过理念革新与多元政策组合推动低碳转型[①]。政策核心理念从传统的“谁污染、谁付费”转向“谁环保、谁受益”，具体通过三大路径实施：一是差异化减税与退税机制。奥地利对企业购置空气污染控制设备给予所得税、公司税、固定资产税减免；挪威对降低废气排放量的投资免征投资税；葡萄牙对使用太阳能、地热等可再生能源的工具或机器实施5%的增值税减免。此类政策直接降低企业绿色技术应用成本，数据显示，葡萄牙可再生能源投资在政策实施后三年增长27%，显著提升清洁能源渗透率。二是加速折旧政策刺激设备升级。法国对空气净化器、电动车（船）及节能设备实施加速折旧，瑞士对节能设备与太阳能设备给予同类政策，缩短企业设备投资回收周期。据欧盟统计局数据，2020—2022年成员国节能设备投资年均增长18%，政策杠杆效应显著。三是中长期预算与研发补贴协同。欧盟将气候资金纳入7年周期滚动预算，“自然与环境”科目占比从2014年的21%提升至2021年的27%。同时通过欧洲区域发展基金、创新基金等对电池研发等关键领域提供专项补贴，

① 朱兰. 绿色新政助力欧盟绿色转型［N］. 中国社会科学报，2021-08-31（003）.

2022年欧盟在低碳技术研发上的财政投入达210亿欧元，占全球同类投资的35%。

（2）美国低碳税收优惠，法律框架与灵活工具的双重驱动。美国以立法为基础，构建多层次税收激励体系，推动新能源技术商业化与产业减排[①]：一是联邦法律与专项条款支撑。通过《全球气候变化技术计划》《节能建筑法案》等立法明确政策导向，2021年实施的《45Q条款》对碳捕获与封存（CCS）技术提供最高50美元/吨的税收抵免，直接刺激埃克森美孚等企业在得克萨斯州建设大型碳捕集项目，预计2030年将实现年封存二氧化碳1.5亿吨。二是多元化税收工具组合。政策涵盖直接减免、投资税收抵免（ITC）、加速折旧等形式。例如，对太阳能发电项目提供30%的投资税收抵免，推动2022年美国光伏装机容量同比增长43%；对电动车实施最高7500美元的购置税减免，带动特斯拉等企业产能扩张，电动车市场份额从2020年的2.3%提升至2023年的8.7%。三是跨部门项目协同。结合“气候领袖”“能源之星”等项目，将税收优惠与行业减排目标绑定，如对符合能效标准的企业给予额外税收抵免，2022年相关企业碳排放量较基准线下降12%。

（3）日本税收抵免与特别折旧，危机应对与长期转型的平衡。日本以《产业竞争力强化法》为核心，设计危机响应与绿色投资双轨政策：一是疫情下的亏损结转与投资激励。针对疫情导致亏损的企业，允许其将碳中和相关投资额度内的上年亏损结转至下年扣税，最高扣除比例从50%提升至100%。2022年三菱重工等企业利用该政策，将氢能设备投资亏损抵扣税款超20亿日元，推动日本氢能产业投资增长35%。二是技术引进与研发的税收杠杆。对引进低碳技术的企业提供最高10%的税收抵免或50%的特别折旧。例如，丰田汽车在混合动力技术研发中享受税收抵免约15亿日元，加速了其第五代混动系统的商业化。此外，对研发费用实施12%的额外抵扣，2022年日本企业绿色技术研发投入同比增长19%，专利申请量占全球新能源领域的21%。三是产业重组的政策协同。将税收激励与业务重组结合，允许企业在结构调整中优先扣除绿色投资成本，日产汽车通过该政策完成电动车生产线改造，碳排放强度较2019年下降40%。

（4）发展中国家的特色实践，巴西与印度的信贷-税收联动。发展中国家聚焦财政工具与金融手段协同，巴西以农村信贷政策为核心，将农业碳汇项目纳入信贷贴息范围，2022年亚马逊地区可持续农业项目获得专项贷款超40亿美元，推动雨林保护面积增加5%。印度央行扩大优先部门贷款范围，对可再生能源项目提供最低4.5%的优惠利率，并允许碳排放强度下降超15%的企业享受贷款利息所得税减免，2022年相关企

---

① 徐楠芝，戴芳．发达国家实现碳中和目标的财税政策及对我国的启示［J］．国际税收，2023（05）：51－57．

业贷款规模达120亿美元，可再生能源装机占比提升至38%。

总体而言，发达国家通过税收政策的精细化设计（如欧盟的预算周期化、美国的立法联动、日本的危机响应机制）实现了政策效果的最大化，发展中国家则依托信贷-税收联动弥补市场机制不足。我国可借鉴其经验，构建“立法支撑-工具多元-长期预算”的税收体系，例如探索碳减排量与税收抵免挂钩、扩大研发费用加计扣除范围，并强化财政政策与绿色金融工具的协同，为“双碳”目标提供制度保障。

2. 金融激励政策评析

（1）欧盟金融激励政策评析。欧盟在金融激励政策方面采取了多元化的措施以支持碳中和目标的实现。欧洲央行的行动表明了其对低碳经济的重视，特别是在增持与可持续发展挂钩的债券作为抵押品的政策自2021年1月1日起生效，显示了欧盟在金融领域对绿色转型的承诺。此外，欧洲央行计划调整其持有的企业债券组合，以支持温室气体排放更低、减排力度更大、气候变化相关信息披露更透明的公司，这一转变预计将对市场产生显著影响，促使企业更加注重环境表现。欧洲央行的这一政策转变，预计将促进绿色债券市场的发展，提高企业在环境、社会和治理（ESG）方面的表现。通过将债券投资重点转向低碳企业，欧洲央行不仅推动了金融市场的绿色转型，也为实现欧盟气候行动计划提供了金融支持。这种政策导向有助于引导私人资本流向绿色项目，加速低碳技术的创新和应用。①

（2）发展中国家央行绿色信贷政策评析。发展中国家在全球碳排放中所占比例逐渐增加，因此其央行的绿色信贷政策对于全球碳中和目标的实现至关重要。巴西和印度的央行政策体现了发展中国家在推动绿色转型方面的努力。巴西央行通过农村信贷政策，禁止金融机构向环境有害的经济活动提供融资，并为进行农村环境登记并经过认证的贷款企业提供更高的营运资本贷款额度。这一政策不仅促进了农村经济的可持续发展，也有助于减少农业活动对环境的负面影响。② 印度央行则不断扩大优先部门贷款的支持范围，将可再生能源纳入支持范围，并提高了贷款上限，以支持太阳能、生物质能、风能等清洁能源项目。这些措施有助于推动印度能源结构的绿色转型，减少对化石燃料的依赖，并促进清洁能源技术的发展和应用。总体而言，发展中国家央行的绿色信贷政策在促进低碳经济发展、引导金融资源流向绿色项目方面发挥了重要作用。这些政策不仅有助于实现国内的碳中和目标，也为全球气候行动贡献了力量。随着全球对气候

① Geddes A, Schmidt T S, Stelfen B. The Multiple Roles of State Investment Banks in Low-Carbon Energy Finance: An Analysis of Australia, the UK and Germany [J]. Energy Policy, 2018, 115: 158-170.

② 金洪，张宇飞．发展中国家碳减排政策介绍及借鉴［J］．赤峰学院学报（自然科学版），2015，31（10）：62-64.

变化问题的重视程度不断提高，预计发展中国家央行将进一步扩大和深化绿色金融政策，以实现更加可持续的经济发展。

（二）中国碳中和激励政策评析

1. 行政激励政策评析

自 2020 年中国宣布“双碳”目标以来，地方政府积极出台相关激励政策以推动双碳工作进展。这些政策主要集中在奖励和补贴等方面，旨在通过行政手段激励地方政府和企业参与碳减排工作。例如，江苏省通过收取污染物排放统筹资金，并实施与减排和环境质量考核结果挂钩的资金返还奖励政策，以此倒逼市县政府树立绿色发展理念，积极参与生态环境保护和治理。北京市对绿色低碳发展项目提供奖励，对于达到一定标准的项目，按不超过纳入奖励范围总投资的 25% 给予奖励，最高不超过 3000 万元。这些措施体现了地方政府在推动碳减排方面的积极作用和政策创新。

（1）北京市绿色低碳发展项目奖励。北京市对绿色低碳发展项目提供奖励，特别是对于固定资产投资不低于 200 万元的项目，按不超过纳入奖励范围总投资的 25% 给予奖励。对于达到国家级绿色工厂、国家级绿色供应链管理企业标准、空气重污染应急减排绩效评价 B 级以上的项目，奖励比例提高至 30%。这些措施不仅激励企业进行绿色低碳技术改造，还促进了北京市绿色低碳产业的发展。

（2）浙江省“双碳”激励政策。浙江省制定了清晰的碳中和目标和实施路径，围绕能源、工业、建筑、交通、农业、居民生活等重点领域统筹推进碳达峰碳中和工作。例如，丽水市出台了《丽水市绿色低碳示范行动方案》，推动森林固碳增汇与交易、“绿色能源虚拟电厂”、绿色信贷等具有地方特色的“10 项行动”，为全省提供了示范。这有助于引导各地区、各行业明确自身在碳中和工作中的定位和任务，有针对性地采取措施。同时，浙江积极开展零碳实践活动，如省机关事务管理局、省生态环境厅在丽水市遂昌县高坪乡举行浙江省党政机关等公共机构碳中和工作启动仪式，为全国首创的零碳实践活动，旨在发挥党政机关等公共机构示范引领作用，引领全社会形成绿色低碳良好氛围。在创新平台建设方面，支持建设全省统一的碳普惠平台，积极推广碳积分、碳账户等碳普惠产品，鼓励公众参与低碳行动，提高全社会的低碳意识。同时，支持企业开展碳捕捉利用与封存等负碳技术的研发和应用，为碳中和目标的实现提供技术支持。在试点示范引领方面，鼓励各地开展碳中和试点示范，如丽水市作为全国首批林业碳汇试点市，在建立健全林业碳汇收储、开发、交易体系方面取得了显著成效，形成了“浙林碳汇”开发—收储—交易的流程闭环，为其他地区提供了可借鉴的经验。总体而言，浙江的碳中和行政激励政策体系较为完善，政策目标明确、措施有力，在推动全省的碳中和工作、促进经济社会发展全面绿色转型方面发挥了重要作用。但在政策实施过程中，还需要不断加强监管和评估，确保政策的有效落实和资金的合理使用，同时进一步探索创新激励方式，以更好地适应碳中和工作的不断推进。

（3）江苏省减污降碳激励政策。江苏省实施的减污降碳激励政策，通过将污染物排放总量和碳排放强度作为考核挂钩标的，对各市县实施经济激励措施。政策规定，将各市县年二氧化碳排放强度与全省平均强度的比值作为基础统筹金额的调节系数，以此计算统筹资金总额。对于单位地区生产总值二氧化碳排放下降率达到目标的市县，按统筹资金的10%予以返还，累计最高返还50%。这一政策有效地将经济激励与环境质量改善相结合，促进了地方经济的绿色转型。

（4）广州市黄埔区绿色低碳发展办法。广州市黄埔区出台的《促进绿色低碳发展办法》，对节能降耗、循环经济和资源综合利用项目给予最高200万元的补助。此外，对于建设充电基础设施项目给予最高100万元补贴，对于举办国际级或国家级新能源绿色产业峰会等活动给予最高100万元补贴。这些政策的实施，有助于推动区域绿色低碳发展，提升区域生态环境质量。

（5）深圳市工业绿色发展行政激励政策。深圳市出台的行政激励政策，针对工业领域的绿色制造体系建设、能源资源节约及综合利用、自愿性清洁生产等内容提供资助和奖励。政策通过事后资助的方式，包括直接资助和奖励两种形式，对符合条件的项目给予资金支持。例如，对于工业产品绿色设计示范项目，给予不超过100万元的奖励。这些政策有助于推动深圳市工业绿色发展，实现碳达峰目标。具体奖励内容如表7－3所示。

表7－3　　深圳工业碳达峰补贴奖励

扶持方向	条件	奖励
工业产品绿色设计示范	符合申报项目基本条件，申报单位已获得国家工业产品绿色设计示范企业（深圳市）称号	奖励金额不超过100万元
能效、水效“领跑者”示范	符合申报项目基本条件，申报单位已获得国家、省、市能效“领跑者”和水效“领跑者”称号	国家级奖励金额不超过50万元，省级奖励金额不超过30万元，市级奖励金额不超过20万元
绿色工厂	申报条件为符合申报项目基本条件，申报单位已获得国家、省、市绿色工厂称号	国家级奖励金额不超过50万元，省级奖励金额不超过30万元，市级奖励金额不超过20万元
绿色产品	申报条件为符合申报项目基本条件，申报单位已获得国家、省、市绿色产品称号	国家级奖励金额不超过10万元，省级奖励金额不超过5万元，市级奖励金额不超过2万元，单个企业单年度累计不超过50万元

资料来源：《深圳市支持绿色发展促进工业“碳达峰”扶持计划操作规程》。

2. 税收激励政策评析

（1）非化石能源税收优惠政策。中国在非化石能源领域实施了一系列税收优惠政策，以促进能源结构的绿色低碳转型。根据《企业所得税法》及其实施条例，企业购置环境保护、节能节水等专用设备投资额的10%可以从企业当年的应纳税额中抵免。这一政策极大地激励了企业投资于节能环保设备，进而推动了非化石能源产业的发展。例如，节能环保电池免征消费税，新能源汽车免征车辆购置税，以及风电产品增值税即征即退政策，这些都是为了降低企业在非化石能源领域的成本，提高其市场竞争力。通过这些税收优惠，中国旨在鼓励更多的清洁能源项目投资，加速能源结构的优化升级。具体如表7－4所示。

表7－4　　促进能源转型的激励型税收政策

能源类型	政策形式	具体优惠对象	文号
非化石能源	免税	消费税：节能环保电池	财税〔2015〕16号
		车辆购置税：新能源汽车、城市公共汽车	财政部公告2020年第21号
		车船税：新能源汽车	《中华人民共和国车船税法》
	减征	车船税：节约能源汽车减半	
	三免三减半	企业所得税：重点扶持的公共基础设施项目	《中华人民共和国企业所得税法法》第二十七条
	即征即退	增值税：风电产品	财税〔2015〕74号
	低税率	增值税：小型水力发电按3%简易计征	财税〔2009〕9号　财税〔2014〕57号
化石能源	免税	消费税：用废矿物油生产的工业油料，废动植物油生产纯生物柴油	财税〔2013〕105号 财税〔2016〕35号
	减计收入	企业所得税：综合利用资源	《中华人民共和国企业所得税法》第三十三条
	减征	资源税：稠油、高凝油、高含硫天然气、低丰度油气田、三次采油、深水油气田、页岩气、衰竭期矿山、充填开采出的矿产、共伴生矿、低品位矿、尾矿	财税〔2014〕73号
	即征即退	增值税：综合利用资源的产品和劳务、新型墙体材料销售	财政部、税务总局公告2021年第40号 财税〔2015〕73号

资料来源：国家税务总局。

（2）节能设备投资税收抵免政策。中国对企业购置节能节水专用设备的税收抵免政策，是激励企业进行绿色低碳技术改造的重要手段。根据政策，企业在购置这些设备时，可以按照投资额的一定比例享受企业所得税税额抵免。这一措施不仅减轻了企业的税收负担，还促进了企业采用更高效的节能技术和设备，提高了能源使用效率。例如，企业所得税中针对节能设备投资额的抵免政策，以及针对合同能源管理项目、节能环保、资源综合利用项目或产品的减免政策，都是旨在通过税收激励促进企业绿色转型的有力措施。

（3）合同能源管理项目税收优惠。合同能源管理项目在中国得到了税收政策的大力支持。这类项目通过“三免三减半”的税收优惠政策，企业可以享受长达6年的税收优惠期。这种模式鼓励企业通过合同能源管理降低能耗和排放，同时享受税收减免，提高了企业参与节能减排项目的积极性。此外，增值税中针对合同能源管理项目的免税政策，以及针对资源综合利用和风力发电的即征即退政策，都是中国为了推动绿色低碳发展而实施的税收激励措施。这些政策有助于降低企业的经营成本，提高其在市场中的竞争力，同时也促进了绿色低碳技术的广泛应用。

3. 金融激励政策评析

（1）银行业金融机构绿色金融产品创新激励政策。中国银行业金融机构在绿色金融领域不断创新，推出了一系列支持高碳高污染产业绿色转型的金融产品和服务。这些产品包括可持续发展挂钩债券、可持续发展挂钩贷款、碳排放权质押贷款、排污权抵押贷款等，旨在通过金融手段支持企业的绿色低碳转型。[①] ①碳排放权质押贷款：随着全国碳排放权交易市场的启动，碳排放权质押贷款作为一种新型金融产品逐渐流行。这种贷款以碳排放权配额为质押，帮助企业盘活碳资产，同时促进了碳市场的流动性和碳资产的价值实现。例如，2021 年 7 月，全国碳市场正式启动后，多家企业通过碳配额质押获得了贷款，这不仅为企业提供了新的融资渠道，也为碳市场的健康发展提供了支持。②排污权抵押贷款：排污权抵押贷款是另一种绿色金融产品，它允许企业以其持有的排污权作为抵押，获取贷款资金。这种金融创新有助于企业在不增加额外财务负担的情况下，投资于环保设施的升级改造，从而实现污染物排放的减少。[②]

（2）中国人民银行碳减排支持工具激励政策。中国人民银行推出的碳减排支持工具是结构性货币政策工具，旨在通过提供低成本资金，引导金融机构向碳减排重点领域提供贷款。这一工具的推出，预计将发挥政策示范效应，鼓励社会资金更多投向绿色低碳领域。例如，资金支持与利率激励政策，中国人民银行通过碳减排支持工具向金融机构提供的资金支持，利率为 1.75%，远低于市场平均水平，这大大降低了金融机构的资金成本，提高了它们向绿色项目放贷的积极性。根据政策，中国人民银行将按贷款本

---

① 牛海鹏，张夏羿，张平淡．我国绿色金融政策的制度变迁与效果评价——以绿色信贷的实证研究为例［J］．管理评论，2020（08）：3 - 12.

② 潘冬阳，陈川祺，Michael G. 金融政策与经济低碳转型——基于增长视角的研究［J］．金融研究，2021（12）：1 - 19.

金的60%提供资金支持，这一比例显著降低了金融机构的风险敞口。

（3）可持续发展挂钩债券激励政策。可持续发展挂钩债券（SLB）是中国在债务融资工具市场上的创新，它将债券条款与发行人的可持续发展目标相挂钩。这种债券的推出，为企业提供了一条新的融资渠道，同时也强化了企业实现可持续发展目标的市场约束。例如，2021年5月，陕煤集团的中期票据（可持续挂钩）成功发行，这标志着中国可持续发展挂钩债券市场的发展。该债券的发行利率低于市场估值，显示了市场对碳达峰碳中和理念的高度认可。

（4）全国碳配额质押贷款激励政策。全国碳配额质押贷款是中国碳金融市场的重要组成部分，它允许企业以其在全国碳排放权交易市场中持有的碳配额作为质押，获取贷款。这种贷款的出现，不仅帮助企业盘活碳资产，也为碳市场的流动性提供了支持。随着全国碳市场的启动，碳配额质押贷款业务逐渐增多。这种贷款的出现，为企业提供了一条新的融资途径，同时也促进了碳市场的健康发展。

（5）煤炭清洁高效利用专项再贷款激励政策。中国在碳减排金融支持工具的基础上，设立了2000亿元支持煤炭清洁高效利用专项再贷款。这一政策的出台，旨在通过金融手段，提高煤炭资源的利用效率，减少环境污染，同时推动煤炭行业的绿色转型。专项再贷款政策聚焦于提高煤炭的清洁高效利用水平，通过向金融机构提供低成本资金，引导资金流向煤炭清洁高效利用项目。这一政策的实施，有助于提升煤炭行业的整体能效，减少温室气体排放，同时也为煤炭行业的可持续发展提供了金融支持。

二、碳中和激励政策体系存在的问题

（一）低碳经济税收调控力度弱

面对中国严峻的资源环境形势和节能减排的压力，现行税制还存在很多不利于低碳经济发展的问题。截至2023年，中国支持双碳目标的税收政策优惠力度还不够，难以激励社会主体碳减排。[①] 首先，低碳税种缺位。中国现行税制缺乏污染税或环境税等专门性的低碳税种，对于垃圾、废水、废气等污染物采用征收排污费的方式，立法层次低且征管不到位，缺乏强制性和稳定性，直接制约了税收的调控力度。其次，相关税种对低碳经济的调控力度较弱。如资源税的征收为了调节级差收入，对于高污染企业严厉的惩罚措施，不能发挥节约资源以及环境保护的目的；消费税征税范围狭窄，很多高污染

① 李香菊，谢瑾惠．推进我国碳达峰碳中和的税收政策研究［J］．西南民族大学学报（人文社会科学版），2023，44（06）：133－140.

的消费品并没有列入征税范围；车辆购置税和车船税等机动车辆税收政策鼓励节能减排力度不够。最后，低碳税收优惠政策对低碳经济促进作用不明显。主要表现在以下几方面：一是税收优惠政策缺乏系统性，尤其是节能减排方面的税收优惠政策比较分散，仅仅局限于某些税种中。且生产环节和消费环节的优惠政策不对应，难以发挥其作用。二是税收优惠政策对节约资源和环境保护行为的正向鼓励效果不甚理想，在新能源或者可再生能源的使用方面没有切实可行的优惠政策。三是一些税收的优惠政策不利于环境保护从而抵消了其他税种的环保功能，且税收优惠的形式比较单一。

中国财税政策与能源领域、低碳技术研究与应用领域的发展水平尚未完全同步。除了推广应用较多的风电、太阳能、核电以外，生物质发电、地热能等能源也将是未来能源消费中的新兴力量。财政部虽成立了绿色发展基金等支持清洁能源的发展，但税收政策方面只有增值税对风电产品的优惠，对生物质发电、地热发电等这些尚处于探索期的能源缺少相应的政策优惠。此外，与节能节水有关的企业所得税优惠目录存在滞后性，这使得些利于低碳发展的技术改造项目或者设备不能及时享受优惠政策。如现行《节能节水专用设备企业所得税优惠目录》仍是 2017 版本而中国的《能效之星装备产品目录》《国家工业节能技术推进目录》已经是 2021 版，它们涉及的内容更为丰富，更新频率更高。

（二）财政激励政策缺乏稳定性

中国不少地方已出台了相关低碳财政激励政策，但低碳发展的财政投入总量小，财政激励政策稳定性不够，工具手段单一问题仍较为突出。在一些地方，低碳产业的扶持优惠政策缺乏稳定性，往往仅存在于一个五年规划内。从财政支持手段来看，很多地方仍主要采用补贴、奖励、直接投资等单向措施，缺少结果导向型公共政策工具的应用，如公共担保、政府与社会资本合作（PPP）模式等，导致投资手段模式单一，过分依靠财政补贴的现象仍较为突出，社会动力和活力激发仍不够。此外，虽然中国投资数额在逐年上升，对于环境保护和绿色低碳发展起到了一定的积极作用，但占中国 GDP 总额的比例却在逐年下降，要达到“双碳”目标还是远远不够的，没有充分发挥公共财政的引导和保障作用。

（三）政府采购体系不健全

在政府财政绿色采购和融资方面，政府财政购买、融资将成为建设环保低碳经济的重要财政手段和环节，政府部门将对各地区涉及重点环境保护的项目，以及使用低碳创新技术的项目开展政府购买和专项融资活动，该项政策可以激励高耗能企业和各社会团体积极开展绿色生产和绿色创新。但由于政府购买体系不健全，以及部门—市场主体的信息不对称使得中小企业无法精确地掌握部门所发布的信息和行业信息。且由于绿色金融投资市场体系和碳交易市场监管体制尚不完善，使得碳交换金融市场、碳交易等缺乏客观合理的交易标准，除此之外，还面临着传统信贷交易及信息缺乏透明性等问题。另外，因为低碳科技还不完善，且社会各行业公司的对于低碳发展环境保护意识比较薄弱，所以，对于绿色创新与绿色低碳相关的产业投入较少。

（四）绿色金融政策激励缺少差异化设置

截至 2023 年，以国家绿色金融改革创新试验区为重点，多个地区制定了绿色金融激励政策，但直接指向地方碳达峰、碳中和目标的绿色金融政策还普遍缺失，需要地方基于已有的绿色金融政策，深入结合城市产业结构低碳转型的需求，探索绿色金融政策的创新和应用。此外，在信贷支持高碳行业绿色低碳转型工作实践中，“一刀切”的现象较为普遍。[①] 中央和地方的绿色金融激励政策大都不做区分地将绿色审批通道、财政贴息、再贷款、担保增信、绿色基金等措施笼统地纳入绿色金融激励机制，并未考虑银行机构、信托机构、租赁基金等不同类型金融机构在针对不同绿色金融产业和项目时所面临的不同程度的风险和成本，从而进行差异化、区别化地设计。如此一来，绿色金融政策激励效果也就会大打折扣，难以真正起到推动绿色金融发展、推进碳中和目标实现的作用。[②]

（五）低碳激励政策与体制机制不健全

中国碳交易市场尚未贯彻和落实绿色金融理念，仍缺乏具有实质性和可支撑性的具体减排政策文件、有效的政策激励和市场化的激励机制，导致碳减排的实际进展与预期大相径庭，减排效果不明显。

具体来说，碳交易市场尚未建立科学合理的指标体系和定价机制，缺少量化标准细则和公平有效的核算分配方法，这不仅导致各市场主体之间碳排放配额难以交易、影响资源配置效率和限制地区发展，而且降低了企业的减排积极性，使其很难自觉地承担污染排放所带来的减排成本和生态损害。同时，生态补偿机制、市场化机制和法律法规不健全，投融资主体单一和项目融资缺乏创新，政府财政支持力度不够和缺乏市场交易平台，这些导致了多元化补偿资金渠道和来源的缺失。另外，政府对碳排放的监管、应对碳泄露的法规机制以及能源法制度体系可操作性和协调性，未能有效地降低碳排放量和

---

① 董宁．我国信贷支持高碳行业绿色低碳转型机制、问题及政策建议［J］．金融发展研究，2022（06）：90－92.

② 王韧．中国绿色金融治理效应评估及绿色政策选择——基于 334 家公众公司的微观数据［J］．宏观经济研究，2021（06）：133－145.

强度，难以取得预期减排效果。

三、碳中和金融政策激励体系的构建

（一）行政激励政策体系构建

1. 加大财政支持力度

为了实现碳中和碳达峰的目标，国家应当在宏观财政层面加强对低碳环保产业的支持与引导。财政资金的分配需要有重点，强化对绿色环保等重点行业领域的保障力度，在分配现有中央对地方相关转移支付资金时，要对工作有突出成效、起到示范引领作用的地区给予一定的奖励支持。另外，财政资源配置效率也应当进行提升，推动预算资金绩效管理在支持做好碳达峰碳中和工作领域全覆盖，加强预算资金绩效评价和日常监管，硬化预算约束。资金的投入要依据政策规划和工作任务进行，同时也要对资金的使用情况进行实时监督，通过财政部在各地设立的监管局对支持碳达峰碳中和工作的相关资金开展评估评价，及时发现问题，提出改进措施，并监督地方落实整改措施。

2. 完善政府绿色采购政策

建立健全绿色低碳产品的政府采购需求标准体系，分类制定绿色建筑和绿色建材政府采购需求标准。增强应用装配式建筑和绿色建材的推广力度，促进建筑品质提升。新能源、清洁能源公务用车和用船政府采购力度也要加大，机要通信等公务用车除特殊地理环境等因素外原则上采购新能源汽车，优先采购提供新能源汽车的租赁服务，公务用船优先采购新能源、清洁能源船舶。强化采购人主体责任，在政府采购文件中明确绿色低碳要求，加大绿色低碳产品采购力度。

3. 建立健全法律法规

降碳减排目标的实现需要各领域各行业的协同作用，为此需要从区域、地方层面制定和落实碳达峰行动方案和配套措施。

（1）进一步完善全国碳排放交易市场相关政策，明确差异化碳排放配额的分配、做好年度配额预支、国家核证自愿减排量（CCER）抵销配额清缴和配额结转等，充分发挥市场机制对控制温室气体排放、降低全社会减排成本的作用。

（2）积极推进节能降碳和回收利用加快重点领域产品设备更新改造，以达到节约各类资源实现集约利用和加快节能降碳先进技术的研发推广的目的。

（3）为了能更好地推进碳达峰碳中和，保障好高耗能、高碳排放企业的合法权益，解决好出现的生态环境侵权纠纷，在司法上也应该提供一定的援助服务，为助推清洁低碳安全高效能源体系构建、推进完善碳市场交易机制作出贡献。

（4）完善生态环境统计管理，详细规定各级生态环境统计综合机构和职责、统计调查项目、统计调查的组织实施、统计资料的管理和公布等内容，实现对生态环境真实、准确、完整且及时的监测，发挥统计支撑生态环境工作具有重要作用。

（二）税收激励政策体系构建

实现“双碳”目标离不开减税降费政策的加持。覆盖范围广、优惠力度强的税收政策的实施将激励碳排放主体从被迫降碳到主动降碳。碳排放主体主动采取低碳化的经济活动是促进中国快速达到低水平碳峰值的助推器，也是最终实现碳中和目标的加速器。

（1）完善税收政策体系，全方位推动税收政策工具绿色转型。明确各类税收政策的定位和作用范围，对标降碳、减污、扩绿、增长协同推进中所涉及的环境经济要素、不同环节，不同领域和不同主体，查漏补缺，重点在突破性关键技术、研发创新环节、绿色消费和绿色流通领域补短板。例如，调整清洁能源发电的增值税优惠范围，从风力发电可享受50%即征即退的优惠政策，逐步推广到其他清洁能源发电领域。同时，充分发挥不同类型税收政策工具的比较优势。例如，环境相关税费政策突出特定环境要素、特定环节、特定周期和特定领域，优势是及时和精准；一般性税费政策主要涉及生产—分配—交换—消费环节，优势是全面和综合。把协同协调贯穿于税收政策设计、制定、实施、评价和调整的全过程之中，通过不同税收政策组合的相机抉择多税共治，全过程推动“生产—分配—交换—消费”绿色低碳转型。

（2）给予采用新能源、低碳排放技术的相关企业税收优惠。在发展低碳经济的过程中要在继续完善和落实支持节能环保与资源综合利用的税收政策的基础上，进一步扩大低碳优惠的范围。系统化相关税收优惠政策，从环境资源等角度出发，调整或增加各税种优惠政策，如对生产低碳产品和研发低碳技术的企业减免一定额度的所得税；增加优惠形式，对企业购置的各种减排设备提供免税优惠政策，相关固定资产允许加速折旧，以此吸引更多的国内外资金投向低碳产业。激励企业节能减排的税种主要是企业所得税、增值税等中央税种，但很多情况下的节能减排行为涉及地方税种，各省应针对本地实际出台相应的优惠政策以配合中央税收政策。与地方税种相关的主要节能减排行为有改进生产工艺、购入节能设备、引进新技术、变更经营场地、处理固体废弃物等。例如，对因节能减排需要而变更经营场地的，可在耕地占用税、城镇土地使用税、房产税等方面给予优惠：对从事节能减排技术开发、转让业务所得收入给予企业所得税减免；对生产产品的专用设备，可允许加速折旧。此外，保持税收优惠政策的稳定对于有效激励工业企业节能减排也十分重要。长期稳定的税收优惠政策，可使企业对节能减排的收益有一个稳定的预期，有利于充分调动企业致力于节能减排生产的主动性和积极性。

(3) 构建政策协同与合作的长效机制。充分挖掘税收大数据所隐含的绿色低碳元素，多要素全过程、多环节提炼涵盖绿色生产、绿色流通、绿色消费、基础设施建设绿色升级和绿色技术创新的数据指标，推广绿色低碳税收评价模型，开展对绿色发展落实及低碳理念转化的动态分析评价，服务决策。同时，建立健全与税收体系绿色化目标适配的绿色税收征管机制，加强涉税信息共享平台建设，逐步扩大生态环境部门、税务机关数据交互覆盖面，并加快推进污染物排放在线监测系统、环境保护税纳税申报系统的建设。通过税收大数据主动对接跟踪辅导企业，确保绿色低碳企业尽享税费支持政策红利，此外，加强税收政策与财政支出政策、环境政策、绿色金融政策的协同，在提升和放大各自政策效能的基础上，引导相关政策的市场化转型。

(三) 金融激励政策体系构建

1. 大力支持低碳转型活动的金融工具

中国在绿色金融领域已经有了包括各类贷款、债券、股权、保险产品在内的丰富工具箱。转型金融刚起步，主流产品是与可持续挂钩的贷款和债券。这些产品将融资条件与企业的可持续发展关键绩效指标挂钩，以期产生激励企业转型的效果。作为转型活动主体的高碳企业，很多本身杠杆率较高、财务状况不理想，且包括大量中小微企业。不少转型企业可能需要采用一些并不成熟的绿色低碳科技，而这些技术本身存在不确定性的风险。对于这些高杠杆企业，贷款和债券未必是首选的转型融资工具，特别是需要尝试新技术的企业往往更需要股权融资。因此，需要发展重点支持转型活动的股权投资基金和并购基金，鼓励更多的天使投资机构参与转型金融活动。此外，鉴于转型活动涉及许多不确定性，需要开发支持转型活动的保险产品来帮助企业规避转型过程中面临的技术、业务和市场等风险。政府背景的担保基金可以积极开发相关担保产品，为符合条件的转型企业和转型项目提供风险分担机制，降低其融资成本。

2. 制定有地方特色的激励机制

地方政府应根据当地的资源禀赋、产业结构、财政实力等因素，充分考虑地方的特色和需求，明确需要鼓励发展的产业、企业及项目，并在此基础上制定相应的激励政策，从而将有限的资源支持最符合当地产业结构升级、最需要相应激励措施的绿色项目发展。例如，东南沿海地区所要支持的绿色产业和项目可能与西北地区的有所不同；又如，在信贷等传统金融产品较为成熟、占比较大的地区可能更希望发展绿色债券、绿色基金等直接投融资工具来满足当地金融需求，则可将绿色债券、绿色基金等产品和机构作为政策激励的重点；再如，林业资源丰富的地区可将加大完善林权抵质押融资、林业碳汇机制等政策制度。①

3. 完善碳中和金融政策体系与协调机制

为了实现双碳目标，金融监管当局应在货币政策、投资组合管理等方面的问题中增加对于负责任投资等因素的考量。通过金融、投资、财政、税收等多方面的政策措施以及法律支持，完善碳中和发展的激励政策体系。② 积极完善财政货币政策有效合作机制，探索建立国家零碳发展基金、支持零碳债券发行、创新融资担保机制、建立健全零碳转型风险评估等创新举措。③ 以政策手段不断拓宽企业的融资渠道，鼓励建立起民间投融资、政府资本、国外资金等多方主体参与的投资结构；充分运用好中国人民银行碳减排支持工具助力清洁能源、节能环保、碳减排技术等重点领域的发展，支持煤炭清洁高效利用专项再贷款，加强生态系统保护和修复，促进能源结构优化，推动互联网等新兴技术与绿色低碳产业深度融合。与此同时，低碳项目投资风险补偿制度的建立也应当得到重视，通过担保和保险工具创新有效防范金融风险。

第三节　碳中和金融政策的惩罚体系

一、碳中和惩罚政策评析

（一）国外碳中和惩罚政策评析

1. 行政惩罚政策评析

在国际上，主要的碳排放体系包括欧盟碳排放交易体系（EU ETS）、美国加州碳排放体系（CA CAT）、芝加哥气候交易所（CCX）、区域温室气体行动计划（RGGI）、澳大利亚新南威尔士州温室气体减排体系（NSW GGAS）、碳定价机制（CPM）等，其中，启动时间最早的是 CCX、RGGI、NSW GGAS，而交易规模最大、系统最成熟的是 EU ETS。④

---

① 沈宏．基于林业碳汇的绿色金融发展路径探析——以内蒙古大兴安岭重点国有林区为例［J］．北方金融，2020（12）：55－57.

② Campiglio，Emanuele. Beyond Carbon Pricing：The Role of Banking and Mone－Tary Policy in Financing the Transition to a Low－Carbon Economy［J］．Ecological Economics，2016，121：220－230.

③ 朱民，潘柳，张娓婉．财政支持金融：构建全球领先的中国零碳金融系统［J］．财政研究，2022（02）：18－28.

④ 路京京．中国碳排放权交易价格的驱动因素与管理制度研究［D］．长春：吉林大学，2019.

欧盟碳排放交易体系（EU ETS）总共经历了四个阶段。现已发展到第三阶段并已规划第四阶段体系框架。第一个阶段（试点阶段）的处罚机制是：如果企业未能在4月31日之前履行义务，则对其超过限额的部分处以每吨40欧元的处罚，并在下一个履行期内扣除多余的数量；第二个阶段是运作阶段，对没有达到目标的企业，将会从每吨40欧元提高到每吨100欧元的处罚，并从下一个阶段的减排额度中扣减。第三个阶段是推广阶段，欧盟没有设定具体的处罚数额，而是通过拍卖市场来确定处罚的定价，从而使公司按照市场价来缴纳额外的罚款；第四个阶段是深化阶段。

美国加州碳排放体系启动于2013年，主要分成了三个阶段。前两个阶段履约期为两年，第三阶段的履约期为三年。对在履约期内未按时完成任务的企业，CA CAT的惩罚机制设置为从未来的配额分配中扣除超量配额的4倍。此外，如果该企业没有在处罚生效30日内履行义务，则将被加州空气资源管理委员会处以超出配额部分每个配额每45天25000美元的罚款。同时，根据碳交易法第96013条的规定，加州空气资源管理委员会还有权对有减排义务企业的碳排放账户采取暂停、撤销、限制等措施。

2. 税收惩罚政策评析

芬兰是世界上最早启动碳排放税的国家之一，最初是根据化石燃料中的碳含量来征收碳排放税。在1997年税制改革后，对液体燃料和煤炭按二氧化碳的排放量征税，而对其他化石燃料仍然按它们的含碳量征税。2005年，芬兰加入欧盟碳排放权交易体系（EU ETS），该体系主要适用于以电力和供热为主导的能源生产和能源密集型产业。与此同时，芬兰还出台了一项政策，即允许对上述产业减免征收碳税，以鼓励更多的公司参与到碳排放权交易体系中来。例如，对能源工业实行碳税收返还，对电力工业和航空业实行碳税减免政策。2008—2018年，芬兰碳排放量年均增长率为-2.5%，2019年比2018年下降8.2%，是欧盟成员国中减排效果十分显著的国家之一。[①] 芬兰拉赫蒂市于2019年11月在全球率先开展个人碳排放交易，探索新的节能减排途径，推动了碳排放复合机制的形成。

英国的气候变化税是相当于碳税的一种税收，于2001年开始征收，征收对象是电力、煤炭及焦炭、液化石油气和天然气四类能源产品。2002年，还是欧盟成员国的英国，是世界上第一个实施温室气体排放贸易制度的国家，为EU ETS的建立提供了经验，其通过温室气体排放贸易制度与气候变化税共同促进国内碳减排。在碳减排复合机制方面，英国的特殊做法是2013年推行最低碳价机制。在碳交易市场中，当碳市场成交价格低于国家设定的最低碳价格时，国家将征收电价支撑机制税收，以实现碳价格的

① 贾晓薇，王志强．以开征碳税为契机构建我国碳减排复合机制［J］．税务研究，2021（08）：18-21.

稳定。政府对不同的能源产品设定了差别化的税率，并对最低碳价进行了相应的调整。此外，英国政府还与高耗能产业的公司签署自愿减少排放协议，在该协定下，公司可以根据自己的实际情况，获得相应的税收优惠。2008—2018 年，英国碳排放量年均增长率为 -3.4%，2019 年比 2018 年下降 2.5%，可见，英国的碳减排复合机制发挥了较为显著的作用。①

日本在 2007 年以征收环境税的名义对包括煤炭、天然气、液化石油气、汽油等征税，计税依据是化石燃料的含碳量。2010 年，日本首先在东京的工业和建筑业实行碳排放权交易制度，但这两种机制的共同实施给企业和居民带来了巨大的压力。因此，该项税制在 2011 年进行了改革，由环境税变更为附加税，计税依据是化石燃料的二氧化碳排放量，此外，对税率也进行了大幅下调。2012 年，日本正式将附加税改为碳税，对上游电力企业和下游家庭消费使用的化石燃料均进行征收，但对家庭使用的煤油减征 50%，并将碳税收入用于环保。2008—2018 年，日本碳排放量年均增长率为 -1.1%，2019 年比 2018 年下降 3.5%。② 可见，日本的政策措施较有成效。

挪威也是先征碳税，然后才实行碳排放权交易的国家，但其实践方式区别于芬兰、英国和日本。在 1991 年开征碳税时，石油和天然气开采行业的碳税设置的税率较高，金属制造业、煤炭加工业、航空和海洋运输业的税率较低。2005 年，挪威加入 EU ETS。油气、造纸、航空等部门同时受到碳税和碳排放权交易的双重管制，加重了企业的负担。但是从碳减排效果看，并不理想，2008—2018 年碳排放量年均增长率为 -0.4%。③

法国在 2014 年开征碳税，是欧盟成员国中较晚推行碳税的国家。在碳税征收范围上，主要是针对化石燃料征收，与 EU ETS 的覆盖范围没有交叉，即碳排放权交易覆盖的排放主体如发电行业并不需要缴纳碳税。法国的碳减排在征收碳税五年后取得了明显的减排效果，2019 年碳排放量比 2018 年下降 2.6%④，可以看出，先实行碳排放权交易，后征碳税也会取得一定的效果，前提是覆盖范围没有重复。

3. 金融惩罚政策评析

自“双碳”目标提出以来，绿色金融已逐步成为一种创新的“双碳”政策工具，并得到了各国政府的重视。

美国的绿色金融市场是一个相对成熟的市场，它的市场参与者是多元化的，他们的需求也是多样化的。与此同时，这个市场上的绿色金融产品（绿色信贷、绿色保险、绿色债券等）也是非常活跃的，而且这些创新产品已经渗透到了生产、流通和消费等各个

---

①②③④ 贾晓薇，王志强．以开征碳税为契机构建我国碳减排复合机制［J］．税务研究，2021（08）：18-21.

方面。追溯到1980年，美国政府颁布的《全面环境响应、补偿和负债法案》要求银行为其顾客所造成的环境污染承担责任，并承担相应的治理费用。金融机构在向有环境风险的公司放贷或投资时，很有可能会赔得倾家荡产，甚至还要承担偿还污染所需的费用。在绿色金融制度体系的保障下，美国在推动绿色金融在环境保护中发挥巨大作用。在绿色基金方面，设立了清洁水循环基金、饮用水循环基金、地下储油罐防泄露基金、超级基金等市场运作的绿色基金。在绿色债券方面，根据环保项目的特点，创新了提前偿还债券、预期票据、拨款支付债券、资产担保证券、收益债券、特殊税收债券等。在绿色信贷方面，创新了各类绿色项目贷款产品、绿色消费金融产品等，并推出了各种针对绿色项目优化信贷与降低成本的方法。在绿色保险方面，除了各类环境责任保险、气候保险等外，还推出了专门针对绿色金融的保险，如绿色贷款保险等。

欧盟在2018年正式提出并推动了可持续金融制度的建立。2014年10月，欧盟各国领袖在2030排放目标上达成一致，加速了欧盟向低碳、高资源利用率和循环经济等可持续发展方向的转变。2018年，欧洲联盟发布《可持续发展融资行动计划》，将可持续金融界定为将环境、社会和治理等因素融入到其决策要素中的一种金融，它是一种能够在缓解环境压力的同时，兼顾社会、治理等因素，以促进经济发展的金融。其发展框架主要需要实现三个目标：一是引导资本流向可持续经济领域；二是将可持续性因素纳入风险管理；三是鼓励长期行为和提升透明度。该可持续金融发展政策对绿色金融活动分类标准和信息披露有着更高的要求，因此欧盟还发布了如《欧盟可持续金融分类方案》《欧盟绿色债券标准》《气候基准及信息披露规范》等报告，对绿色环境相关领域的发展提供了界定标准和参考范例。同时，在发展绿色金融过程中，欧盟各国政府对其提供的政策扶持与指导也将发挥重要作用。如德国等国家通过税收优惠、政府担保等推动绿色环保项目发展；鼓励政策性金融机构、金融基金等引导和吸引更多的社会资本参与到绿色金融活动中来。

（二）中国碳中和惩罚政策评析

1. 行政惩罚政策评析

为了实现碳中和的目标，在中国，各个省份都构建了碳排放交易市场，来对企业的排碳量进行配额，并对其进行监督。为了督促企业按时履行承诺，完成减排任务，各个试点碳市场都与实际情况相结合，构建出了一个独立的行政惩罚机制。①

① 路京京．中国碳排放权交易价格的驱动因素与管理制度研究［D］．长春：吉林大学，2019.

从表 7-5 中可以看出，对于不履行义务的单位，有两种主要的处罚方法：一是固定惩罚机制。如广东规定处罚 5 万元且须从下一年度的配额中扣除 2 倍未清缴配额，上海规定处罚额为 5 万—10 万元。二是浮动惩罚机制。具体的罚款是以市场配额价格乘以特定的参数来计算的，例如，深圳要求不履行合同的单位，必须支付履行合同当月的前 6 个月的市场平均价格的 3 倍，并且在下一年中，将没有全部支付完毕的部分进行扣除，北京规定处罚额为市场均价的 3—5 倍，湖北规定处罚额为市场均价的 1—3 倍，最高不超过 15 万元，且在下一年度双倍扣除未足额清缴部分，重庆规定处罚额为市场均价的 3 倍，且 3 年内不得享受相关政策补助。而天津规定则没有这方面的具体罚款办法，对没有缴纳限额的企业，将被责令改正，并在 3 年内取消政府的优惠政策。另外，对于不按规定进行监测、报告、核实及破坏市场秩序等违法行为，每个试点市场都有相应的处罚措施，天津、上海没有规定罚款数额，处罚力度不大，而北京、广东、重庆则加大了处罚力度。普遍在 1 万—5 万元，而深圳和湖北的处罚最为严厉，一般在 5 万—10 万元，湖北对于部分违规行为的罚金高达 15 万元。

表 7-5　中国七大试点碳交易市场惩罚制度比较

地区	对未履约行为的惩罚	对违反其他规定行为的惩罚
深圳	超额排放量乘以履约当月前 6 个月市场平均价格 3 倍的罚款，下一年度扣除未足额清缴部分	违规处 5 万—10 万元罚款
北京	超额排放量乘以市场均价 3—5 倍的罚款	违规处 5 万元以下罚款
天津	责令整改，3 年内不得享受政府优惠政策	责令整改
广东	下一年度扣除未足额清缴部分的 2 倍配额，处 5 万元罚款	未按规定报告或核查处 1 万—3 万元罚款，其他违规行为处 1 万—5 万元罚款
上海	5 万元以上 10 万元以下罚款	违规行为纳入信用记录，取消相关专项支持
湖北	超额排放量处 1 倍以上 3 倍以下，但最高不超过 15 万元的罚款，并在下一年度配额分配中双倍扣除	违规处 1 万—15 万元罚款
重庆	超额排放量乘以市场均价 3 倍的罚款，3 年内不得享受节能环保及应对气候变化等方面的财政补助资金以及相关评先评优活动	未按规定报告或核查处 2 万—5 万元罚款，虚报处 3 万—5 万元罚款

经过多年的碳市场运行，各试点省份有关的碳排放管理规定大多已经进行了更新和迭代。尽管在规定中，所须承担的法律责任程度在不同的地区不同，但是都表现出了显著的惩罚性，经常是多个罚款手段同时使用，从多个方面来督促重点排放单位遵守碳交易规则，确保地方试点碳市场规范运行。

以上海市为例，除对重点企业未完成配额缴纳义务的处罚外，在《上海市碳排放管理试行办法》的“法律责任”章节中，还规定了不完成申报义务的处罚、不按照规定接受核查的处罚、不纳入信用档案的处罚、不符合相关扶持政策的认定等行政处罚，并对第三方核查机构的责任、交易所的责任、发改部门及其相关职能部门的责任进行了认定。

2. 税收惩罚政策评析

中国现行税制并没有专门针对碳中和碳达峰的税种，即没有针对二氧化碳排放量建立向排污企业收取税款的制度。但税制中一部分税法也是对碳排放等行为起到限制作用的。

（1）中国在消费税上为碳减排发挥了一定的作用，化石燃料中的成品油需要缴纳消费税，在此基础上，中国在 2009 年实施了成品油税费改革，其后还多次提高了成品油单位税额，汽油等油品的税额为 1.52 元/升，柴油等油品的税额为 1.2 元/升。对化石燃料的征税，通过提高化石燃料的使用成本，实际上能够起到发挥调控二氧化碳排放的作用。此外，还对排放二氧化碳等气体的小汽车和摩托车征收消费税，根据乘用车的排气量设置差别税率。

（2）中国在资源税制上对排污的能源做出限制，原油、天然气、煤炭等矿物能源作为从价计征的第一批实行了从价计征的改革。通过对开采环节征收税收，可以在一定程度上提高这些产生碳污染的资源的使用成本，从而减少购买方对此的需求，从而达到减排的目的。

（3）中国于 2018 年开征环境保护税，对大气污染物等进行征收。鉴于 SO_2、NO_x 等主要大气污染物的排放都与煤等矿物燃料的消费紧密相关，因此，环保税对煤等矿物燃料的消费也起到了一定的限制作用，从而起到了促进碳减排的协同效应。

但是即使上述各项税中都对排碳相关的能源等进行了限制，但由于其并非直接与二氧化碳排放相关联，起到的作用是有限的。中国过去也曾经提出过征收碳税，在 2013 年的《中华人民共和国环境保护税法（送审稿）》中就设计了碳税税目。但最终未实施碳税，而是选择碳交易作为主要的碳减排手段，并于 2013 年开展了地方碳交易试点。

碳税是一种为了环保，对二氧化碳排放量征收的税收。通过对煤炭和石油下游的汽油、航空燃油、天然气等矿物燃料产品按照其碳含量的一定比例进行征税，从而达到降低矿物燃料消费和二氧化碳排放的目的。与中国正在实施的碳排放权交易机制一样，两者均是重要的碳减排工具。中国碳排放交易市场正在稳步构建，为了从宏观上控制，应该重新规划碳税，发挥其对碳排放交易制度的补充作用。

3. 金融惩罚政策评析

中国在第 75 届联合国大会上提出将在 2030 年前实现碳达峰、2060 年前实现碳中和。“双碳”目标无疑会促使中国经济增长方式转型，而在这一背景下，发展绿色金融就成为了必然。①

最早追溯到2006年，中央有关部委就已经开始出台有关绿色金融政策。2016年以来，监管机构先后发布《关于构建绿色金融体系的指导意见》等文件，将银行资产碳足迹指标纳入到银行的考核评价中，以此来鼓励银行投资于绿色业务，限制其投资于高污染、高耗能、产能过剩的传统产业。为了惩处违规行为，2016年8月国家发展改革委等31个部门发布了《关于对环境保护领域失信生产经营单位及其有关人员开展联合惩戒的合作备忘录》，其中提出“推动金融机构将失信生产经营单位的失信情况作为融资授信的参考”。2020年10月，党的十九届五中全会通过的《中共中央关于制定国民经济和社会发展第十四个五年规划和二〇三五年远景目标的建议》提出，要加快推动绿色低碳发展，发展绿色金融，支持绿色技术创新。2021年1月，中国人民银行工作会议强调“落实碳达峰碳中和重大决策部署，完善绿色金融政策框架和激励机制”。

在中央发布各项政策方针的指导下，各地方政府也认识到绿色金融政策体系的重要性，并积极出台了一系列政策。广东等五省市（区）率先开始建设绿色金融改革创新试验区，进一步推进绿色金融市场体系的建设。例如，广东于2022年6月发布《广东省发展绿色金融支持碳达峰行动实施方案》，上海市于2022年7月发布《上海市碳达峰实施方案》，均提出建立完善绿色金融体系。

绿色金融体系主要包括了绿色信贷、绿色保险、绿色债券、绿色基金等。在绿色信贷方面，早在2010年中国就发布了首份绿色信贷报告，提出绿色信贷政策是国际银行业通用的环保措施，银行通过金融工具加强对建设项目的环保审核，支持环保和节能项目，让金融业助推经济社会的可持续发展；在此基础上，评估了中国50家商业银行在绿色信贷方面的信息披露及执行成效，并指出了其存在的一些问题，如政策体系不完善，监管制约机制不足，以及金融机构的业务能力有待提高等。2018年以来，中国的绿色贷款规模不断扩大，根据央行发布的2021年三季度金融机构贷款报告，截至2021年9月，绿色贷款本外币余额合计14.8万亿元，同比增长27.9%。相关政策如表7-6所示。

表7-6　中国绿色信贷相关政策

发文时间	文件名称	主要内容
2012年2月	《绿色信贷指引》	对组织管理、内控管理与信息披露和监督检查等方面作出安排
2013年7月	《关于报送绿色信贷统计表的通知》	将绿色信贷项目分为绿色农业、绿色林业、工业节能节水等十二类

① 刘燕华，李宇航，王文涛．中国实现“双碳”目标的挑战、机遇与行动［J］．中国人口·资源与环境，2021（09）：1-5.

续表

发文时间	文件名称	主要内容
2014 年 6 月	《绿色信贷实施情况关键评价指标》	将绿色信贷实施情况关键评价指标分为定性评价指标和定量评价指标
2018 年 7 月	《关于开展银行业存款类金融机构绿色信贷业绩评价的通知》	明确绿色信贷业绩评价每季度开展一次，定量指标占 80%，定性指标占 20%，定量指标包括绿色贷款余额占比、绿色贷款余额份额占比、绿色贷款增量占比、绿色贷款余额同比增速、绿色贷款不良率 5 项
2020 年 7 月	《关于印发〈银行业存款类金融机构绿色金融业绩评价方案〉的通知（征求意见稿）》	统筹考虑绿色贷款和绿色债券业务开展情况，并为进一步考核绿色股权投资、绿色信托等新业态预留了空间；修订了相应指标；拓展了应用场景

与其他传统的保险不同，绿色保险是以第三方利益为基础，通过量化环境风险，强化对污染的控制，让企业可以更好地防范和应对环境风险。中国在 2007 年启动了绿色保险的试点，2015 年以来，绿色保险得到了快速发展，到 2016 年，已经有上万家企业参加了环境责任险的投保。在中国，用于环保投资的保险资金，从 2018 年的 3954 亿元增加到 2020 年的 5615 亿元，以每年 19.17% 的速度增长。① 中国的绿色保险产品种类较多，包括应对气候变化、促进资源节约、环境改善和风险管理等。相关政策如表 7－7 所示。

表 7－7　　中国绿色保险相关政策

发文时间	文件名称	主要内容
2006 年 6 月	《关于保险业改革发展的若干意见》	要求开展环境污染责任保险试点
2007 年 12 月	《关于环境污染责任保险工作的指导意见》	环境污染责任保险试点工作正式启动，中国绿色保险制度建立
2013 年 1 月	《关于开展环境污染强制责任保险试点工作的指导意见》	在涉“重金属”等高环境风险行业启动环境污染强制责任保险试点工作
2018 年 5 月	《环境污染强制责任保险管理办法（草案）》	进一步规范健全了环境污染强制责任保险制度，丰富了生态环境保护市场手段
2020 年 5 月	《中华人民共和国固体废物污染环境防治法》	通过立法明确有关单位应按照国家规定投保环境污染责任保险

① 中国保险行业协会.2020 中国保险业社会责任报告［EB/OL］.（2022－01－24）. https：//wap.iachina.cn/art/2022/1/14/art_22_105742.html.

续表

发文时间	文件名称	主要内容
2021 年 1 月	《关于加快建立健全绿色低碳循环发展经济体系的指导意见》	加强绿色保险发展，发挥保险费率调节机制作用
2022 年 6 月	《银行业保险业绿色金融指引》	银行保险机构应当从战略高度推进绿色金融，加大对绿色、低碳、循环经济的支持

中国的绿色金融债券主要通过银行融资，绿色债券则是传统债券的衍生品。绿色债券市场从 2015 年开启后发展快速。上交所推出绿色债券以来，已累计发行绿色公司债券 237 只，发行规模达 3100 亿元。① 截至 2023 年底，中国绿色债券累计发行规模超 3.49 万亿元，居世界第二位。② 相关政策如表 7－8 所示。

表 7－8　中国绿色债券相关政策

发文时间	文件名称	主要内容
2015 年 12 月	《绿色债券发行指引》	正式开启了中国绿色企业债券的市场
2015 年 12 月	中国人民银行绿色金融债券公告（中国人民银行公告（2015）第 39 号）	开启了中国的绿色金融债券市场
2017 年 3 月	《中国证监会关于支持绿色债券发展的指导意见》	要坚持创新、协调、绿色、开放、共享的发展理念，引导交易所债券市场进一步服务绿色产业健康有序发展
2017 年 10 月	《绿色债券评估认证行为指引（暂行）》	规范了绿色债券市场的发行、评估
2018 年 11 月	《绿色投资指引（试行）》	进一步推动绿色债券市场的发展，支持绿色资产、证券的发展
2019 年 5 月	《关于支持绿色金融改革创新试验区发行绿色债务融资工具的通知》	不仅拓宽了企业的融资渠道还规范了绿色债券等品种的通用标准
2020 年 5 月	《关于印发〈绿色债券支持项目目录（2020 年版）〉的通知（征求意见稿）》	进一步规范了绿色债券的标准，加速市场的融合度

从 2014 年开始，中国各个省份按照国家的发展需要，持续设立绿色基金，通过将资金注入到绿色企业或项目中，来促进绿色经济的发展。截至 2016 年，国家已经颁布了多项促进绿色基金发展的政策，其规模和数量都在逐步增长。相关政策如表 7－9 所示。

① 任宇光，赵洪瑞，黄谦．中国绿色金融发展现状与趋势研究［J］．北方经贸，2022（12）：73－76.

② 智研咨询．绿色债券行业发展趋势预测：绿色债券市场蓬勃发展，行业迈入规范化发展阶段［EB/OL］．(2024－09－26)．https：//t.10jqka.com.cn/pid_383308099.shtml.

表 7－9　　中国绿色基金相关政策

发文时间	文件名称	主要内容
2016 年 8 月	《关于构建绿色金融体系的指导意见》	设立绿色发展基金，通过政府和社会资本合作（PPP）模式动员社会资本
2018 年 11 月	《绿色投资指引（试行）》	鼓励基金管理人关注环境可持续性，强化基金管理人对环境风险的认知，明确绿色投资的内涵，推动基金行业发展绿色投资，改善投资活动的环境绩效
2019 年 11 月	《关于构建现代环境治理体系的指导意见》	要求设立国家绿色发展基金

中国的碳中和金融尚处于初期阶段，如何通过多种金融手段助力碳中和，也是摆在行业面前的重要课题。

二、碳中和惩罚政策体系存在的问题

（一）行政惩罚机制待完善

关于碳排放交易市场的行政惩罚机制，2022 年 3 月 25 日，《中共中央 国务院关于加快建设全国统一大市场的意见》印发，提出要培育发展全国统一的生态环境市场，建设全国统一的碳排放权交易市场，实行统一规范的行业标准、交易监管机制。可见，碳交易市场已经从地方碳交易市场逐步过渡成为全国碳交易市场，在此趋势下，规则健全、发育成熟的全国碳市场将会逐渐形成，但对于碳交易市场的违法行为的行政处罚还存在以下几点不足：一是碳交易市场中违法行为的类别细分不够，法律责任主体的涵盖面有待拓宽；二是各个省份的碳交易市场对于企业排碳量未履约行为的行政惩罚缺乏统一的标准；三是碳交易市场行政处罚的力度还有待加强，透明度有待提高。这些缺陷也可以从生态环境部公布的《碳排放权交易管理暂停条例》（征求意见稿）中看出一二。该征求意见稿中提到法律责任主体涵盖重点排放单位、核查单位、交易主体、主管部门等各相关主体，承担的法律责任不仅包括行政责任、民事责任、刑事责任，还包括信用惩戒等其他措施，具体的罚则内容也更加细化全面。

关于碳排放信息披露的行政惩罚机制，对照碳达峰、碳中和目标，修改完善气候和环境信息披露相关法律法规、管理办法和实施细则，可以看出中国碳排放信息披露上还是存在不少问题的。首先，对披露主体、披露内容、监管等方面的一系列规定不清晰，没有形成对上市公司、发行人等主体的强制披露机制，致使其在环境与碳排放方面的披露意愿较低，且缺乏完善的监管与处罚机制。其次，没有对金融机构进行气候与环境信息披露的强制性规定，金融机构高碳资金敞口未公布，也没有进行相关的行政处罚。

（二）税收调控作用难实现

1. 现有税制对实现碳中和碳达峰目标的调控作用有限

首先，在成品油征收的消费税上，虽然化石燃料的燃烧是碳排放的主要来源，征收化石燃料消费税能够直接提高个人和企业碳排放的成本，但是化石燃料所征收的消费税范围十分有限，仅涉及成品油方面，其他的化石燃料并没有纳入征收范围。特别是煤炭，它是中国能源消耗占比最大的一项矿物燃料，在燃烧过程中会产生大量的二氧化碳，对其征税可以有效地降低其使用量。

其次，在车辆征收的消费税上，摩托车和小汽车等乘用车根据排量的不同设置了差别税率，体现了一定的绿色税制属性，但仍存在改进空间。例如，小汽车中的中轻型商用客车适用5%统一税率，没有考虑排量因素。除此之外，在消费税中也对木制一次性筷子和实木地板税目征收了税款，在一定程度上能够增加人们消耗森林资源的成本，但是这两个税目的税率均为5%，税率较低，发挥的作用较为有限。

最后，在资源税的征收上，中国原油和天然气的税率为6%，煤的税率在2%—10%，多数省、自治区、直辖市的煤炭资源税税率低于6%，即在资源开采环节，煤炭的税负低于原油和天然气的税负，不利于税收调控作用的发挥。在中国，煤炭资源相对丰富，对其实施低税率，有利于节约能源，提高能源利用效率。然而，中国已经步入了高质量发展时期，在碳达峰碳中和的背景下，国家对节能减排的重视程度越来越高，而煤炭作为最重要的化石能源，其减排任务也越来越重。另外，在现有的资源税中，也没有将森林资源作为税种。森林作为最重要的天然碳汇，将其纳入资源税，将会提高森林资源的开采和利用成本，对保护森林资源，减少 CO_2 排放，对促进碳达峰碳中和的实现具有重要意义。

2. 缺少专门针对碳减排目标的碳税

实现碳达峰碳中和的关键在于碳减排，中国的税制中没有专门针对碳排放征收的碳税，整个税制推动碳达峰碳中和的作用有限。尽管消费税、资源税等税种可以在一定程度上起到推动节能减排的作用，但从这些税种本身的设计目的来看，它们并不是专门针对碳排放的直接调控，税收收入与二氧化碳排放之间也没有直接的联系，很难发挥出税收对碳排放的有效调控作用。碳税的开征对减少碳排放的作用在国外已被证实。如瑞典在征收能源税的基础上，于1991年开征碳税，2017年瑞典国内温室气体排放量比1990年下降了26%。英国2013年提高碳税税率之后，2017年温室气体的排放量达到了1890年以来的最低水平。[①] 但中国并没有针对碳减排目标设计税收体系，是可以考虑适时开

---

① 张莉，马蔡琛．碳达峰、碳中和目标下的绿色税制优化研究［J］．税务研究，2021（08）：12－17.

征碳税。在已经实施碳排放权交易制度的背景下，开征碳税能够发挥不可替代的协同作用。因为碳排放权交易制度有可能面临市场失灵的风险，以美国为例，其建立的首个碳排放权交易系统——区域温室气体减排行动，在2009—2013年由于交易配额严重供过于求，导致传递价格信号的功能基本丧失。与其相比，碳税在经济效率、价格稳定性、透明度方面更具优势。所以，开征碳税可以作为碳排放权交易的补充。从国际经验来看，碳排放权交易制度与碳税制度之间并不存在矛盾，将两者结合使用可以更加有效地实现碳减排目标，这两种方式也逐渐表现出了相互融合、协调配合的特征。

（三）绿色金融体系不健全

由于中国的绿色金融行业正处于起步阶段，因此还存在许多需要完善的地方。

1. 在“双碳”目标和绿色金融方面，还没有建立起一套行之有效的协调机制

绿色金融除了绿色信贷和绿色债券之外，还伴随着“双碳”的发展，出现了碳债券、碳配额回购、碳基金和碳远期等多种碳中和金融产品。但是，这些碳中和金融产品还没有形成一个统一而有效的碳排放激励约束机制。例如，如何确定发放碳债券的主体、如何确定碳排放权质押融资的质押品范围等。另外，碳中和金融市场，如碳配额交易的现货市场，期货期权等，都是需要不断改进和完善。

2. 金融工具种类单一，不能很好地解决资金需要

尤其是绿色金融工具的种类比较单一，缺乏创新性[①]。在2018—2020年，中国的绿色金融结构以绿色信贷为主，大约占到了90%的比例，而绿色债券与绿色股票加起来只有10%的比例。[②] 然而，从测算出的合理的融资结构来看，“双碳”目标下，绿色股票、绿色债券所占比例已达近40%，表明合理的绿色金融结构与实际情况有较大的背离，且在一定程度上有被压制的危险。

3. 中国绿色金融市场的信息透明度有待提高

绿色企业申请绿色信贷或“两高”企业为了转型而申请相关贷款，都应当对这些涉及碳信息相关企业建立统一的信息搜集系统，建立统一的信息平台，以此提高信息的披露程度，还为商业银行对绿色贷款等的审核提供依据。此外，金融机构需要对市场绿色金融债、绿色信贷的资金使用情况和投向进行披露，为投资项目的后续评估提供帮助。这样才能够在有效推动排污企业转型的同时促进绿色产业发展，为实现碳达峰碳中和的目标打下坚实基础。

---

① 王静．我国绿色金融发展驱动因素与进展研究［J］．经济体制改革，2019（05）：136－142.

② 谢文卓．“双碳”目标与绿色金融［J］．经济研究导刊，2022（35）：83－85.

三、碳中和金融惩罚体系的构建

（一）行政惩罚政策的构建

1. 碳排放交易市场的行政处罚的构建

从中国设立的几个碳交易市场试点省份对碳排放未履约的企业所进行的行政处罚来看，其力度还需要进一步加大。在建立全国碳交易市场背景下，应该制定出全国统一的行政处罚标准，以便各地根据实际情况进行调整。

（1）在实施行政处罚前，对碳交易市场的违法行为进行分类，扩大法律责任主体的范围，使其不仅仅局限于最受关注的重点排污单位，还包括核查单位、交易主体、主管部门等，形成联动管理机制。行政责任、民事责任和刑事责任，以及信用惩戒等多种形式。

（2）相较于排污企业排碳量未履约行为发生时所实行的固定和浮动惩罚机制，其他违规行为所受到的罚款是很轻的，最高是湖北的 15 万元，这个罚款额度可以适当提高，同时应当公布各项违规行为所接受到的惩罚情况，提高处罚信息的透明度。

（3）处理好“两高”项目是实现碳达峰碳中和目标的关键，应当严格控制这类项目的审批限制。将通过建造审批的企业和责任主体纳入碳排放交易市场中，逐年缩减其碳排放配额，在行政处罚力度上，对未履行排放约定的主体从多方面对其进行遏制，在要求整改的同时可以在原有的罚款金额基础上乘以倍数追缴罚款，再将其未履约行为纳入碳排放失信名单。

2. 碳排放信息披露的行政处罚的构建

为确保碳达峰碳中和目标的实现，应在完善碳会计制度的同时，加强碳排放、碳足迹等信息的披露，并推动对气候与环境信息的依法披露。

（1）建立健全上市公司和发债主体的气候和环境信息强制性披露制度，要求相关主体定期向有关部门披露其碳排放信息，对未按时披露者，可以制定相应的惩罚机制，例如，根据未披露信息的程度，制定多级惩罚金额。

（2）进一步推动全国环境信息统一披露平台和环境信息基础数据库建设，将监管机构、金融机构和企业环境相关信息数据收集整合，实现数据统一管理、共同分享。

（3）需要将信息披露的程度和质量作为企业等主体的碳排放考核依据，考核未达标者，有关部门在追责处罚的同时可以在财税奖励等方面给予限制，建立气候和环境信息披露成本分担机制。

（二）税收惩罚政策的构建

为促进碳达峰碳中和的顺利实现，绿色税收制度是其中不可或缺的一环。建立绿色税制，可以对碳排放、森林资源的开发利用等行为进行限制，并通过税收优惠政策来促进低碳发展。在此基础上，运用税收政策的双重调节，达到降低碳排放，提高碳汇的目的，达到碳达峰碳中和的目的。

在国际实践中，碳税一般有两种实施方式：一是在现有化石燃料相关税收基础上进行碳税化改造；二是在现有税收之外单独对二氧化碳排放征收碳税。① 在此基础上，结合中国的税制现状，作者提出实施碳税的两种可行途径。

1. 改造现行税种

由于二氧化碳排放量与化石燃料消耗之间的密切联系，碳税可以通过对化石燃料（原油、天然气、煤炭和成品油等）间接征收来体现。因此可以通过对化石燃料相关税种的改造，以二氧化碳排放量为依据进行附加征收，以达到征收碳税的目的。

从中国现有的税收体系来看，可以将资源税、消费税等税种转变为碳税。鉴于中国能源使用的主要是煤，同时考虑到天然气是一种清洁的燃料，因此，需要进行控制的矿物燃料主要是煤和成品油。具体来说，可以在现有的煤炭资源税和成品油消费税的基础上加征，并根据二氧化碳排放确定税率。

2. 设立新税种或税目

为了更加符合碳税的特征要求，直接以二氧化碳排放作为征收对象，开征名称为“碳税”的新税种。另外，由于中国现行税制中已有环境保护税税种，且其在早期制度设计上已考虑过将二氧化碳排放纳入征税范围，因而可以在环境保护税中设置二氧化碳税目，也是征收碳税的一种可能选择。

直接针对二氧化碳排放的碳税，在征管方面，可以参考现有环境保护税的制度安排，也就是在能够实时监测二氧化碳排放的情况下，按照污染物排放量征收，如果实时监测有困难，可以按照所消耗矿物燃料中的含碳量来征收。与此同时，因为直接向二氧化碳排放征收的碳税，会牵涉到纳税人对二氧化碳排放量的会计处理，因此，通常都是以排放二氧化碳的企业或单位为纳税人。

此外，鉴于中国已经在2021年启动并运营全国碳市场，碳税与碳交易在监管范围上有可能会有重合，所以需要对两者进行协调，包括合理设置碳税征税范围和税率水平、制定碳税减免等，从而确保两种手段在监管上的公平性，并使不同主体的碳排放适

---

① 许文．碳达峰、碳中和目标下征收碳税的研究［J］．税务研究，2021（08）：22-27.

用相同的碳价水平。

（三）金融惩罚政策的构建

1. 高排放高污染的金融惩罚政策的构建

（1）对高排放高污染企业实施信贷限制。为了维持正常的生产经营活动，大部分企业都有向银行借贷的习惯。因此，银行给予的贷款规模及贷款利率是企业选择信贷时需要考虑的重要依据。各级政府可以通过商业银行调节信贷的这种金融手段对管辖内需要实行碳中和等绿色转型的企业进行一定的激励或惩罚，从而促进其更好地实现既定目标。对于高排放高污染的企业而言，一般存在着产能落后、结构不合理等问题，通过压缩企业的信贷规模，即银行降低对高排放高污染企业的贷款额度以及提高对其的贷款利率，来倒逼企业淘汰其落后产能，并推进企业的资源优化配置、技术再升级，从而实现企业的优化转型。

（2）对高排放高污染企业实施碳排放抵押贷款限制。在碳中和背景下，碳排放抵押贷款是以企业碳排放权配额作为抵押品，向银行业或金融机构获取贷款的一项新的绿色信贷产品。其给予的贷款额度按照市场化原则，根据碳排放权评估价值和抵押率综合确定。如果高排放高污染企业在该年的使用期内超过了其被分配的碳排放配额，其以未来的碳排放权配额作为抵押获取信贷的额度将会受到限制，其在碳交易市场上购买出售方多余的碳配额也会受到阻碍。这在一定程度上能够激励高排放高污染企业通过改变生产结构、优化产能等方式来减少企业的污染规模，打造更为绿色的生产模式。

（3）对高排放高污染企业发行绿色债券限制。企业在发行债券时，除了对于企业自身资本等条件的限制，还需要遵循一项很重要的条件，即在公司的生产经营符合相关法律法规的规定外，本次债券募集资金的投向需要符合国家的产业政策。因此，为了有效减少高排放高污染企业的数量和规模，使其尽快实现控制碳排放及低碳的目标，政府应当严格监察高排放高污染企业发行债券募集到的资金的用途去向，对将资金用于高排放高污染项目的企业实行融资退出政策，在限制其通过发债形式募集资金数额之外也可以对行为恶劣者采取取消其之后的发债权的方式进行惩处。迫使高排放高污染企业通过结构改革和技术提升等方式实现高污染产业绿色化或者发展弥补性绿色项目，以此提升企业在环境评分系统里的信用等级，在重新获取发行债券权利的基础上，可以进一步申请绿色债券，实现企业低碳转型。

2. 信息披露的金融惩罚政策的构建

企业信息披露主要是指碳信息的披露和环境信息披露。碳信息不仅包括企业碳排放的基本信息，同时也反映了企业受到气候变化的影响和应对这种变化所做出的具体行动。环境信息则主要包括企业经营活动的直接与间接消耗、环保措施所产生的效果及投融资活动下环境影响指标等内容。

涉及企业碳信息披露的规范性文件包括国务院文件、部门文件及地方政府文件，主要有 2021 年发布的《2030 年前碳达峰行动方案》（以下简称《行动方案》）《关于统筹和加强应对气候变化与生态环境保护相关工作的指导意见》（以下简称《指导意见》）及 2022 年发布的《企业环境信息依法披露格式准则》（以下简称《格式准则》）等相关文件，这些规范性文件均对企业碳信息披露进行了一定的规定说明。《行动方案》规定，相关上市公司和发债企业要按照环境信息依法披露要求，定期公布企业碳排放信息。《指导意见》规定，鼓励企业公开温室气体排放相关信息，支持部分地区率先探索企业碳排放信息公开制度。《格式准则》规定，纳入碳排放权交易市场配额管理的温室气体重点排放单位应当披露年度碳排放实际情况、配额清缴情况及核算与报告标准等信息。

从 2022 年 2 月 8 日起，强制高排放性企业进行碳信息披露，鼓励其他企业自愿进行碳信息披露这一政策得到施行。鉴于碳排放信息与环境信息对中国实现“双碳”目标的重要性，按照上述《格式准则》规定建立统一的碳信息及环境信息披露系统，并推动其与金融机构结合起来，实现绿色数据共享是极为关键的。这可以让金融机构充分了解企业的碳排放状况和所采取的绿色行动及产生环境影响状况等，帮助其设立企业的碳信息及环境信用评价名单，以此为金融机构作出贷款业务决策提供数据支撑。

（1）利用碳信息披露考核进行信贷限制。银行等金融机构可以设置季度、年度企业绿色数据披露考核机制，对信息披露程度不同的企业实行差异化利率定价管理，对信息披露不达标的企业实行贷款利率提高政策。同时也可以依据该考核结果，在限制其普通贷款额度的同时，对已经拿到一定绿色信贷额度的企业实行额度返还政策，以此督促纳入碳排放权交易市场的排放单位做好企业的碳减排工作及企业碳信息和环境信息的披露工作，使其在考核时达到既定标准。

（2）对碳信息披露不符合要求的企业进行融资限制。对于实行强制信息披露的高排放性企业，如果其碳信息及环境信息披露不符合有关要求，政府对其要求发放债券的行为可以不允许审批通过，限制企业融资行为。同时也可以对其租赁融资进行相关限制，这可以有效阻碍其生产高污染产品，控制其发展规模，迫使这类企业通过资源再分配、老旧生产设备升级等方式减少企业排放温室气体，使其披露的碳信息及环境信息符合基本规定，以此重新获得债券发放许可。

（3）实行抽查制度，对信息不达标的企业进行融资惩罚。对于遵循自愿信息披露原则的碳相关领域企业，对其在低碳、减碳、脱碳等领域进行差异化融资支持之外，也需要一定的惩罚措施来保障没有进行信息披露的企业切实落实了相关绿色生产政策。因此，政府可以实行抽查制度，不定期抽查相关企业的碳排放等信息，对信息不达标的企业进行相应的融资惩罚，如撤销企业发放绿色债券的权利，缩减发放普通债券的规模等。这不仅能够有效监督企业在其经营期间内贯彻绿色生产理念，同时也能让其为了避免突发的检查，而自愿提供企业的碳信息及环境信息情况。

3. 碳减汇的金融惩罚政策的构建

碳汇中只明确定义了碳增汇的概念，那么，相对于碳增汇，碳减汇可以定义为对二氧化碳的减汇，即应当实行碳中和的企业没有通过碳排放交易市场或没有投资于碳资产相关行业来抵消自身超高碳排放问题。

碳减汇的现象主要会产生于高排放高能耗企业，如果没有对这些企业的排碳量进行限制以及提出以碳汇来减排的要求，降能减排的目标是难以实现的。在碳排放交易市场中，作为重点关注对象的大型能源企业和高能耗企业应当依据国家生态环境部于2020年12月31日颁布的三项碳排放权相关管理试行规则，明确企业当年的碳排放配额，及时披露当年企业碳排放量，如果实际排放量超出了政府给予的碳排放配额，企业应当购买其他企业多余的配额来弥补，或在当年期间内投资于森林碳汇等自然资源行业来抵消企业产生的超额碳排放。

一是对碳减汇企业进行信贷限制。在对企业的碳排放量建立起相应监察系统之外，还需要一定的惩罚措施来保证排污重点单位的减碳增汇项目的有效实行。对于碳排放量超额且没有及时采取抵消措施的企业，在计入银行绿色信用名单之后，可以采取降低对其的贷款额度同时适当提高贷款利率的措施，加大企业在碳排放交易市场上另购碳排放配额的成本，促使其在之后年度积极投资绿色产业，利用碳排放交易市场及时调整碳排放额度。此外，也可以限制其申请绿色贷款，以此提高企业投资绿色行业的资金要求，增进高排放高产能企业重视减碳增汇。

二是对碳减汇企业进行债券融资的限制。为了合理监测重点企业在一个年度周期内碳排放量是否在规定配额内，可以建立企业碳账户，用其整合企业碳排放、碳足迹的数据，同时将该账户与金融机构挂钩。对超额排放却未实行相应抵碳行为的企业，银行等金融机构在融资方面可以选择不接受企业的发债委托，政府可以压缩企业发行债券的规模，情节恶劣者可以取消其发债权，以此来给予碳减汇企业一定的惩罚。

三是对碳减汇企业进行碳排放考核。一些高排放高能耗企业会选择发放绿色债券来投资或发展绿色产业，如果其实际固碳量没有达到抵消排碳量的水平，政府也可以收回其发放绿色债券的权利，同时企业只有在此后的碳排放考核中都成功达标才能重新申请绿色债券。上述措施能够在一定程度上对碳减汇企业起到震慑作用，敦促其在及时做出补救的同时，明白碳增汇的重要性，只有减排固碳等手段向着碳中和的目标迈进，对企业来说才是双赢的选择，既可以增加企业额外的业务营收和利润，还可以用于抵消自身企业生产经营活动产生的超额碳排放。

第八章　碳中和金融国际合作

碳中和金融国际合作有利于实现全球碳减排目标，降低碳减排成本，促进碳市场的发展，推动全球经济的低碳转型，增强国际间的信任和合作。本章主要围绕碳中和金融国际合作这一主旨展开分析论述，具体包括碳中和金融的国际标准、市场交易和国际监管这三方面内容：首先，对碳中和金融国际标准的意义、制定和执行进行理论机制与实施路径的分析；其次，对碳中和金融市场的国际交易、壁垒和博弈情况进行探讨分析；最后，对碳中和金融国际监管的重要性、组织化和合作的挑战与问题进行对策建议分析，以期为中国碳中和在金融方面加快推进国际合作提供参考借鉴。

第一节　碳中和金融标准的国际合作

一、国际协议与框架的制定

（一）《联合国气候变化框架公约》及其《巴黎协定》

《联合国气候变化框架公约（UNFCCC）》及其《巴黎协定》是全球气候治理的基石，为国际社会共同应对气候变化提供了法律基础和行动框架。UNFCCC 自 1994 年生效以来，已有 198 个缔约方，中国于 1992 年批准加入，展现了中国对全球气候行动的承诺和支持。①《巴黎协定》作为 UNFCCC 的补充，明确了全球长期气温目标，即把全球平均气温升幅控制在工业化前水平以上低于 2℃之内，并努力将气温升幅限制在 1.5℃之内。②

中国政府承诺，二氧化碳排放力争于 2030 年前达到峰值，努力争取 2060 年前实现碳中和。这一承诺不仅体现了中国作为负责任大国的担当，也为全球气候行动提供了重

---

① 中华人民共和国外交部．《联合国气候变化框架公约》进程［EB/OL］．（2024－10－25）．https：//www.fmprc.gov.cn/wjb_673085/zfxxgk_674865/gknrlb/tywj/tyqk/201410/t20141016_7949732.shtml.

② 新华社．特稿：《巴黎协定》首次全球“大考”中国“答卷”尽显大国担当［EB/OL］．（2023－12－15）．https：//www.gov.cn/yaowen/liebiao/202312/content_6920369.htm.

要动力。据英国剑桥计量经济学会预测，中国的减排承诺可将全球升温水平拉低 0.25 摄氏度左右，对解决全球气候问题作出了重要贡献。

（二）国际碳市场机制的建立

国际碳市场机制的建立是实现全球碳中和目标的关键途径之一。通过碳排放交易体系（ETS）的建立和连接，可以形成全球统一的碳价格信号，促进跨国界的碳减排合作。欧盟碳市场作为全球最大的碳市场，其经验为中国碳市场的发展提供了借鉴。[①] 中国于 2021 年 7 月 16 日启动全国碳市场，首批纳入 2162 家发电企业，覆盖约 45 亿吨二氧化碳排放量，成为全球规模最大的碳市场之一。

碳市场的建立不仅有助于内部减排，还能促进国际合作。通过碳信用和碳抵消项目的国际认可，可以激励各国采取更加积极的减排措施。例如，中国与多个发展中国家签署气候变化南南合作谅解备忘录，提供支持以提高应对气候变化的能力。中国在国际碳市场机制的建立中发挥着重要作用。通过参与全球碳市场，中国不仅可以推动国内减排技术的发展和应用，还能通过国际合作促进全球碳中和目标的实现。随着中国碳市场的逐步成熟和国际化，中国有望在全球碳定价和碳金融领域发挥更大的影响力。[②]

二、绿色金融标准的统一与互认

（一）绿色分类标准的统一

在推动全球绿色金融发展的过程中，统一绿色分类标准显得尤为重要。中国积极参与国际合作，致力于推动绿色分类标准的统一。这一进程不仅有助于降低跨境绿色资本流动的障碍，还能确保全球绿色金融产品的一致性和可比性。

中国人民银行发布的《绿色债券支持项目目录（2021 年版）》显示，中国已在绿色债券领域实现了与国际标准的对接，删除了化石能源清洁利用相关项目，进一步推动了国内外绿色金融标准的一致性。[③] 此外，中国与欧盟共同发布的《中欧可持续金融共同分类目录》是实现中国可持续金融标准与国际接轨的重要一步，为绿色金融产品的国际流通提供了重要参考。

---

① 北京日报．欧洲碳定价工作小组主席：推动全球碳定价机制，中国至关重要［EB/OL］．（2021 - 07 - 19）．https：//finance. sina. com. cn/roll/2021 - 07 - 19/doc - ikqcfnca7708609. shtml.

② 经济日报．绿色金融政策体系更加成熟［EB/OL］．（2024 - 04 - 25）．https：//www. gov. cn/zhengce/202404/content_6947402. htm.

③ 中国人民银行等．绿色债券支持项目目录（2021 年版）［EB/OL］．（2021 - 04 - 02）．http：//camlmac. pbc. gov. cn/goutongjiaoliu/113456/113469/4236341/2021042115215612655. pdf.

（二）ESG 标准的国际协调

环境、社会和治理（ESG）标准作为衡量企业和投资项目可持续性的重要依据，在全球范围内得到了广泛应用。中国在 ESG 标准的国际协调方面发挥着积极作用，通过参与国际合作，推动 ESG 标准的国际统一和互认。在中国证监会发布的《碳金融产品》行业标准（JR/T 0244—2022）中明确了碳金融的定义与范围，并规定了碳金融产品的实施要求，这为 ESG 标准的国际协调提供了中国视角和实践基础。同时，中国也在推动 ESG 信息披露的国际化进程，超过 20 家中国金融机构采纳了气候相关财务信息披露工作组（TCFD）建议，这表明中国在 ESG 信息披露方面的国际协调上取得了实质性进展。

在 ESG 标准的国际协调中，中国不仅关注标准的制定，还重视标准的实施和监督。通过与国际组织的合作，中国在提升 ESG 信息披露质量和促进国际投资者对 ESG 信息的理解方面发挥了重要作用。例如，中国工商银行预发布的"'一带一路'绿色金融（投资）指数"就是中国在推动 ESG 标准国际化方面的具体实践之一。①

三、碳足迹与碳核算方法的国际标准化

（一）碳足迹核算方法的统一

碳足迹核算方法的统一是实现全球碳中和目标的关键一步。中国在推动碳足迹核算方法的国际标准化方面发挥了积极作用。根据清华大学经济管理学院碳足迹核算报告（2023），中国已经自发开展了年度碳足迹核算与报告工作，以全面掌握自身温室气体排放现状，并探索低碳绿色的发展方式。

在全球层面，中国参与了国际标准化组织（ISO）的工作，推动 ISO 14064 等国际标准的制定和实施，这些标准为组织和企业核算碳足迹提供了指导和框架。此外，中国还与其他国家合作，共同推动碳足迹核算方法的统一，以确保全球范围内碳排放数据的可比性和透明度。

（二）碳核算标准的国际认可

碳核算标准的国际认可对于建立全球统一的碳减排量核算体系至关重要。中国在这方面取得了显著进展。例如，中国生态环境部提出的 GB/T 24067—2024《温室气体 产

---

① 中国工商银行带路绿色指数课题组．"一带一路"绿色金融（投资）指数研究［EB/OL］．（2023－09－26）．https：//v. icbc. com. cn/userfiles/Resources/ICBC/haiwai/StandardBank/Download/2020/Investmentindex_cn. pdf.

品碳足迹 量化要求和指南》国家标准，借鉴了 ISO 14067 国际标准，并与国际生命周期评价标准（GB/T 24040 和 GB/T 24044）保持一致，为产品碳足迹核算方法和数据国际交流互认奠定了基础。

中国还积极参与国际碳核算标准的制定和推广，通过国际合作和交流，推动国内外碳核算标准的对接和互认。这一进程不仅有助于提高中国在全球碳核算领域的话语权，也为全球碳中和目标的实现提供了坚实的技术支撑和数据保障。

四、跨国界碳中和金融产品的开发与推广

（一）碳中和债券和贷款

碳中和债券和贷款作为绿色金融的重要组成部分，在全球范围内得到了快速发展。中国在这一领域的创新和推广尤为引人注目。中国人民银行数据显示，2023 年末，中国绿色债券存量约 2 万亿元人民币，居世界第二位。[①] 这表明中国在碳中和债券和贷款方面取得了显著进展，为全球气候融资提供了重要支持。

碳中和债券和贷款的推广，不仅有助于引导资金流向绿色低碳项目，还能促进经济社会的绿色转型。中国绿色金融委员会指出，中国绿色债券市场的发展，特别是碳中和债券的发行，已经成为推动全球绿色金融发展的重要力量。此外，中国还积极推动绿色信贷的发展，2023 年末，中国本外币绿色贷款余额约 30.08 万亿元人民币[②]，存量规模居世界第一位。

在全球范围内，中国与多个国家和地区开展合作，推动碳中和债券和贷款的跨国界发展。例如，中国与欧盟共同发布的《可持续金融共同分类目录》为全球投资者提供了一致的绿色投资标准，促进了跨境绿色资本流动。

（二）碳金融衍生品的创新

碳金融衍生品的创新是实现碳中和目标的另一关键途径。中国在碳金融衍生品领域的探索和创新，为全球碳市场的发展提供了新的思路和工具。中国证监会发布的碳金融产品行业标准（JR/T 0244—2022）明确了碳金融衍生品的定义与范围，包括碳远期、碳期货、碳期权、碳掉期、碳借贷等。

---

① 何青，胡通，梁柏林．金融服务新质生产力发展：历史经验与中国启示［J］．当代财经，2024（07）：59－70.

② 中华人民共和国中央人民政府．中国绿色贷款余额超 30 万亿元［EB/OL］．（2024－01－07）．https：//www.gov.cn/lianbo/bumen/202401/content_6928561.htm.

碳金融衍生品的创新，为市场参与者提供了多样化的风险管理工具，有助于对冲碳价波动风险，实现套期保值和投机等操作。例如，碳期货可以为控排企业提供低成本、高效率的风险管理手段，通过提前锁定未来履约所需的配额数量及配额价格，有效对冲碳价波动风险。

中国在碳金融衍生品的创新方面已经取得了一定的进展。例如，广州期货交易所已经将碳排放权品种列入正在研发上市的期货品种之一，备受市场瞩目和期待。这表明中国在碳金融衍生品的创新和推广方面具有积极的探索精神，为全球碳市场的发展提供了新的动力。

五、碳定价机制的国际协调

（一）碳税和碳交易价格的国际协调

碳税和碳交易价格的国际协调是实现全球碳中和目标的关键。不同国家和地区在碳定价机制上的差异可能导致碳泄漏和市场竞争扭曲，因此，国际社会正努力推动碳定价机制的协调。

国际货币基金组织（IMF）数据显示，全球已有超过 30 个国家和地区实施了碳税政策，覆盖二氧化碳排放总量达 300 亿吨。[①] 然而，各国碳税税率差异巨大，从 1 美元/吨二氧化碳到 137 美元/吨二氧化碳不等，这种差异性给国际协调带来了挑战。

中国在推动碳定价机制国际协调方面发挥着积极作用。中国已启动全国碳市场，并在 2021 年推出碳排放权交易，首批纳入 2162 家发电企业，覆盖约 45 亿吨二氧化碳排放量。中国的碳市场建设不仅有助于国内减排，也为国际碳定价机制提供了重要参考。

在全球层面，中国积极参与 G20、联合国气候变化框架公约（UNFCCC）等多边机制下的碳定价政策讨论，推动建立公平、有效的国际碳定价机制。中国还与欧盟等地区在《可持续金融共同分类目录》等方面开展合作，推动绿色金融标准的国际互认，为碳定价机制的国际协调提供了实践基础。

（二）碳关税政策的制定与实施

碳关税政策是应对碳泄漏、促进全球碳中和目标实现的又一工具。欧盟提出的碳边境调节机制（CBAM）是全球首个碳关税提案，计划于 2026 年对碳排放限制相对宽松的国家和地区的进口商品征收相关税收。

---

① IMF. Global Carbon Tax Revenue [EB/OL]. (2021-04-01). https://www.imf.org/en/Publications/WP/Issues/2021/04/01/global-carbon-tax-revenue.

中国作为全球最大的贸易国，对碳关税政策的制定与实施给予了高度关注。中国在推动国内“双碳”战略的同时，也在积极参与国际对话，以确保国际贸易规则的公平性和合理性。中国强调，碳关税政策应遵循世界贸易组织（WTO）规则，避免成为贸易保护主义的工具。①

在应对碳关税方面，中国正通过提升国内绿色技术和产业竞争力、优化能源结构、加强国际合作等措施，增强自身在全球碳定价机制中的话语权和影响力。同时，中国也在探索建立与国际接轨的碳市场和碳税政策，以减少碳关税对国内产业的潜在影响。

六、技术转移与能力建设

（一）绿色技术的国际转移

绿色技术的国际转移是中国参与全球气候治理、推动绿色低碳发展的重要途径。通过技术转移，中国不仅能够引进先进的绿色技术，还能将自身的绿色技术创新成果分享给其他发展中国家，以实现共同的可持续发展目标。

中国科技部数据显示，中国已与40个发展中国家签署了48份气候变化南南合作谅解备忘录，通过合作建设低碳示范区、开展减缓和适应气候变化项目、组织能力建设培训等方式，为其他发展中国家提供支持。这些合作项目不仅包括了绿色技术的转移，还涵盖了技术的应用、推广和管理，有效提升了相关国家的绿色发展能力。

此外，中国在绿色技术领域的专利申请量也在不断增加，显示出中国在绿色技术创新方面的活跃度。世界知识产权组织（WIPO）的数据，中国的绿色技术PCT专利申请数量在不断增长，尽管与领先国家还存在一定差距，但增长势头强劲。这些专利技术的成功转移和应用，将进一步推动全球绿色低碳技术的普及和发展。

（二）能力建设

能力建设是实现碳中和目标的关键环节，特别是在发展中国家。中国在能力建设方面采取了多种措施，以提升国内外相关方在碳中和金融领域的专业能力和管理水平。

在国内，中国通过建立绿色金融改革创新试验区、推动绿色金融标准体系建设、培养绿色金融人才等措施，加强了绿色金融领域的能力建设。例如，中国人民银行发布的《绿色债券支持项目目录（2021年版）》和《金融机构碳核算技术指南（试行）》等，为金融机构提供了明确的指导和标准，促进了绿色金融业务的规范化和专业化发展。

---

① Brenton P, Chemutai V. The Trade and Climate Change Nexus: The Urgency and Opportunities for Developing Countries [M]. Washington, DC: World Bank, 2021.

在国际层面，中国积极参与全球气候治理和国际合作，通过南南合作、“一带一路”倡议等平台，为发展中国家提供技术支持和能力建设援助。这些措施包括技术培训、政策咨询、经验分享等，旨在帮助这些国家提升应对气候变化的能力，实现绿色低碳转型。

七、碳中和金融国际标准的意义

全球碳中和已经成为人类共同追求的目标，而要实现这一目标，仅靠政府与企业的努力是远远不够的。有效的资金与金融体系支持是关键所在。因此，建立统一的碳中和金融国际标准，将在多个层面发挥至关重要的作用。正如马克·卡尼在《绿色金融改革》中所指出的，“金融体系如何融入气候变化因素，将决定我们应对这一全球性挑战的速度与规模。”因此，要想实现人类的最高追求——碳中和，构建一个统一高效的碳中和金融体系至关重要。这体系所依托的核心无疑就是一致并具有约束力的碳中和金融国际标准。

碳中和金融国际标准的制定与实施，是全球碳中和进程中不可或缺的一环，它将发挥多方面的重要作用，引领全体行动，优化资源，降低困难，为共同追求的最高目标注入持续动力。这需要全球金融体系内外的广泛参与合作，共同推动这一进程向前迈进。具体而言，碳中和金融国际标准的重要意义在于：

（一）促进全球绿色金融市场发展

碳中和金融国际标准要求金融机构与上市公司定期披露温室气体排放和气候相关财务信息，提高信息透明度和可比性，有助于降低投资者的信息搜集与判断成本，增强市场对绿色产品与资产的信心，推动更多社会资金投向绿色金融市场。同时，标准实施有助于建立统一的绿色分类与评级体系，明晰市场发展方向，规范产品发行流程和要素定价规则，降低机构参与的准入门槛和运营成本，形成规模效应，促进全球绿色金融市场蓬勃发展。

（二）增强金融体系管理气候风险能力

碳中和金融国际标准要求金融机构识别、评估和披露与气候变化相关的风险，并采取相应管理机制与应对措施。这有助于金融机构提高对气候变化导致市场混乱和物理损失造成金融风险的认识，不断优化风险管理流程与应急方案，确保业务连续性。同时，各机构自主管理与信息共享也能促进整个金融体系抵御气候风险的协同能力，增强系统稳定性。

（三）支持各国实现碳中和目标

碳中和金融国际标准的实施，有利于通过金融创新与机制激励增加私营资本对支持各国实现碳中和目标的低碳项目和产业的投融资。特别是对发展中国家而言，碳中和金融可以补充政府财政资金短缺，加速应用更为先进的低碳技术和新能源，推进产业结构调整与升级，最终达成各项温室气体减排目标。同时，随着国别上更广范围实施，碳定价与排放权交易也将形成国际联通的碳市场，为碳交易链接提供基础。

八、碳中和金融国际标准执行的挑战与应对

（一）碳中和金融国际标准执行的挑战

碳中和金融国际标准的制定打开了全球金融转型之门，但要推动这扇大门洞开，执行是关键所在。没有有效执行机制的政策与标准毫无意义。事实上，任何政策与标准都需借助执行机制的推动与实施才能发挥实效。而对碳中和金融国际标准的执行，也面临着种种难点与挑战，这些难点与挑战，如若不能予以应对，将严重影响标准的实施效果与全球范围内碳中和金融体系的转型。要实现这一转型，须共同理解标准的内涵与要义，这必然需要全球范围内对标准的共识与学习。同时，还需要政策监管与技术手段的支持，以推动机构与市场改革并实施标准。而除此之外，还需要投入大量资金与人力，为这个领域的发展和规范实施提供有力保障。然而，现实情况是，这些前提条件还远未具备，种种难点也因此产生。

首先，碳中和金融国际标准的制定需要各国之间的合作与协调，但是由于各国在碳减排方面的政策、法规和标准存在差异，国际标准的统一性和协调性成为一个难点。此外，由于不同国家的经济、社会和文化背景不同，也会影响到国际标准的实施和执行。例如，在国际贸易中，碳中和与此交互影响，各国会因国际贸易规模效应、技术效应和结构效应去影响碳中和金融标准，同样考虑碳税或碳排放交易机制或者两者结合等碳中和金融工具对国际贸易的限制影响，导致国际标准难以统一。①

其次，标准制定的技术问题也是碳中和金融国际标准执行的难点之一。碳中和金融产品的复杂性和多样性，以及涉及的领域广泛，如碳市场、碳交易、碳减排等，导致标准制定的过程中存在一定的技术难题和难点。例如，如何确定碳减排的计算方法和标准，如何评估碳中和金融机构的认证和评估要求，如何评估碳排放许可证在国际贸易中

① 余建辉，肖若兰，马仁锋，张文忠．国际贸易“碳中和”研究热点领域及其动向［J］．自然资源学报，2022，37（05）：1303－1320.

的有效性、如何优化碳会计与碳核算方法以及如何设计全球碳减排最优模型预测等。

再次，各国政策、法规和标准的差异问题也是碳中和金融国际标准执行的难点之一。由于各国在碳减排方面的政策、法规和标准存在差异，碳中和金融国际标准的实施和执行也存在一定的困难。例如，一些发达国家可能对碳中和金融产品的认证要求较高，而一些发展中国家则可能对碳中和金融产品的认证要求较低。这需要在利益冲突中寻找国际碳治理合作的“最大公约数”，努力推动全球、区域碳治理，注重全球碳排放交易市场的公平性与差异性。①

最后，标准实施的监督和管理问题也是碳中和金融国际标准执行的难点之一。碳中和金融国际标准的实施需要各国政府和社会机构的监督和管理，但是由于各国监管机制的不同，这也会导致标准实施的监督和管理存在一定的问题。例如，一些国家可能缺乏有效的监管机制和手段，导致碳中和金融产品的认证和评估存在漏洞和不完善的情况。

除了上述几个方面外，碳中和金融国际标准执行还存在其他的难点和挑战，如标准的更新和升级、标准的成本和效益等问题。这些问题需要各国政府、社会组织和企业共同努力，才能推动碳中和金融国际标准的顺利实施和执行。

（二）碳中和金融国际标准执行的应对措施

碳中和金融国际标准的提出立意良善，旨在引导全球金融体系向低碳经济转型，这需要标准的深入贯彻与有效执行。执行涉及具体行动与举措，需要在政策、技术、教育、投资与机制等各层面采取必要措施，为标准实施创造条件，推动各机构切实行动起来。碳中和金融国际标准执行的措施主要包括：

一是制定更加清晰和连贯的政策框架。这包括出台相关法规政策以提供制度保障，建立统一的标准实施路线图与时间表，明确各部门和机构的责任与要求等。政策框架的完善有助于引导市场行为和资源配置。

二是开发更加高效的工具和技术手段。这包括构建科学的碳足迹评估模型与标准，开发便捷的信息披露平台，建立全面准确的环境数据基础等。这些有助于准确测算机构的碳风险，识别高质量的绿色资产，为决策与投资提供基础。

三是加大人才培养和教育投入。这包括开展系统的专业培训，鼓励高校和研究机构开设相关课程，资助开展应用研究等。充足的专业人才有助于政策制定，标准实施，市场创新等。

四是增加资金投入和资源配置。这包括增加对关键标准实施项目的资金支持，优化

① 余建辉，肖若兰，马仁锋，张文忠．国际贸易“碳中和”研究热点领域及其动向［J］．自然资源学报，2022，37（05）：1303－1320.

财政税收政策以鼓励私营部门投资等。充足的资金有助于基础设施改造，新技术研发，项目支持等。

五是建立科学的激励机制和评估体系。这包括对金融机构的绿色信贷、保费等提供优惠，对上市公司的 ESG 信息披露进行评级等。良好的机制设计可以调动各方积极性，鼓励其切实采取行动。

各国在标准执行措施的落实上还存在较大差异，这使得全球范围内的共同推进面临困难。这需要各方加强交流与合作，共同研究在现实环境下如何高效执行这些标准要求，推出具有普遍意义与可操纵性的解决方案。这需要相关机构和政府部门携手并进，加速构建统一的标准实施路径，营造有利环境。

综上所述，在全球范围内实现碳中和目标的过程中，国际合作发挥着至关重要的作用。中国作为全球气候治理的重要参与者，通过积极参与国际协议与框架的制定、推动绿色金融标准的统一与互认、促进碳足迹核算方法的国际标准化、开发跨国界碳中和金融产品、协调碳定价机制以及推动绿色技术的国际转移和能力建设等方面，展现了其在全球碳中和行动中的领导力和责任感，为全球碳中和目标的实现贡献了中国智慧和中国方案。

第二节　碳中和金融市场交易的国际合作

一、碳中和金融市场国际交易情况

（一）碳中和证书交易情况

随着全球碳中和目标的提出，碳中和金融市场的国际交易变得日益活跃。碳中和证书作为这一市场的核心，其交易情况备受关注。碳中和证书是指企业或国家通过项目实施减少温室气体排放，并由第三方机构核查认证后发放的证书，可作为商品在国内和国际市场上交易。例如，世界银行旗下的“碳资本市场”就是以碳中和证书为基础的交易平台之一。在欧盟碳市场、纽约碳市场等碳交易市场，碳中和证书也得到了广泛应用。据世界银行统计，2021 年碳信用市场同比增长了 48%，国际、各国国内和第三方独立自愿减排机制签发的总碳信用数量从 3.27 亿吨增加到 4.78 亿吨，是继 2012 年以来碳信用签发增长量的又一峰值。①

---

① World Bank. State and Trends of Carbon Pricing 2022 [EB/OL]. (2024 - 11 - 09). https://www.esma.europa.eu/sites/default/files/2024 - 10/ESMA50 - 43599798 - 10379_Carbon_markets_report_2024.pdf.

（二）碳信用交易情况

碳信用交易是指企业或国家通过减少温室气体排放来获得碳信用，并在碳交易市场上进行交易的行为。碳信用的本质是一种权利或许可证书，允许企业或国家在碳交易市场进行买卖。碳信用交易主要在欧洲、美国和中国等地开展。例如，欧盟碳市场中的碳信用就是一种可以在市场上进行交易的资产，其价值取决于市场供求关系。据 Ecosystem Marketplace 2022 年报告统计，截至 2021 年底，在全球自愿碳市场的交易量接近 5 亿个碳信用中，76% 是由 VCS 签发的碳信用。其 2021 年的报告也指出，2021 年 1—8 月第三方独立自愿减排机制碳信用交易额超过 7.48 亿美元，且交易量达 2 亿吨，比 2020 年全年高出 27% 。①

（三）碳配额交易情况

碳配额交易是指将企业或国家的温室气体排放上限转化成碳排放配额，并在国内或国际市场上交易的行为。碳配额是指企业或国家根据国家减排计划所分配的温室气体排放量上限，对应的碳排放量量化后的数字。碳配额交易主要是在欧洲、中国和日本等地区开展。例如，欧盟碳市场中的碳配额就是一种可以在市场上进行交易的资产。碳配额交易的活跃度和价格波动反映了市场对碳排放控制的预期和实际减排成本。据中国生态环境部发布的《全国碳市场发展报告（2024）》显示，全国碳市场年覆盖二氧化碳排放量约 51 亿吨，已成为全球覆盖温室气体排放量最大的碳市场。截至 2023 年底，全国碳市场配额累计成交量与成交额分别达 4.42 亿吨和 249.19 亿元，第二个履约期成交量与成交额较第一个履约期上涨 47.01% 和 125.26% ，2023 年底收盘价达 79.42 元/吨，进入 2024 年呈显著上升趋势，于当年 4 月首度突破 100 元/吨，市场交易规模逐步扩大、交易价格稳中有升。②

二、碳中和金融市场国际壁垒

（一）国际碳市场的壁垒及原因

国际碳市场的壁垒主要体现在发达国家通过立法形式设置的碳边境调节机制

---

① Ecosystem Marketplace. The Art of Integrity Ecosystem Marketplace's state of the Voluntary Carbon Markets 2022 Q3 [EB/OL]. (2024 - 11 - 12). https://www.ecosystemmarketplace.com/publications/state - of - the - voluntary - carbon - markets - 2022/.

② 中华人民共和国生态环境部．全国碳市场发展报告（2024）[R/OL]. (2024 - 07 - 22). https://big5.mee.gov.cn/gate/big5/www.mee.gov.cn/ywdt/xwfb/202407/W020240722528848347594.pdf.

(CBAM) 上，这一机制通常被称为碳关税。CBAM 的建立主要有三个方面的原因：

1. 应对碳泄露问题

自 20 世纪 90 年代全球化和国际分工导致高污染、高排放产业从发达国家向发展中国家转移，欧盟等发达国家认为自身严格的减排目标和措施容易被其他国家的高碳排放所抵消，从而产生全球碳减排计划的“泄漏点”。①

2. 保护本土产业竞争力

某些产品因欧盟碳交易市场 EU - ETS 增加了碳成本，而外来同类产品却不存在这种成本，导致了不平等竞争。欧盟通过征收碳关税确保进口产品与本土产品承担相同的碳排放成本，保护本土产业竞争力，防止产业外迁和转移。②

3. 建立全球碳排放交易体系

通过征收碳关税，欧盟意图将自己的碳市场价格引入全球市场，加强其在应对气候变化方面的全球领导地位，并成为全球碳标准的制定者，影响全球碳市场走向。

（二）碳关税对全球贸易的影响

欧盟 CBAM 的实施将对全球贸易产生深远影响。首先，它可能增加全球贸易摩擦风险，特别是在“逆全球化”和贸易保护主义兴起的背景下，CBAM 可能演变成新的贸易保护工具。其次，CBAM 可能加剧全球经济失衡，发达国家在绿色产业和技术方面的优势将进一步放大。此外，对新兴经济体的经济社会产生重大影响，降低这些国家工业产品的价格优势和国际竞争力。最后，CBAM 将推动全球绿色科技发展和创新，加剧各国在新能源、绿色材料等领域的竞争。

（三）碳壁垒对中国对外贸易的挑战

中国作为全球最大的碳排放国和贸易国，欧盟 CBAM 的实施对中国产生了一系列挑战。首先，直接影响贸易，对中国向欧洲出口产生负面影响，尤其是高能耗、高碳、低附加值产品。其次，影响产业迁移，构成产业升级的“低端锁”。再次，CBAM 对中国的外部发展环境造成潜在的负面影响，违反了 WTO 最惠国待遇原则和约束税率，鼓励单边主义和保护主义。最后，给中国信息安全带来隐患，CBAM 要求出口商配合碳排放信息的生产，可能涉及数据泄露滥用的风险。

面对这些挑战，中国需要采取一系列应对策略，包括提升能效和减排水平、加大绿

---

① 张晓欣．欧盟 2026 年全面起征碳关税［J］．生态经济，2023，39（02）：1 - 4.
② 刘元春，郝大鹏，霍晓霖．碳中和经济学研究新进展［J］．经济学家，2022（06）：5 - 15.

色项目投资力度、严格规范报告并信息公开透明、企业积极与政府合作以及加快技术创新和转型升级，以适应欧盟碳关税的要求，减轻其对中国经济和贸易的潜在影响。

三、碳中和金融市场国际博弈

（一）碳中和金融市场国际合作中的主要博弈

在碳中和金融市场的国际合作中，全球各国至少面临以下三大博弈：

1. 国际规则的博弈

基于碳中和的国际规则尚未统一，各国立足于自身发展难以形成共识。发达国家尤其是欧盟掌握了先发制人的优势和较强的气候规则话语权，国际气候治理的绝大多数标准和规则均由欧盟提出。《京都议定书》和《巴黎协定》两项关键协议都依赖于自愿原则，缺乏约束力，各有侧重的国家性政策路径将使得国际规则的全球统一落实难上加难。

2. 碳排放目标的博弈

各国对分配减排责任存在分歧，尤其体现在碳减排目标的确立上。欧盟认为，为了控制升温在2℃以内，应计算出全球剩下的排放空间，然后根据各国不同的责任和能力进行分配。然而，这种方法最大的缺陷是没有各国都认可的公平的分配标准。以美国为首的“伞形集团”国家认为应当通过自下而上的模式，由各国根据各自国情和能力，自愿提出减排目标，并通过国际层面的核实机制确保透明度。

3. 技术竞争的博弈

全球各国低碳技术的路径并不一致，且技术成熟度均有差异。全球正在运行的“碳捕集利用与封存技术（CCUS）”设备有65个，2020年新增的17个项目中美国占比约71%，凸显出美国在CCUS领域的投资优势。美国、欧盟等发达国家均已明确对CCUS技术的资本投入力度，碳捕集能力也十分突出，而印度、中国等发展中国家仍处于初步部署阶段，有待持续加大研发力度，与发达国家缩小技术差距。

（二）碳中和金融市场国际合作中可采取的博弈策略模型

1. 碳中和金融发展中的“囚徒困境”模型

在碳市场中，由于存在信息不对称、行为协调困难等问题，导致参与者难以有效合作，进而影响市场运作和目标达成。可能表现为：一是缺乏信任，市场参与者之间缺乏信任，担心其他方不遵守规则或承担责任，导致难以形成合作关系；二是缺乏共识，各方对碳排放定价、减排目标等问题意见不一，难以达成共识，影响市场稳定和发展；三是信息不对称，市场参与者获取信息的成本高昂，导致信息不对称，一些参与者可能受限于信息不足而无法作出理性决策；四是激励机制不足，缺乏有效的激励机制，不能有效促使市场参与者采取减排行动，导致碳减排效果有限。

2. 碳中和金融发展中的完全信息静态博弈模型

以中美作为博弈的理性参与双方，进行完全信息静态博弈分析，得到中国与美国的完全信息静态博弈形式。由表 8－1 中的支付矩阵可知，中国和美国各有合作和不合作两种策略选择，合作即美国等发达国家通过资金和技术支持来帮助中国等发展中国家减排，同时中国也会采取相应措施帮助美国等发达国家完成相应的减排任务，从而为中美双方带来收益 m、n；如果一方选择合作，而另一方选择“搭便车”时，合作方会付出 －n 的损失，同时不合作方会得到 p 的收益；如果双方都选择不合作，收益都将为 0。显然，此博弈存在两个纯策略均衡（合作，合作）与（不合作，不合作），但前者帕累托明显优于后者。

表 8－1　　中国—美国完全信息静态博弈支付矩阵

美国＼中国	合作	不合作
合作	(m，n)	(－n，p)
不合作	(p，－n)	(0，0)

3. 基于减排责任共担的中国碳中和金融单人博弈模型

单人博弈不存在博弈方对博弈中仅有的一个参与者的反应和作用。它是一个求解最优化的问题，即参与人在想取得最大收益时所采取的策略。为了实现中国碳中和金融的长远发展，必须选择共担减排责任。中国碳中和金融的发展处于短期经济利益与长期碳中和金融发展利益的冲突之中。如果选择共担减排责任，就要为减排任务付出经济代价。如果选择不共担中国的碳中和金融市场将面临风险，这可以看作是一个人的不完全信息博弈问题。中国作为唯一的博弈主体，在作出“共担”或“不共担”的决策时，必须根据自己的国情作出选择，尽管来自发达国家的竞争非常激烈。当决策达到贝叶斯均衡时，就达到了博弈的最优状态。

（三）碳中和金融市场国际合作中的主要壁垒及原因

国际碳中和金融市场的发展面临着多种壁垒，这些壁垒不仅影响了市场的效率，也对全球减排努力产生了阻碍。以下是国际碳中和金融市场的主要壁垒及原因：一是政策和法规差异明显：不同国家在碳排放政策和法规上存在差异，这导致了国际碳市场的分割。例如，欧盟的碳市场与美国的碳市场在规则和标准上不一致，这限制了碳信用在全球范围内的流动和交易。二是技术标准和认证机制不同：低碳技术的评估和认证在不同国家有不同的标准，这增加了跨国交易的复杂性和成本。技术标准的不统一也限制了碳中和金融市场的发展。三是市场流动性不足：由于参与主体的限制和市场规模的限制，国际碳市场的流动性不足，影响了价格发现机制和市场效率。特别是在发展中国家，由于市场参与者数量有限，市场流动性问题更为突出。四是信息不对称和透明度不足：国际碳市场中的信息不对称问题严重，许多市场参与者难以获取准确的碳排放数据和交易信息，这增加了交易成本和风险。五是贸易保护主义：一些国家通过设置碳边境调节机制（CBAM）等措施，实际上增加了贸易壁垒，保护本国产业，这不仅影响了国际贸易，也对全球碳减排努力产生了负面影响。

那么，碳关税是公平竞争还是贸易壁垒呢？碳关税也就是碳边境调节机制（CBAM）①，主要有两方面的作用：一是碳关税主要被用于降低碳泄漏商②，二是碳关税能够保护本国厂商的国际竞争力，其中环境破坏成本和产品生产成本高的国家更倾向于征收高额碳关税。③ 欧盟碳关税的收取方式是一种碳市场和碳税相结合的方式，与关税一样，收费方是进口方，也就是欧方的进口公司。收费价格并不固定，而是与欧盟的碳价挂钩，因为欧盟碳价随时都在变，所以碳关税的价格也会随之变化。依据现有方案，进口产品的碳排放按照 EU - ETS 规则扣除免费配额后，再扣除该产品在出口国已经支付的碳成本就是最终要交的碳关税。虽然欧盟收取碳关税的方法看似公平，但是由于碳市场和碳税两种碳定价方式本身性质的冲突和碳排放计算方式的不同等方面，碳关税政策无疑是美国、欧盟等发达国家针对来自像中国出口依赖度高的这类发展中国家的能源密集型进口产品设置的一种新型贸易壁垒。美国、欧盟正在试图通过立法方式将碳关税合法化，碳关税是这些发达国家实施新贸易保护主义的阴谋，这个政策一旦实施，中国必定是这场战争中最大的受害者，会对中国的出口、贸易格局、国内经济等造成很大的波动。④

（四）碳中和金融市场国际碳关税的影响

欧盟加征碳关税后，会对全球贸易和世界经济发展产生巨大影响。一是全球贸易摩擦风险进一步加大。2016 年以来，“逆全球化”和贸易保护主义兴起。欧盟碳关税实施后，很容易演变成新的贸易保护工具，进一步增加全球贸易摩擦的风险。除此之外，欧

---

① 刘元春，郝大鹏，霍晓霖．碳中和经济学研究新进展［J］．经济学家，2022（06）：5 - 15.

② Larch M，Wanner J. Carbon tariffs：an analysis of the trade，welfare and emission effects［J］．Journal of International Economics，2017，109（11）：195 - 213.

③ 杨仕辉，熊竞邦．碳关税贸易效应的博弈分析［J］．首都经济贸易大学学报，2015，17（02）：59 - 66.

④ 李华．“碳关税”经济效应研究及中国的应对策略［J］．会计之友，2018（15）：7 - 13.

盟的碳关税也将为其他发达国家树立一个错误的“榜样”，加速其他发达国家碳关税政策制定和实施的进程，并为未来全球贸易带来更多不稳定因素。二是将进一步加剧全球经济失衡。发展中国家在绿色技术研发、绿色产业发展等方面与发达国家存在较大差距。实施碳关税后，发达国家在绿色产业和技术方面的优势将进一步放大，增强其对全球经济的收割能力，加剧全球经济失衡。三是将对新兴经济体经济社会发展产生重大影响。受资源禀赋、产业转移和全球分工的影响，制造业特别是化工、钢铁、水泥等高排放产业是许多新兴经济体的主要支柱产业。碳关税政策实施后，将降低这些国家工业产品的价格优势和国际竞争力，对其产业结构、社会就业和经济发展产生巨大影响。

欧盟作为中国重要的贸易伙伴，征收碳关税必然会对中国经济产生一定影响。一是中国向欧洲出口产生负面影响。中国对外贸易占 GDP 比重较大，出口商品多为高能耗、高碳、低附加值产品。中国的贸易很可能是受影响最大的国家之一。征收碳关税将对中欧贸易特别是欧洲出口产生负面影响，通过传统的跨境产业转移难以避免相关碳关税安排。二是影响产业迁移，构成产业升级的“低端锁”。欧盟拟议的碳关税将有利于已经拥有绿色低碳基础设施的欧盟国家，并遏制全球制造业向包括中国在内的发展中国家转移。中国虽然已经是制造业大国，但往往处于高能耗、高污染、人力密集型、低利润率的环节。全球价值链地位仍有待提升，正处于向制造业强国转型的关键阶段。对中国出口产品征收碳关税，将使中国难以通过低成本承接发达国家的中高端制造业，不利于中国低碳技术应用的发展。三是多边贸易规则和全球协调行动，对中国的外部发展环境造成潜在的负面影响。碳关税将导致欧盟对不同国家征收不同的关税税率，这违反了 WTO 最惠国待遇原则和约束税率。它们鼓励单边主义和保护主义，破坏全球合作和经济增长前景。四是给中国信息安全带来隐患。欧盟碳关税计划实际上是一个“长臂”管辖，要求出口商配合碳排放信息的生产。相关报告包括本季度按类别进口产品的总量，并注明生产厂家、各类别的直接和间接排放量、在原产国的直接排放量以及该产品应支付的碳价。部分信息可能不是由企业直接提供的，如果不能有效保护，数据泄露滥用，会给中国带来一定的信息安全风险。

（五）应对碳关税影响的策略

中国已明确提出 2030 年前达到碳达峰、2060 年前实现碳中和的重大战略决策。从对内角度来看，在务实推进“双碳”目标的过程中，应坚持系统观念，发挥好制度优势、市场优势、技术优势和合作优势，扎实做好碳中和的基础工作，为应对欧盟碳关税做好充分准备。应对碳关税的具体策略如下：

1. 积极提升能效和减排水平

审视生产流程中存在的浪费和低效环节，进行精益化管理，提高生产效率，减少能源消耗和碳排放；引入清洁生产技术、绿色能源设备等，减少对传统高碳能源的依赖，降低碳排放量；改善设备运行效率、优化能源利用结构，采取节能措施，减少能源浪费，从而减少碳排放；建立碳排放监测系统，定期评估企业的碳排放情况，及时发现问题并采取改进措施；加强员工的环保意识，倡导节能减排理念，激励员工参与碳减排工作，共同推动企业减少碳排放。

2. 加大绿色项目投资力度

大力投资风电、太阳能等可再生能源项目，促进清洁能源替代传统高碳能源，降低对化石燃料的依赖，减少碳排放；大力投资公共交通系统建设、电动车充电基础设施布建等项目，推动城市交通向低碳方向发展，减少汽车尾气排放；大力投资建设绿色建筑、智慧城市基础设施等项目，提高基础设施的环保性能，减少环境负荷；大力投资生态恢复、湿地保护、森林管理等项目，促进生态平衡，减少碳排放源。

3. 严格规范报告和信息公开透明

积极遵守政府制定的碳排放数据报告要求，按时提交相关数据和信息，确保企业在法律法规范围内运作；主动公布企业的减排措施、碳排放情况以及碳足迹数据，增强企业的透明度，向社会和利益相关方展示企业的环保努力和成果；建立健全环境信息披露机制，将环境管理、碳排放等关键信息纳入企业年度报告等信息披露渠道中，提升企业治理水平；委托专业机构对企业的碳排放数据进行第三方独立审计，验证数据的真实性和可靠性，提高信息公开的可信度；积极回应社会公众对环境保护和碳减排的关注，与利益相关方保持沟通，建立良好的企业形象和信任度。

4. 企业积极与政府合作

及时了解并配合政府的碳减排政策，积极参与碳市场交易、碳配额分配等活动，支持国家的碳减排目标；积极参与碳排放权交易或碳抵消行动，根据市场需求进行灵活调整，实现成本控制和碳减排双重目标；通过参与政府碳减排项目、节能减排补贴等方式，获得相关减排激励和支持，提升企业的环保意识和执行力；与环保部门、气候变化机构等政府机构密切合作，分享碳减排经验、技术和资源，共同推动碳减排工作取得成效；将政府碳减排政策融入企业的发展战略，履行企业社会责任，为可持续发展贡献力量，赢得政府和社会的认可。

5. 加快技术创新和转型升级

增加科技研发投入，推动技术创新，开发低碳、清洁生产技术，提高企业的碳排放效率；引进和应用先进的环保技术，如智能制造、物联网、人工智能等，优化生产流程，降低能耗和碳排放；开展绿色产品研发，设计和生产符合低碳标准的产品和服务，满足市场对环保产品的需求；积极进行产业结构调整和转型升级，向绿色、低碳产业转型，促进经济可持续发展；搭建技术创新平台，加强与科研院所、高校等机构的合作，共同攻关解决碳减排相关技术难题；培训员工掌握新技术，提高环保意识，将低碳理念融入企业文化，推动企业全员参与碳减排工作。

第三节　碳中和金融监管的国际合作

一、碳中和金融国际监管的重要性

（一）碳中和金融国际监管的重要性

国际碳基金的分类丰富多样。在公共基金中，由政府设立并管理的如奥地利 JI/CDM 项目、芬兰联合履约 JI/CDM 试验计划等，资金全部来自政府且由政府机构管理；由国际组织和政府合作设立的，如荷兰的支持发展中国家在 CDM 下产生信用的荷兰基金（NCDMF），全部由政府出资承担，国际金融机构参与设立并管理；由政府设立采用企业模式运作的英国碳基金，虽由政府投资但具有独立法人资格。公私混合基金由政府与企业合作出资设立采用商业化管理，如丹麦碳基金由外交部、环保署与私营公司共同出资，世界银行参与设立并管理；日本碳基金资金来源于私营企业和政策性银行，由政策性银行代表政府管理。私募基金由企业独立出资设立并采取企业化管理方式，规模通常较小，主要从事 CERs 的交易，如气候变化资本集团为出资人的 CCC 碳基金。

国际碳基金的投资方式主要有碳减排购买协议、直接融资以及 N/A 方式。随着国际碳市场的不断发展成熟，私募基金数量激增，直接融资方式的比例有所提高。在运作模式上，多以信托方式在基金投资者和基金管理公司之间建立托管人与受益人的关系，管理结构与有限责任公司相似，业务运行通常由基金托管人负责，并设立专业管理团队执行。

英国作为应对气候变化的全球倡导者和先行者，自 2001 年起就通过金融措施减少温室气体排放，经历了探索期、发展期和成熟期三个阶段。在探索期，成立碳基金和碳信托，建立碳排放权交易体系，提出“低碳经济”理念；发展期，从立法和管理机制层面推动金融支持碳减排，颁布《气候变化法案》，成立英国绿色投资银行，推动成立气候相关财务金融披露小组和绿色金融小组；成熟期，加强顶层设计和国际合作，成立中英绿色金融中心，发布新修订的《气候变化法案》和《英国绿色金融战略》。

美国地方政府在金融支持碳减排方面发挥了重要作用，在制度设计上出台控制温室气体排放的法律法规，比如，2006 年，美国加利福尼亚州立法机构通过了《加利福尼亚州全球变暖解决方案法案》（California Global Warming Solutions Act，又称议会法案 32 号，简称 AB32），旨在以法律手段推动加州在应对全球变暖问题上采取积极行动，通过设定具体的减排目标，促使各行业采取措施降低温室气体排放，推动能源、工业、交通等多个领域向低碳方向转型；2007 年 2 月 26 日，美国亚利桑那州、加利福尼亚州、新墨西哥州、俄勒冈州和华盛顿州的州长共同发起《西部气候倡议》（Western Climate Initiative，简称 WCI），旨在评估和实施减少各州温室气体排放的方法，并实现相关共同效益。在财政政策上通过财政补贴、贴息等形式引导金融机构支持碳减排相关领域，如宾夕法尼亚州政府为清洁能源项目提供资金支持并撬动银行贷款和民间投资；在市场建设上积极探索建立地方性绿色银行，如纽约州立绿色银行和新泽西州能源适应力银行。

德国政策性银行在“碳中和”行动计划中发挥了重要引导作用。德国复兴信贷银行（KFW）是德国影响力最大的政策性银行，也是全球应对气候变化领域最大的融资者之一。在 2012—2016 年，通过“KFW 能源转型行动计划”为德国能源转型提供了近 1030 亿欧元资金支持；2017 年，有近 400 亿欧元贷款用于绿色金融领域。德国政府委托 KFW 管理绿色贷款贴息资金，同时 KFW 持续开展绿色金融产品和服务创新，加强环境信息披露，带动其他金融机构参与和支持碳中和行动。

（二）碳中和金融国际监管的重要性

1. 驱动全球金融体系变革

碳中和作为驱动全球金融体系变革的重要力量，其重要性在多个方面得以体现。屠光绍指出，碳中和促使可持续金融在全球金融体系中的重要性不断提升。以碳市场为例，全球碳市场规模从 2018 年的 1860 亿欧元增至 8650 亿欧元，年复合增长率达到 47%，所覆盖的碳排放占全球温室气体排放的比例从不足 15% 提升至约 25%。[①] 全球可持续债券规模近 5 年的年复合增长率达到 41%，占债券总规模的比例提升 9 个百分点达到 13%；2021 年，全球可持续信贷规模达 7160 亿美元，创历史新高，是 2020 年的 3 倍。在可持续保险方面，以中国为例，在 2018—2021 年，绿色保险保额和赔付金额年复合增长率分别达到 24%、23%。然而，尽管这些数据显示了可持续金融的快速发展，但减碳任务对金融投入的需求巨大，可持续金融的重要性还有待进一步提升。

同时，碳中和也促使可持续金融自身结构须进一步优化。碳市场对于整个可持续金融体系至关重要，但无论是从交易量还是平均交易额、碳价来看，依然存在发展不平衡

---

① 王瑞彬．全球气候博弈新动向及应对策略分析［J］．国际石油经济，2023，31（10）：1－8.

的问题。全球转型金融产品的发行规模和发行数量虽有明显上行趋势，2021 年末总规模已超过 30 亿美元，但考虑到巨大的资金投入需求，转型金融的市场规模远远不够，结构也不平衡。以中国情况为例，高碳高排放行业向低排放转变在绿色低碳发展中的占比达到 80% 左右，需要更多资金投入，转型金融市场规模还远远不够，需要持续发力。此外，包括债券、IPO、PE 在内的直接投融资落后于整个可持续金融体系结构进一步完善的需要。截至 2021 年末，全球绿色直接投融资市场规模突破 5000 亿美元，但主要以债券为主，IPO、PE 投资占比较低，直接投融资市场的建设和结构完善亟待加强。

再者，碳中和要求可持续金融资源全球配置须持续改进。碳中和需要全球共同努力，发达经济体和新兴市场及发展中国家都需要付出，但全球金融资源的分配极不平衡。截至 2020 年末，主要经济体金融资产总额在全球金融资产中的占比，澳大利亚、加拿大、法国、英国、日本、中国、美国七个国家合计接近 60%；同期，欧洲、美国、加拿大、澳大利亚、日本全球五大主要发达地区和国家在可持续投资金额、占比方面更突出，同时也存在较大差异。不同国家和地区间在绿色低碳发展和金融资源的不匹配，就需要加大全球金融资源的有效配置。

2. 助力经济高质量发展

金融支持碳达峰、碳中和对实现经济高质量发展具有重要意义。实现“碳达峰、碳中和”不是要简单以牺牲经济增长速度、国民财富积累和人民生活水平提高为代价，而是要实现碳减排约束下全面、协调、可持续的高质量发展，需要充分、理性、智慧地平衡好生态文明建设与经济社会发展的关系。未来几十年，绿色低碳转型将嵌入所有经济活动的内核，成为投资、生产、消费和流通等决策的核心逻辑。经济发展方式和人民生活方式将从不可持续的资源高度依赖型转向持续迭代的技术创新型，五大新发展理念将贯穿全过程、各环节。

金融部门全力服务碳达峰碳中和整体目标，完善清晰具体、可操作的政策措施，支持经济绿色低碳转型，主动防范气候变化带来的相关金融风险。中国实现碳中和目标时间紧、任务重，须以系统观念引领顶层设计，全面、理性、科学认识碳达峰、碳中和两者的内在联系，做好顶层设计，坚持全国统筹。重点推动能源行业绿色低碳发展，不断完善绿色低碳政策框架，持续健全法律法规和标准体系，加快研究出台分行业、分领域的时间表、路线图、施工图，压实各方主体责任，扎实推进各项工作有序、有力、有效开展。同时，统筹谋划全力做实做强绿色金融“五大支柱”，充分发挥金融支持绿色低碳发展的资源配置、风险管理和市场定价三大功能，探索形成绿色金融体系“五大支柱”，为经济高质量发展提供有力支撑。

（三）碳中和金融国际监管面临的挑战

1. 标准与目标不完全匹配

中国的绿色金融标准体系在与碳中和目标的匹配上仍存在一定差距。虽然中国人民银行主持的新版《绿色债券项目支持目录》（征求意见稿）中已经剔除了“清洁煤炭技术”等化石能源相关的高碳项目，但其他绿色金融的界定标准，如绿色信贷标准、绿色产业目录等还没有进行相应调整。这些标准中的“绿色”并不完全符合碳中和对净零碳排放的要求。例如，在一些绿色信贷项目中，可能还存在对化石能源相关产业的支持，这与碳中和目标下的能源转型方向不符。据统计，2023 年中国绿色信贷规模在全球排名第一，但其中涉及化石能源相关项目的比例仍不容忽视。这种标准与目标的不完全匹配，可能会导致金融资源的错配，影响实现碳中和目标的时间进度。

2. 信息披露水平有待提高

企业和金融机构的环境信息披露水平尚未充分反映碳中和的要求。中国对大部分企业尚未强制要求披露碳排放和碳足迹信息，这使得投资者难以准确评估企业的碳风险和可持续发展能力。同时，金融机构也缺乏环境和气候披露的要求，多数机构缺乏采集、计算和评估碳排放和碳足迹信息的内部能力。以国际经验为例，欧盟在 2019 年 11 月发布了金融机构和产品必须披露可持续相关信息的要求，并于 2021 年 3 月开始实施。英国也宣布要求几乎所有公司在 2025 年做到 TCFD 披露。相比之下，中国在环境信息披露方面还有较大的提升空间。缺乏充分的信息披露，不仅会影响金融体系引导资金投向绿色产业的效率，还会增加金融市场的不确定性和风险。

3. 激励机制重视不足

绿色金融激励机制对低碳发展的重视程度不够。金融监管部门和地方政府对绿色项目的贴息、担保等机制对激励社会资本参与绿色投资的积极性的力度和覆盖范围仍然不足。现有的激励机制在设计中缺乏纳入碳足迹的投资或资产评价标准，难以充分体现对低碳产业的支持。例如，一些绿色项目由于前期投入大、回报周期长，在缺乏有力激励机制的情况下，难以吸引足够的社会资本。相比之下，欧洲、英国等发达经济体在绿色金融激励机制方面有较多经验，值得我们借鉴。如通过降低绿色资产风险权重、提高棕色资产风险权重等方式，引导金融机构加大对绿色低碳项目的支持力度。中国需要进一步完善绿色金融激励机制，以更好地支持低碳产业发展，推动碳中和目标的实现。

二、碳中和金融国际监管组织化

（一）碳中和金融国际监管的必要性

1. 应对全球气候变化的挑战

气候变化是全球性的议题，其影响不分国界，因此需要全球性的解决方案。据联合国政府间气候变化专门委员会（IPCC）报告，全球气温上升已超过 1.1 摄氏度，气候挑战依然严峻。碳中和金融国际监管组织化可以促进各国在碳减排目标、政策措施等方面的协调与合作，共同应对气候变化的挑战。例如，欧盟、美国等国家和地区的监管机构在碳市场监管、绿色金融标准制定等方面进行了合作与交流，这表明了国际合作在应对气候变化方面的重要性。

2. 保障金融市场稳定

碳中和金融市场的发展尚处于初级阶段，存在着信息不对称、市场波动等风险。国际监管组织化可以建立统一的监管标准和规则，加强对市场参与者的监管，保障碳中和金融市场的稳定运行。根据国际清算银行（BIS）的数据，全球绿色债券市场从 2013 年的 110 亿美元增长至 2021 年的 5090 亿美元，年均增长率超过 60%。① 这一快速增长的市场需要有效的国际监管来确保其稳定性和可持续性。

3. 提高金融资源配置效率

碳中和金融国际监管组织化可以引导金融资源向低碳、环保领域合理配置，提高金融资源的配置效率，促进经济的可持续发展。据中国人民银行数据，截至 2023 年末，中国绿色贷款余额已达 30.08 万亿元人民币，同比增长 36.5%②。这表明通过有效的国际监管，可以促进金融资源向绿色领域流动，提高资源配置效率。

（二）碳中和金融国际监管组织化的发展

1. 国际组织的积极推动情况

一些国际组织如联合国环境规划署金融倡议（UNEP FI）、国际金融公司（IFC）等在碳中和金融国际监管方面发挥了积极的推动作用。这些组织通过制定可持续金融原则、开展能力建设等活动，促进了碳中和金融的发展。例如，UNEP FI 的《可持续金融

---

① 王晋斌．绿色金融助力社会可持续发展［J］．人民论坛，2023（22）：18－21．

② 中华人民共和国中央人民政府．中国绿色贷款余额超 30 万亿元［EB/OL］．（2024－01－07）．https：//www.gov.cn/lianbo/bumen/202401/content_6928561.htm.

原则》已得到全球 100 多家金融机构的支持，这些机构管理着超过 100 万亿美元的资产。

2. 各国监管机构的合作情况

各国监管机构也在加强合作，共同推动碳中和金融国际监管。例如，欧盟、美国等国家和地区的监管机构在碳市场监管、绿色金融标准制定等方面进行了合作与交流。这种合作有助于建立全球统一的监管框架，提高监管效率。

3. 行业自律组织的应用

行业自律组织在碳中和金融国际监管中也发挥着重要作用。例如，全球可持续投资联盟（GSIA）等组织通过制定行业标准、开展自律监管等活动，促进了可持续投资的发展。据 GSIA 统计，2020 年全球可持续投资资产规模达到 35.3 万亿美元，同比增长 15%。[①]

（三）碳中和金融国际监管组织化面临的挑战

1. 监管标准的差异明显

不同国家和地区的监管标准存在差异，这给碳中和金融国际监管带来了挑战。例如，在绿色金融标准方面，不同国家和地区的定义、分类和评估方法不尽相同，这使跨境金融活动面临着监管不确定性。根据国际能源署（IEA）的数据，全球有超过 120 个国家和地区已经提出了碳中和目标，但具体的实现路径和监管措施差异较大。

2. 信息共享的障碍明显

信息共享是碳中和金融国际监管的重要基础，但各国之间存在着信息共享的障碍。这主要是由于数据隐私保护、监管制度差异等原因导致的。根据经济合作与发展组织（OECD）的报告，数据隐私保护法规在不同国家间的差异是阻碍跨境数据流动的主要因素之一。

3. 协调机制的不完善

碳中和金融国际监管需要各国之间的协调与合作，但协调机制还不完善。例如，在碳市场监管方面，各国之间的协调机制还不够健全，这使碳市场的跨境交易面临着一定的风险。根据国际货币基金组织（IMF）的研究，全球碳市场的整合程度较低，跨境交易受到限制，这限制了碳市场的有效运作。

---

① GSIA. Global Sustainable Investment Review 2020 [R]. Global Sustainable Investment Alliance, 2021.

（四）加强碳中和金融国际监管组织化的对策建议

1. 建立统一的监管标准是碳中和金融国际监管组织化的关键

各国应加强合作，共同制定统一的绿色金融标准、碳市场监管规则等，提高监管的一致性和有效性。根据国际清算银行（BIS）的研究，统一的监管标准可以降低跨境金融活动的合规成本，提高市场的透明度和效率。

2. 加强信息共享与合作是碳中和金融国际监管的重要保障

各国应建立信息共享平台，加强数据隐私保护，促进监管信息的交流与共享。根据国际货币基金组织（IMF）的建议，建立全球统一的碳市场信息平台可以提高市场的透明度，降低交易成本。

3. 完善协调机制是碳中和金融国际监管的重要任务

各国应加强在碳市场监管、绿色金融标准制定等方面的协调与合作，建立健全协调机制，提高监管的协同性和有效性。根据联合国环境规划署（UNEP）的报告，加强国际合作可以促进绿色金融的发展，提高全球应对气候变化的能力。

4. 发挥国际组织和行业自律组织的作用

国际组织和行业自律组织在碳中和金融国际监管中具有重要作用。各国应积极支持国际组织和行业自律组织的工作，充分发挥其在制定标准、开展能力建设、促进信息共享等方面的作用。根据全球可持续投资联盟（GSIA）的数据，行业自律组织在全球可持续投资标准的制定和推广中发挥了关键作用，有助于提高全球投资的可持续性。

三、碳中和金融国际监管的合作

（一）碳中和金融国际监管合作的必要性

1. 应对全球气候变化挑战

全球气候变化是人类面临的最紧迫挑战之一，其影响波及经济、社会、环境等多个领域。根据联合国政府间气候变化专门委员会（IPCC）的报告，全球气温上升已导致极端天气事件频发，对农业、水资源、生态系统等产生了深远影响。在此背景下，碳中和金融国际监管合作显得尤为重要。通过国际合作，各国能够共享最佳实践、协调政策措施，并共同推动低碳技术的发展和应用。例如，中国与欧盟在绿色金融标准制定、碳市场合作等方面进行了积极的交流与合作，这不仅有助于双方在碳减排目标上的协调，也为全球气候行动提供了示范效应。

2. 保障碳中和金融市场稳定

碳中和金融市场的稳定性对于全球经济的可持续发展至关重要。全球碳市场规模已超过 600 亿美元，碳金融产品交易量逐年增加。然而，市场的快速发展也带来了风险，如信息不对称、市场波动等。国际监管合作可以通过建立统一的监管标准和规则，加强对市场参与者的监管，从而保障市场的稳定运行。例如，欧盟通过制定统一的碳市场监管规则，促进了区域内碳市场的发展和互联互通，提高了市场的透明度和效率。

3. 提高金融资源配置效率

碳中和金融国际监管合作能够引导金融资源向低碳、环保领域合理配置，提高金融资源的配置效率。根据国际能源署（IEA）的报告，为实现《巴黎协定》目标，全球每年需要投资约 1.6 万亿美元用于开发清洁能源技术。[①] 通过国际合作，可以促进资金在全球范围内的流动，确保资金投向最需要的领域。此外，国际合作还能促进绿色金融产品的创新，如绿色债券、碳信用等，为低碳项目提供更多的融资渠道。

（二）碳中和金融国际监管合作的发展

1. 国际组织的推动

国际组织在推动碳中和金融国际监管合作方面发挥了不可或缺的作用。联合国环境规划署金融倡议（UNEP FI）通过其《可持续金融原则》，为金融机构提供了一个共同的框架，以促进可持续金融的发展。此外，国际金融公司（IFC）通过其《绿色金融指导原则》，鼓励金融机构将环境和社会因素纳入其决策过程，以支持低碳和气候适应型项目。这些原则的制定和推广，为全球碳中和金融监管合作提供了重要的指导和参考。

2. 区域合作的加强

在区域层面，欧盟的碳市场监管规则为区域内碳市场的发展和互联互通提供了坚实的基础。欧盟的碳排放交易体系（EU ETS）是全球最大的碳市场之一，其通过统一的规则和标准，促进了成员国之间的碳排放权交易。亚太地区也在加强合作，例如，亚洲开发银行（ADB）推动的亚洲碳市场合作项目，旨在促进区域内碳市场的整合和发展。

3. 双边合作的开展

双边合作在碳中和金融监管方面也取得了显著进展。中国与欧盟在绿色金融标准制定、碳市场合作等方面进行了积极的交流与合作。例如，中国人民银行与欧洲中央银行

① IEA. An Updated Roadmap to Net Zero Emissions by 2050 - World Energy Outlook 2022 - Analysis, IEA [EB/OL]. (2024 - 11 - 09). https://www.iea.org/reports/world-energy-outlook-2022/an-updated-roadmap-to-net-zero-emissions-by-2050.

签署了绿色金融合作谅解备忘录，旨在加强双方在绿色金融领域的合作。此外，中国与美国在COP26期间发表的联合声明中，承诺加强气候合作，包括在碳市场和绿色金融方面的合作。

（三）碳中和金融国际监管合作面临的主要挑战

碳中和金融国际监管合作的重要性毋庸置疑，但推动各方在环境治理与低碳中和金融领域开展广泛合作也面临诸多困难与挑战。这不仅来自不同国家在产业发展水平、社会制度与文化传统等方面的差异，也源于环境治理与金融监管领域存在的机制障碍。碳中和金融国际监管合作面临的主要挑战与问题体现在以下几个方面：

1. 监管标准不一致

在碳中和金融领域，各国监管标准的不一致性是一个普遍存在的问题。这种差异性可能源于各国政策取向、市场状况、法律体系等多方面的因素，导致了监管环境的复杂性和困难性。主要表现为：监管原则的不同，各国对于碳中和金融领域的监管原则和理念存在差异，如风险管理、信息披露要求、监管力度等方面的偏向程度不同；监管要求的差异，不同国家对于碳中和金融活动的监管要求有所不同，包括资本充足率要求、审计标准、报告要求等，导致企业跨境经营受到不同监管规定的挑战；监管机构的分工不明：各国监管体系内部监管机构之间的分工和职责划分也存在不一致性，导致监管协调和合作困难。

2. 跨境监管合作不足

跨境监管合作的不足是碳中和金融领域面临的一个重要问题。由于碳中和金融活动通常涉及多国参与和跨境操作，缺乏有效的跨国监管合作机制会导致监管实施难度加大，可能带来一些挑战：监管漏洞，跨境碳中和金融活动容易出现监管漏洞，因为不同国家的监管体系之间存在断层，监管覆盖不够全面；监管冲突，不同国家的监管规定和标准可能存在冲突，在跨境碳中和金融活动中可能导致监管混乱和不一致性；监管效率低下，由于缺乏跨国监管合作机制，监管机构难以共享信息、协调行动，导致监管效率降低；风险管控困难，跨境碳中和金融活动具有较高的风险，若监管合作不足，各国难以有效地进行风险管控，可能引发跨境风险传导。

3. 信息披露不透明

信息披露不透明在碳中和金融领域是一个普遍存在的问题，这种情况可能导致监管机构难以获取全面准确的信息，从而影响监管效果。主要表现为：企业信息不完整，部分企业在碳中和金融领域的信息披露不够全面，可能隐瞒重要信息或者故意混淆信息，给监管机构获取准确信息带来困难；信息披露标准不统一，不同国家或地区对于碳中和金融领域的信息披露标准存在差异，缺乏统一的标准导致监管机构难以比较和评估企业的信息披露情况；监管技术手段不足，监管机构可能缺乏先进的技术手段来有效收集、分析和监督企业信息披露情况，造成监管效果的下降；缺乏监管合作，由于信息披露的跨境性质，监管机构之间缺乏有效的合作机制，无法共享信息和协调行动，使得监管覆盖范围受限，监管效果大打折扣。

4. 发展中国家因资金、技术和人才短缺导致环境治理与金融创新能力相对薄弱，限制了其与发达国家开展广泛合作的可能性

由于发展中国家在资金、技术和人才等方面存在短缺，导致它们在环境治理和金融创新领域的能力相对较弱。这种弱势局面阻碍了发展中国家与发达国家之间开展广泛合作的进程。具体表现为：资金短缺，发展中国家常常面临资金匮乏的困境，缺乏足够的投入用于环境治理和金融创新项目，限制了其在这些领域的发展和实践能力；技术落后，由于技术水平不足或滞后，发展中国家在环境治理和金融创新方面往往缺乏先进的技术支持，难以有效应对复杂的挑战和需求；人才匮乏，缺乏高素质的专业人才是发展中国家面临的另一个问题，这会影响其开展有效的环境治理和金融创新活动，限制了相关能力的提升和创新的推动。

（四）加强碳中和金融国际监管合作的对策建议

为深入推进碳中和金融国际监管合作，具有重要现实意义。这不仅需要各国政府在政策理念与行动上积极主动作为，也需要金融机构、企业与社会资本的广泛参与。针对合作面临的挑战与问题，提出几点对策建议：

1. 制定统一监管标准

促进各国监管机构之间的国际合作与协商，协调立法措施，共同制定符合国际标准的监管框架，以确保全球碳中和金融市场有序运行；明确各国监管机构的职责分工和监管标准，确保对碳中和金融领域的监管覆盖全面，规范市场行为，维护市场秩序；推动监管机构采用先进技术手段，如大数据分析、人工智能等，提升监管效能，及时发现并解决市场风险；规范企业在碳中和金融领域的信息披露要求，加强透明度，让投资者和监管机构能够更好地评估风险和机会；建立有效的监督执行机制和合规审查体系，加强对监管标准的执行力度，确保市场主体遵守规则，防范潜在风险。

2. 建立碳中和金融国际监管国际合作机制

设立专门的国际组织或机构，旨在协调和推动各国在碳中和金融领域的合作，促进共同发展和规范化；定期举办国际性的研讨会和峰会，邀请各国监管机构和专家参与，分享最佳实践、经验教训，并讨论解决方案；建立一个安全且高效的信息共享平台，以

便各国监管机构能够实时交流数据、情报和监管政策，加强对跨国碳中和金融活动的监督；推动各国监管机构进行联合监管行动，共同应对跨国碳中和金融风险，加强监督力度，防范市场操纵和不当交易；鼓励各国监管机构签署合作协议，明确跨境监管合作的机制和程序，共同打击跨境金融犯罪和违规行为。

3. 加强碳中和金融国际监管信息披露以及信息共享

制定统一的碳中和金融信息披露标准，确保企业和金融机构披露的信息准确、全面、可比，并符合国际规范；搭建安全、高效的信息共享平台，供各国监管机构分享数据、情报和最佳实践，加强对跨国碳中和金融活动的监督和管理；鼓励企业和金融机构主动公布与碳中和金融相关的信息，提高信息透明度，增强投资者信任，降低市场风险；加强对信息披露内容的合规审查，监管机构应积极审核和检查企业和金融机构的披露文件，确保其真实、准确、完整；促成国际间信息共享协议的签订，明确信息共享的范围、标准和程序，确保信息传递及时、有效，提升监管合作效果。

4. 加大对发展中国家的碳中和金融国际监管人才、技术与资金支持

制订并实施针对发展中国家监管机构人员的培训计划，提升其碳中和金融监管专业能力，加强国际合作意识和技能；向发展中国家提供碳中和金融监管技术援助，共享最佳实践和先进技术，促进技术创新与应用，提高监管水平；设立专项基金或计划，向发展中国家提供碳中和金融国际监管所需的资金支持，帮助其建设监管体系和推动绿色金融发展；与国际组织、发达国家监管机构等建立合作伙伴关系，共同支持发展中国家在碳中和金融监管方面的能力建设；建立知识分享平台，促进发展中国家与其他国家监管机构之间的经验交流与合作，共同推动碳中和金融国际监管事业的发展。

后 记

在全球气候变化日益严峻的今天，碳中和已成为全人类共同面临的挑战和使命。本书的撰写，正是基于这样的时代背景，旨在深入探讨碳中和金融的理论与实践，为实现全球碳中和目标提供理论支持和实践指导。

碳中和金融是绿色金融的一个重要分支，它是指围绕碳中和目标，将金融工具和金融服务应用于碳排放的监测、减排项目的投资、碳资产的交易以及风险管理等一系列活动的金融范畴。其核心目的是通过金融手段助力实现二氧化碳等温室气体的净零排放，是推动经济社会低碳转型的关键力量。从范畴上讲，碳中和金融是一个更为宽泛的概念，碳金融是碳中和金融的重要组成部分。可见，碳中和金融论研究有利于推动绿色金融理论与实践发展、有利于助力碳中和目标达成与金融支持路径探索、有利于完善碳中和金融市场建设、有利于建立健全碳中和金融标准体系、有利于加强碳中和金融风险监管、有利于优化碳中和金融政策体系以及促进碳中和金融国际合作与发展。中国作为世界上最大的发展中国家，其在碳中和金融方面的政策创新和市场建设，不仅对国内经济社会转型具有重要意义，也为全球碳中和事业提供了中国智慧和中国方案。

本书是由浙江农林大学生态文明研究院牵头，集合浙江大学、浙江财经大学、浙大城市学院等浙江省生态文明智库联盟成员单位的研究力量，旨在系统梳理和构建碳中和知识体系、打造碳中和领域精品力作的一大成集智的《碳中和论丛》之一。

本书的形成过程是反复推敲的过程。首先由我草拟所有章节的提纲，根据分工修改形成所有章节目的提纲，经过研究院组织专家把脉，课题组多次集体研讨并修改后正式确定提纲。各章初稿形成后，我进行了认真的审读，并提出详尽的修改意见。各章执笔人进行修改，经我审定后形成合成稿。课题组对合成稿进行了认真研讨，进而修改形成课题研究报告，最终形成此书稿，定名为《碳中和金融论》。在本书提纲和书稿形成过程中沈满洪教授都做了大量审读和指导工作，并提出了宝贵修改建议，很好地保障了本书的质量。本书是课题组集体合作的成果，特别感谢参与本书部分文献资料和数据收集的研究生施梦丽、陈庭凤、俞滨、李雯清、白珂珂、陈镒帆、郑嘉颖、祝萌等。各章执笔分工：顾光同（浙江农林大学生态文明研究院生态经济研究所所长、经济管理学院教授）：第一章、第二章、第四章、第五章、第七章、第八章、后记；吴燕华（浙江农林大学生态文明研究院骨干、经济管理学院副教授）：第六章；顾光同、吴燕华：第三章。

本书具有很好的前期基础，也形成了一系列阶段性研究成果：（1）论文（碳中和金融领域20余篇），其中有代表性的如顾光同等撰写的论文 Does carbon financial market as an environmental regulation policy tool promote regional energy conservation and emission reduction? Empirical evidence from China，*Energy Policy*，2022年第4期，SSCI/SCI/JCR一区期刊中科院TOP期刊，2022年、2023年和2024年连续3年进入ESI全球1%高被引论文；吴伟光、祝雅璐、顾光同撰写的论文《中国试点碳市场有效性的决定因素》，《资源科学》，2021年第10期，CSSCI期刊；卢峰、顾光同、曹先磊、吴伟光撰写的论文《基于耦合效应的林业碳汇项目风险》，《林业科学》2022年第5期，EI源刊且浙江大学一级期刊；顾光同、陈庭凤、赵田田撰写的论文《碳市场试点政策对森林生态系统碳储量的影响》，《生态学报》2025年第19期，中国卓越期刊且浙江大学一级期刊等。（2）成果要报（获省部级领导肯定性批示近10件）：顾光同、沈满洪撰写的《市场机制推进甘肃省矿山生态修复的问题与对策》，《绿色发展内参》第2期，2023年3月28日，得到中共甘肃省委副书记、省长任振鹤的肯定性批示；顾光同等撰写的《关于运用市场手段加快推进我省历史遗留废弃矿山生态修复的建议》，2023年11月3日，得到云南省副省长杨斌肯定性批示；顾光同、王懿祥等撰写的《余杭百丈镇低碳乡镇建设的实践探索与经验启示》，2023年12月8日，得到浙江省政协副主席、九三学社省委会主委叶正波肯定性批示；顾光同等撰写的《借鉴浙江衢州和湖州做法加快曲靖市绿色金融健康发展的建议》，2024年4月15日，得到云南省省委常委、曲靖市委书记杨斌肯定性批示等。（3）理论文章（碳中和金融领域5篇）：顾光同撰写的理论文章《促进碳市场高质量发展的制度创新》发表在2025年5月14日的《光明日报》上；顾光同撰写的理论文章《以扩容为契机加快全国碳市场高质量建设》发表在2025年4月26日的《中国环境报》理论头条上；顾光同撰写的理论文章《完善绿色金融服务 助力城乡融合发展》发表在2025年5月9日的《中国城乡金融报》上；孙阳阳、顾光同撰写的理论文章《以氢能发展赋能“双碳”战略目标实现》发表在2025年6月24日的《中国环境报》上；顾光同撰写的理论文章《加快绿色金融人才培养 赋能“双碳”战略目标实现》发表在2025年6月27日的《科技金融时报》上。

书稿得到浙江农林大学生态文明研究院院长沈满洪教授、省社科联原副主席邵清、省委政研室原副主任徐志宏、科技部重点研发计划“全球变化及应对”专项总体专家组成员石敏俊教授、浙江大学光华法学院钭晓东教授、浙江农林大学浙江省乡村振兴研究院首席专家兼副院长张俊飚教授等专家的现场评审，一致认为研究具有鲜明的学术价值和社会价值，对于推进碳中和具有一定的参考意义，政治意义、生态意义、经济意义和社会意义突出，同时又十分中肯地提出了宝贵的意见和建议。正是各位专家的意见和建议，使得《碳中和金融论》书稿更趋完善。在此对各位专家表示衷心感谢！

为了出版本书，中国财政经济出版社和周桂元编审付出了大量的心血！编辑成就作者！衷心感谢周桂元编审的贡献！

由于碳中和金融是一个充满活力与创新的领域，本书只是对这一领域的阶段性探索，尚有许多问题有待进一步深入研究，书中难免存在一些瑕疵。敬请各位读者批评指正！

本书系教育部哲学社会科学重大专项“习近平生态文明思想在中国大地的生动实践研究”（项目编号：2022JZDZ009）的一个阶段性成果，也是浙江省社科重大项目“碳中和研究”（项目编号：24NDJC04ZD）的子项目“碳中和金融论”的研究成果。

顾光同

2025 年 7 月 18 日